25th

2000년 10월 출범 후
2024년 제25회까지

6,058

누적 글로벌 연사 수

66,022

누적 청중 수

세계지식포럼
WORLD KNOWLEDGE FORUM

글로벌 리더들의
미래 전략

세계 지식 트렌드
2025

세계 지식 트렌드 2025
공존을 향한 여정

지은이 매일경제 세계지식포럼 사무국
펴낸이 허연
편집장 유승현 **편집2팀장** 정혜재

책임편집 이예슬
마케팅 한동우 박소라 구민지
경영지원 김민화 김정희 오나리
본문디자인 푸른나무디자인

펴낸곳 매경출판㈜
등 록 2003년 4월 24일(No. 2-3759)
주 소 (04557) 서울시 중구 충무로 2 (필동1가) 매일경제 별관 2층 매경출판㈜
홈페이지 www.mkbook.co.kr
전 화 02)2000-2630(기획편집) 02)2000-2646(마케팅) 02)2000-2606(구입 문의)
팩 스 02)2000-2609 **이메일** publish@mk.co.kr
인쇄·제본 ㈜ M-print 031)8071-0961
ISBN 979-11-6484-739-6(03320)

WORLD
KNOWLEDGE
FORUM

세계 지식 트렌드 2025

공존을 향한 여정

매일경제 세계지식포럼 사무국 지음

매일경제신문사

개막식 전경

공존을 향한 여정

새 밀레니엄이 시작되던 2000년, 전 세계는 공동의 미래를 위한 리더십을 목격했습니다. 중국은 '사회주의 중국'을 포용한 미국의 지원으로 세계무역기구(WTO)에 가입했습니다. 유럽은 단일 통화인 유로화를 채택해 경제 공동체를 향한 여정을 시작했습니다. 한반도에서는 분단 반세기 만에 첫 남북정상회담이 개최되어 통일과 평화에 대한 희망이 커졌습니다.

그러나 24년이 지난 지금, 지구촌 세상은 미·중 패권 경쟁, 러시아-우크라이나 전쟁, 이스라엘-하마스 분쟁으로 짐칠되어 있습니다. 국가 간 갈등, 종교적 충돌, 부자와 빈자 간의 격차가 심화되면서 인류는 심각한 위협을 느끼고 있습니다.

또한 인류 문명의 패러다임을 송두리째 바꿀 인공지능(AI) 기술이 우리를 공격할 수 있다는 우려도 커지고 있습니다. 우리는 공존을 통해 번영하는 미래를 구축할 것인지, 아니면 갈등과 분열에 굴복당할 것인지 하는 갈림길에 서 있습니다.

올해로 25주년을 맞은 세계지식포럼은 이러한 화두를 던지면서 '공존을 향한 여정(Journey Towards Coexistence)'을 모색하고자 했습니다. 인류의 번영과 풍요는 집단지성과 협력, 공존을 통해 이뤄질 수 있기 때문입니다.

인간과 AI가 공존할 수 있을까요. 《이기적 유전자》의 저자 리처드 도킨스는 이기적 유전자와 인간 활동의 결과물인 '확장된 표현형(The extended phenotype)'이 인간 생태계를 넓혔다고 주장합니다. 예를 들어 안경과 망원경은 더 멀리, 더 정확히 보고자 하는 인간의 내재적 욕구에서 비롯됐습니다. 자동차와 비행기는 인간 다리의 확장 기능을 하는 확장된 표현형입니다. 인간의 신체적 한계를 뛰어넘는 기술 진화를 통해 삶의 풍요로움을 이룰 수 있었습니다. 그렇다면 AI는 인간의 가장 중요한 확장, 즉 뇌의 확장된 표현형일 것입니다.

하지만 AI의 미래가 완전한 장밋빛은 아니며, AI가 일자리를 대체하고 인간을 대체할 것이라는 불안감이 확산하고 있습니다. 실제로 AI 시대에는 자율주행차가 운전자의 필요성을 없애고 AI 번역기가 통역사를 쓸모없게 만들 수 있습니다.

여기서 우리는 새로운 질문에 직면하게 됩니다. AI가 생각한다면 우리는 누구일까요. AI와 인간의 공존은 과연 가능할까요. 우리는 AI에 의해 변화된 미래에 직면한 최초의 세대이며 인간과 AI의 새로운 관계를 설명하고 안내하는 정치적·철학적 프레임워크를 만드는 것은 우리에게 달려 있습니다.

우리는 어떤 기술 혁명도 우리가 운명의 주인이라는 사실을 바꿀 수 없다는 점을 기억해야 합니다. 기술과 공존하는 인간 호모 테크니쿠스가 새로운 질서를 만들어낼 것입니다.

기술 혁명은 지구 공동체에 큰 영향을 미치고 있습니다. 과거에는 자원·종교·에너지·이데올로기가 전쟁의 원인이었지만, 기술 패권은 지정학적 분쟁의 핵심 쟁점이 되었습니다. 미국과 중국 간의 분쟁은 기술 경쟁의 또 다른 모습입니다. 애플, 마이크로소프트, 메타와 같은 미국 거대 기술기업에 대한 유럽연합(EU)의 벌금 부과와 한국 소유기업 라인의 지배구조 개편 시도는 이러한 기술 패권 경쟁의 몇 가지 예에 불과합니다.

특히 AI는 역사상 그 어떤 기술보다 분쟁의 잠재력이 높습니다. AI 기술과 역량이 광범위해지면서 개인, 기업, 국가 간 격차가 더욱 뚜렷해져 소위 AI 분열이 발생할 수 있기 때문입니다.

24년 전 기자회견에서 스티븐 호킹 박사는 "20세기는 물리학의 시대였는데, 21세기는 어떤 시대가 될까요?"라는 질문을 받았습니다. 호킹 박사의 대답은 '복잡함의 세기'였습니다. 복잡성은 현재의 불확실성과 미래의 예측 불가능성을 나타냅니다. 자연재해, 전쟁, 테러리즘, 기후 변화, 기술 발전의 의도하지 않은 결과, 즉 우리가 직면한 이러한 위기는 모두 복잡성의 징후입니다.

이러한 복잡성 속에서 생명과 질서를 유지하려면 수억 년 동안 지속되어온 자연 생태계의 생존 비결을 살펴봐야 합니다. 자연 생태계에서 성공적인 생존의 열쇠는 공존입니다. 경쟁과 포식보다는 공존과 공생이 더 나은 생존 방정식이라고 진화생물학자인 최재천 교수는 설명합니다.

분쟁과 전쟁의 시대를 극복하고 AI라는 거대 지능과 함께 존재하려면 공생하는 인간, 즉 호모 심비우스(Homo symbious)가 되어야 합니다. 제25회 세계지식포럼에서는 여러 석학과 글로벌 최고 전문가들이 호모 심비우스로 가는 길을 안내해주었습니다.

훈 센 캄보디아 상원의장, 마우리시오 마크리 전 아르헨티나 대통령, 나프탈리 베네트 전 이스라엘 총리, 노바크 커털린 헝가리 전 대통령, 존 켈리 전 백악관 비서실장 등 많은 글로벌 리더가 참석해 공존의 리더십을 공유했습니다. 윤석열 대통령도 세계지식포럼 개막식에 참석해 전쟁과 복합위기, 가짜뉴스와 딥페이크 등 새로운 위협에 대해 자유세계의 연대와 공존을 강조했습니다.

아울러 존 그레이 블랙스톤 사장, 아서 B. 래퍼 전 시카고대학 교수 등이 세계 경제의 탁월한 식견을 제시했고 《칩 워》의 저자 크리스 밀러 터프츠대학 교수, AI 기술로 세계 31개 언어를 번역해주는 딥엘의 야렉 쿠틸로브스키 창업자 겸 최고경영자(CEO), AI 프로그램 개발 기업 딥마인드의 라일라 이브라힘 최고운영책임자(COO) 등은 AI가 바꿔놓을 우리 사회의 모습에 대한 혜안을 들려주었습니다.

25주년을 맞은 세계지식포럼을 빛내준 모든 분께 진심으로 감사의 말씀을 드립니다. 더 나은 세계지식포럼이 될 수 있도록 앞으로도 최선의 노력을 다하겠습니다.

세계지식포럼 집행위원장 겸 매경미디어그룹 회장
장대환

책을 펴내며

우리는 분열의 시대를 살고 있다. 아슬아슬하게 유지되던 힘과 이익의 균형이 무너지기 시작했다. 그 옛날 바벨탑이 무너지듯, 세계화의 꿈은 어느덧 허상 같은 신기루처럼 사라지고 세계는 각자의 생존과 이익을 위해 각자도생, 독자생존의 길을 걷고 있다. 1·2차 세계대전 이후 60여 년간 밀착했던 미국과 서유럽조차 이제는 충돌과 갈등을 반복할 정도다.

분열은 군사적 대립과 무역 갈등에 국한되지 않는다. 산업혁명 이후 200여 년간 누적되어온 각종 오염물질과 폐기물을 지구가 더 이상 감당할 수 없는 수준에 이르렀다. 이상기온과 사막화, 해수면 상승 등 지구의 역공에 인류는 허둥대고 있다. 그뿐인가. 인류가 기술 발전의 속도를 통제하지 못하면서 제도와 대비책이 채 마련되기도 전에 인공지능(AI)은 무섭게 성장해버렸다. AI 개발을 잠시 중단하자는 주장까지 나왔지만, 한번 발전의 궤도에 진입한 기술은 개발의 주체인 인류 스스로 어찌할 수 없는 속도로 고도화되기 마련이다. 마치 그 자체로 세포분열을 하는 생명체와 같다.

이제 AI 발전의 선구자들 사이에서도 "10년 내 인간을 죽이는 로봇

무기가 나오게 될 것"(제프리 힌튼, 2024년 노벨물리학상 수상자)이라는 디스토피아적 시나리오마저 나오는 상황이다. 그래서 2024년 세계지식포럼은 '공존을 향한 여정(Journey Towards Coexistence)'을 대주제로 선정했다. 공존이라는 기본 가치를 회복하지 못할 경우 인류가 파괴적 상황에 직면하게 될 것이라는 위기의식 때문이었다.

국가와 국가의 공존, 보수와 진보의 공존, 세대 간의 공존은 물론 인류와 환경의 공존, AI와 인류의 공존에 대한 논의가 그 어느 때보다 시급하다는 것이 세계지식포럼의 판단이었다. 제25회 세계지식포럼 직후인 2024년 9월 말, 세계경제포럼(WEF)에서는 2025년 1월 스위스 다보스에서 열릴 연차총회(다보스포럼)의 주제로 '지능 시대의 협력(Collaboration for the Intelligent Age)'을 발표했다. WEF 사무국도 세계지식포럼과 같은 주제 의식을 갖고 있었던 것으로 보인다.

세계지식포럼 사무국은 '공존을 향한 여정'을 주제로 확정하고 연사 섭외에 착수했다. 공존이라는 큰 주제하에 국제정세, AI와 미래, 지속가능한 세계, 비즈니스와 혁신이라는 4개의 기둥을 세우고 연사를 물색했다.

국제정세와 관련해서는 현재 진행 중인 두 전쟁의 당사국인 이스라엘, 러시아 측 연사들을 접촉했다. 강경 일변도인 베냐민 네타냐후 현 이스라엘 총리 직전 총리로 중동 국가들과 협력 관계 구축에 공을 들였던 나프탈리 베네트 전 이스라엘 총리를 최적의 연사로 판단하고 섭외에 나섰다. 중도 우파인 베네트 전 총리는 2021년 취임 3개월 만에 이집트를 방문해 압델 파타 엘 시시 대통령과 정상회담을 하고, 이스라엘 총리로서는 사상 처음으로 아랍에미리트(UAE)를 방문해 셰이크 하메드 빈 타에드 알 나햔 왕세자와 회담을 했다. 수니파의 종주국인 사우디아라비아와도 물밑 협상으로 관계 개선을 끌어내 이스라엘 항공기가 사우디아라비아 영공을 통과하도록 하는 성과를 내기도 했다.

'중동의 왕따'였던 이스라엘이 중동 국가들과 적대적 관계를 풀어내며 반(反)이란 연대를 느슨하게나마 엮어낸 베네트 전 총리는 중동의 인사 중 공존이라는 주제에 가장 적합한 연사였다. 그는 세계지식포럼에서 '중동 평화 고차방정식'이라는 주제로 꼬일 대로 꼬여 있는 중동 분쟁 해법을 제시했다.

러시아 인사 중에서는 율리야 나발나야를 초청했다. 그는 블라디미르 푸틴 러시아 대통령의 정적이자 러시아 민주화 운동의 상징이었던 알렉세이 나발니의 부인이었다. 나발니가 푸틴 측의 암살로 추정되는 의문사를 당한 이후 나발나야는 러시아 민주주의를 위한 투쟁에 앞장서온 용감한 여성이다. 엄혹한 러시아의 정치 현실과 주변국과 충돌을 일삼는 러시아가 어떻게 해야 공존의 길로 나아갈 수 있을지 이야기할 수 있는 적임자였다.

후일담이지만 나발나야는 푸틴 정권에서 눈엣가시처럼 여기는 인물이었기 때문에 경호에 무척 공을 들였다. 세계지식포럼은 사설 경호 요원들을 고용해 나발나야의 숙소는 물론 그가 식사를 할 때도 경호를 제공하며 예기치 못한 사태에 대비했다.

그는 일거수일투족이 러시아 당국의 감시를 받고 있어서 세계지식포럼 참석을 확신할 수 없는 상황이었다. 포럼이 임박해오는 상황에서도 한동안 연락이 두절되는 일이 잦았다. 자신의 위치를 노출하지 않기 위해 소재지를 계속 변경하고 휴대폰과 인터넷 사용을 단절하기를 반복했기 때문이다. 나발나야가 인천국제공항에 무사히 도착했다는 소식을 들었을 때 세계지식포럼 사무국 직원들은 환호성을 지르기도 했다.

AI와 인류의 공존과 관련해서는 구글 딥마인드의 이인자 라일라 이브라힘 최고운영책임자(COO)가 세계지식포럼을 찾았다. 그는 딥마인드에서 AI 윤리와 정책을 총괄하는 인물로 딥마인드의 모토인 '인류에 기여하는 AI 개발'을 진두지휘하는 인물이다. 포럼 한 달 여 뒤 딥마인드에서 단백질의 구조를 예측하는 AI 알파폴드를 개발한 공로로 2024년 노벨화학상 수상자 2명을 배출한 것을 보면서 세계지식포럼에 딥마인드 핵심 인사를 초청한 사실이 새삼 뿌듯하기도 했다.

135개국, 1,500개가 넘는 대학에서 컴퓨터공학 교재로 쓰여 AI 교과서로 불리는 《인공지능 – 현대적 접근방식》을 쓴 UC버클리대학의 스튜어트 러셀 교수도 세계지식포럼을 찾아 AI의 오·남용을 방지하고 위험 가능성을 사전 차단하기 위한 해법을 제시했다. 베스트셀러 《어떻게 인간과 공존하는 인공지능을 만들 것인가》를 보며 러셀 교수를 선망해온 많은 AI 산업 관계자가 러셀 교수의 세션장을 가득 메웠다.

이렇게 전 세계에서 불러 모은 연사는 모두 약 130명에 달했고, 국내에서도 30여 명의 연사가 함께하며 제25회 세계지식포럼에서는 이해와 존중을 바탕으로 서로를 보듬고 인류가 앞으로 나아갈 수 있는 공존의 방법을 모색했다. 전 세계에서 세계지식포럼을 찾은 정치인, 학자, 과학자, 기업인, 운동가, 작가들이 90여 개의 세션에서 공유한 지식과 비전이 고스란히 이 책에 담겨 있다.

이 책은 크게 6개 파트로 구성돼 있다. PART 1 '경제와 금융의 판이 바뀐다'에서는 기업들끼리의 경쟁을 넘어 국가대항전으로 확전된 반도체 패권 전쟁, 가상화폐의 미래, 중국 경제의 위기 요소 등에 관한 지혜를 얻을 수 있다. 2015년부터 4년간 아르헨티나를 이끌며 만성적인 포퓰리즘에 칼을 빼 들었던 마우리시오 마크리 전 아르헨티나 대통령이 들려준 현재 아르헨티나의 경제개혁 상황에 관한 흥미로운 이야기도 담겨 있다. PART 3 '신기술과 공존하는 인류'에서는 로봇, 교육, 통·번역, 농업 등 각 분야에서 AI가 촉발하고 있는 혁명적인 상황에 관한 생생한 증언을 엿볼 수 있다. PART 6 '지속가능한 세상, 인류의 미래'에서는 미래 에너지원인 소형모듈원전(SMR), 수소·암모니아에 관한 최신 정보를 접할 수 있다.

차기 미국 대통령의 대외정책과 통상정책을 가늠할 통찰력을 얻을 수 있는 세션도 마련했다. 로버트 오브라이언 전 국가안보보좌관과 트럼프 1기 당시 첫 백악관 비서실장이었던 라인스 프리버스, 민주당 출신 대통령인 빌 클린턴·버락 오바마의 선거 당시 캠프에서 핵심 참모 역할을 했던 폴 베갈라 전 백악관 수석전략가가 연사로 나서 향후 미국 대외정책에 관한 전망을 내놨다.

이번 단행본에서 우리 모두가 함께 공존할 해법을 모색하고, 변화무쌍한 국제정세 가운데 내일의 전략을 수립하는 데 필요한 통찰을 얻어 가실 수 있기를 기대한다.

JOURNEY TOWARDS COEXISTENCE
WORLD KNOWLEDGE FORUM 2024
2024. 9. 9 - 11 INCHEON, KOREA
WORLD KNOWLEDGE FORUM
WORLD KNOWLEDGE FORUM 2024
WORLD KNOWLEDGE FORUM
WK 2024

차례

발간사 공존을 향한 여정   006

서문 책을 펴내며   010

PART 1 ─────────────────────────────────────
경제와 금융의 판이 바뀐다

1 세계 경제, 변곡점에 서다

반도체 패권을 위한 글로벌 전투   025
|크리스 밀러|

중국 경제 전략의 게임체인저   029
|리 웨이|

2025년 경제 전망   033
|프레드리크 에릭손, 윌리엄 리, 차오 이데, 마틴 레드라도, 마이크 로젠버그|

2 공존 경제를 위한 해법

물리 세계의 정부, 디지털 세계의 블록체인   039
|김서준|

경제 석학 아서 래퍼와의 대화   043
|아서 B. 래퍼, 이수형|

공존을 위한 세금   048
|게이브리얼 주크먼, 노영우|

금융에서 찾는 공존   052
|이승건|

한일 증시 밸류업의 요체   056
|정은보, 이와나가 모리유키, 이한상|

아르헨티나 경제개혁의 길   060
|마우리시오 마크리, 양호인|

3 2025 글로벌 재테크 트렌드 예측

눈여겨볼 재테크 전략   065
| 매튜 미켈리니, 스테판 쇼이블러, 스테픈 통, 윤제성, 오기석 |

돈 잃지 않는 투자 요령   069
| 짐 로저스, 아미르 몬셰피, 제임스 황, 니콜라 베롱 |

가상화폐 시장 전망   074
| 에드워드 리, 윌리엄 리, 이영로, 박정훈, 오종욱 |

투자 달인 존 그레이와의 대화   079
| 존 그레이, 국유진 |

PART 2
공존과 분열의 갈림길

1 공존의 위기

2025 국제정세 전망: 공존의 종말?   087
| 카린 폰 히펠, 히로히토 오기, 하시 V. 판트, 대니얼 트위닝, 우정엽 |

중동 평화 고차방정식   091
| 나프탈리 베네트, 테리 마르틴 |

연결에서 얽힘으로: 이언 골딘 특별 강연   095
| 이언 골딘 |

가자지구 그리고 분쟁 지역에서 온 목소리   100
| 압둘와합 알무함마드아가, 엠마 캠벨, 나카지마 유코, 라에드 알 살레 |

푸틴의 희생자들, 율리아 나발나야의 증언   107
| 율리아 나발나야, 크리스 밀러 |

2 G2 갈등과 한반도

깊어지는 미·중 갈등, 한국의 선택   113
| 마이클 베클리, 로빈 니블렛, 여한구 |

중국은 어떻게 실패하는가   118
| 마이클 베클리 |

존 켈리와 앤드류 김에게 듣는 한반도 안보   122
| 존 F. 켈리, 앤드류 김(김성현), 안호영 |

트럼프 대외정책과 한반도   127
| 로버트 오브라이언, 마이크 발레리오 |

아시아 번영을 위한 연대   132
| 훈 센 |

PART 3 ──
신기술과 공존하는 인류

1 인공지능 앞에 선 인류

로봇의 시대 인간의 부흥   141
| 알베르토 레비 |

일자리와 AI, 공생인가 파멸인가   145
| 저스틴 울퍼스, 노영우 |

AI가 바꾸는 비즈니스 환경   149
| 디팍 라마나단, 치한 위, 홍대순 |

AI 시대가 요구하는 지식   153
| 린다 밀스, 이광형, 여현덕 |

사이버 위협에 직면한 지구촌   157
| 제임스 올워스, 마트 누르마, 비크람 샤르마, 김희연 |

2 착한 AI 만들기

AI의 고백: 좋은 것, 못생긴 것, 예상치 못한 것   163
| 조경현, 플뢰르 펠르랭, 서머 킴 |

미래 세대를 위한 AI 감독 체계   168
| 이토 코헤이, 라일라 이브라힘, 저스틴 구티에 |

AI 윤리헌장, 왜 필요한가   173
| 마이크 오르길, 스튜어트 러셀, 매튜 리아오, 저스틴 구티에, 박경렬 |

AI 시대 인재 유치의 함정, 그리고 국가경쟁력   178
| 아르투로 브리스 |

셀러브리티와 AI의 만남   182
| 이수만 |

3 AI 진보의 현주소

AI 디지털 추모 세상이 열린다   187
| 장세영, 김만기, 이정선 |

AI가 바꾸는 농식품 산업   192
| 도브 페트만, 이정훈, 강영준, 신호식, 최영덕, 임기병, 정혁훈 |

AI 번역 혁명: 바벨탑의 붕괴   198

|야렉 쿠틸로브스키, 마이클 전|

찰스 캔터와 서머 킴이 들려주는 AI 창업 스토리   203

|찰스 캔터, 서머 킴|

차세대 AI 데카콘을 찾아서   207

|토마 르 디우롱, 이갈 에를리히, 마이클 전, 리처드 장, 미키 김|

PART 4
공존을 위한 혁신

1 끊임없이 혁신하라

혁신의 환상: 열심히 일해도 성과가 거의 없는 이유   215

|프레드리크 에릭손|

죽은 CEO의 살아 있는 아이디어   219

|토드 부크홀츠|

블루오션을 향한 항해   223

|이승훈, 이동헌, 이영우, 박철수, 이장원, 제니 주, 마크 켈슨|

기업의 지속가능성 전략   227

|로버트 에끌레스, 제니퍼 모틀레스 스비길스키, 이한상, 인소영|

핀테크와 블록체인은 어떻게 글로벌 결제 시스템을 바꿔놓았나   231

|브루스 터크먼|

2 공존의 시대, 리더의 덕목

고객의 마음을 움직이는 '공감'의 기술   237

|루시아 에헤아|

전략적 의사결정: 리더처럼 생각하라   242

|앤 소피 샤셀|

C 레벨을 위한 평생교육   246

|마크 소스나|

3 위기를 기회로 바꾸는 기업 생존 전략

M&A를 통한 기업 성장 전략   251

|다니엘라 파보치아, 한인섭, 이순열, 강형구|

기후 변화 시대 기업들의 생존 전략   256

|엔스 오르펠트, 김효은, 아담 본스타인|

여성 건강, 10억 달러 시장을 노려라   261
|루시 페레즈, 미셸 윌리엄스, 이용진|

금융 비밀은 어떻게 다뤄야 하나   265
|잉고 월터|

토트넘 홋스퍼는 어떻게 최고 명문 구단이 됐나   268
|라이언 노리스, 전한석|

PART 5
호모 심비우스-공생하는 인류

1 출산율 반등의 비밀

헝가리 인구 대역전 비결   275
|노바크 커털린, 케빈 알리, 나경원, 이철희|

오드리 탕이 이야기하는 집단지성의 힘   280
|오드리 탕|

사람들은 왜 음모론에 빠져들까   285
|마이클 셔머|

인류의 영원한 적, 비만   289
|존 비클, 알론 블루멘펠트, 시몬 엑하우스, 사샤 세미엔추크, 오상우|

마약 청정국은 없다   294
|벤 웨스트호프, 데보라 보넬로, 조병상, 장용승|

2 인류 공존의 열쇠, 문화

세계를 사로잡은 K-푸드   299
|미셸 자우너, 이준, 미키 김|

K-팝 성공의 놀라운 힘   303
|파스칼 브라시에, 오인규, 서혜진, 이장우|

인간을 행복하게 하는 도시 건축   307
|이상림, 야마모토 리켄, 김세용|

커피를 마시며 세계 여행   312
|방기현, 라이스 팔레이로스, 김나연|

박찬호와 함께하는 투 머치 토크   316
|박찬호|

3 뇌의 블랙박스가 열리다

뇌와 컴퓨터의 위대한 연결　　　　　　　　　321
| 킴 올드, 베츠 피터스 |

게임체인저를 꿈꾸는 양자컴퓨터　　　　　　325
| 이토 코헤이, 김명식, 파비오 도나티 |

뇌과학으로 성공의 비밀을 풀다　　　　　　　330
| 애덤 가잘리, 폴 잭, 장동선 |

PART 6 ─────────────────────────

지속가능한 세상, 인류의 미래

1 에너지 르네상스

에너지 게임체인저, SMR　　　　　　　　　　337
| 데이비드 데반니, 이창선, 제프리 밀러, 정재훈 |

자원 전쟁: 핵심 광물 확보 전략　　　　　　　343
| 로비 다이아몬드, 와우터 기요트, 김진동, 신우진 |

혁신적 탄소중립, 에너지 대전환　　　　　　　348
| 캐서린 앳킨, 사무엘 모리용, 마쌈바 초이, 오영훈, 이상묵, 이상협, 이찬, 조영준, 고윤성, 박미정 |

기댈 수 있는 재생 가능 에너지　　　　　　　353
| 최승호, 마이클 스털링, 데이비드 존스, 엄우종, 데이비드 강 |

수소와 암모니아에서 에너지 미래를 찾다　　　358
| 이쿠시마 와타루, 황민재, 정철 |

세상을 바꾸는 6가지 물질　　　　　　　　　362
| 에드 콘웨이, 강영철 |

2 무한한 시장, 미래 먹거리

우주에서 찾는 새로운 가능성　　　　　　　　367
| 에르베 드레이, 존 리, 와카타 코이치, 박시수 |

유전과 바다: 한국 산유국의 꿈　　　　　　　372
| 에스펜 에를링센, 헨리 해거드, 마이클 C. 린치, 마이클 스털링, 오성익 |

글로벌 비즈니스 인 아프리카　　　　　　　　377
| 파파 사냐 음바예, 올리비에 은두훈기레헤, 메쿠리아 하일레 테클레마리암, 티모시 디킨스 |

PART 1

경제와 금융의
판이 바뀐다

1

세계 경제,
변곡점에 서다

반도체 패권을 위한
글로벌 전투

크리스 밀러 | 터프츠대학 교수, 《칩 워》 저자

크리스 밀러

미국 터프츠대학 국제역사학부 겸임 교수이자 러시아·유라시아 프로그램 공동책
임자이며, 미국 기업 연구소(AEI)의 객원 연구위원으로 활동하고 있다. 하버드대학
에서 역사를 전공한 후 예일대학에서 석사와 박사 학위를 취득했다. 세계적인 베스
트셀러인 《칩 워(Chip War)》의 저자이자 국제정치, 경제, 기술 분야의 전문가이기도
하다.

"중국과 미국이 반도체를 넘어 클라우드 컴퓨팅과 인공지능(AI) 모
델까지 자체 생태계를 구축하려 하고 있다. 반도체 공급망의 극심한
정치화에 대비해야 한다."

크리스 밀러 터프츠대학 교수는 세계지식포럼 '칩 워 2.0: 반도체 패
권을 위한 글로벌 전투' 세션에서 "AI 시스템을 구성하는 반도체 칩

● 크리스 밀러 터프츠대학 교수가 제25회 세계지식포럼 '칩 워 2.0' 세션에 참여해 발표하고 있다.

은 화폐 단위 같은 중요성을 가지게 됐다"며 이와 같이 강조했다. 대만 TSMC와 한국의 삼성전자, 네덜란드의 ASML 등 반도체 기술력에서 독보적인 지위를 가진 기업은 단순한 시장 내 경쟁 우위를 넘어 국가 간 경쟁력을 좌우하는 전략적 가치로 확장되고 있다는 분석이다.

그는 AI 기술의 부상으로 전 세계 기업뿐 아니라 정부가 나서서 더 높은 품질의 반도체를 확보하기 위한 사투를 벌일 것이라고 봤다. 밀러 교수는 "전형적인 반도체는 미국에서 생산한 소프트웨어로 설계하고 일본의 화학 물질과 재료에 의존해 네덜란드의 제조 장비로 생산한다"며 "전 세계적으로 한 국가에서만 생산하는 칩은 거의 없다"고 말했다. 그러면서 "반도체 산업은 그 어떤 산업보다 글로벌화돼 있고 이를 이끄는 미국과 중국 간 지정학적 갈등에 직접적인 영향을 많이 받을 수밖에 없다"고 덧붙였다.

반도체 산업이 세계적인 공급망을 형성하면서 이를 둘러싼 강대국 간의 경쟁은 더욱 치열해질 것으로 예상된다. 그는 "최첨단 반도체 칩에 경제뿐 아니라 정치적인 미래도 담보된다는 것을 알게 된 정부들이 반도체 패권 전투에 나서고 있다"며 "전 세계 유수 IT 기업뿐 아니라 정부 간의 경쟁이 되는 것"이라고 밝혔다.

밀러 교수는 엔비디아를 예로 들며 한 기업의 독점 체제는 지정학적 긴장이 높아진 현 국제정세에서 위험으로 작용할 것이라고 내다봤다. 그는 "엔비디아의 높은 가격도 문제지만 단일 공급자에 과도하게 의존하는 것은 위험할 수 있다"며 "아마존, 메타, 알파벳, 마이크로소프트와 같은 IT 기업도 자체 AI 프로세서를 구축하려 나섰다"고 설명했다. 특히 중국이 최근 반도체 기술 자립을 목표로 막대한 금액을 투자하면서 전 세계 무역 흐름이 바뀔 수 있다고 전망도 내놨다.

밀러 교수는 "중국은 향후 몇 년 동안 중국의 컴퓨팅 파워를 50% 증가시키겠다는 목표를 천명했다"며 "반면 미국은 반도체 칩이 중국이 아닌 우방국에 먼저 공급되기를 원하고 있다"고 말했다. 또 "중국은 세계의 공장이지만 반도체 산업에서는 놀라울 정도로 작은 역할을 하고 있다"며 "중국은 지난 10년 동안 매년 석유 수입액만큼 많은 돈을 반도체 수입에 쓰고 있다"고 했다.

밀러 교수에 따르면, 중국은 한국과 대만 등 인근 아시아 국가들이 반도체 산업으로 높은 경제성장을 달성한 것을 목격하며 이들에 대한 의존도를 낮추려고 노력 중이다.

그는 "시진핑은 반도체 공급망의 해외 수입을 줄이고 국내에서 더 많은 생산을 하고자 한다"며 "다만 반도체 생산을 모두 자립하려면 엄청나게 많은 자본 지출과 복잡한 기술이 필요하다는 문제가 있다"고 환기시켰다.

그러면서 "중국은 2018년부터 네덜란드 ASML의 최첨단 기계 등을 중국으로 이전하는 것을 불법으로 시도하고 있지만 여전히 이 같은 독점 기술을 보유하지 못하고 있다"며 "중국의 반도체 자급자족은 여러 어려움이 있을 것"이라고 예상했다.

반도체와 AI를 둘러싼 패권은 각국의 군사력에도 지대한 영향을 미칠 것으로 보인다. 밀러 교수는 "미래의 군사력은 함대가 몇 개인지와 같은 전통적인 기준에 끝나지 않고 AI 기반의 군사력에 따라 결정될 것"이라며 "러시아-우크라이나 전쟁에서 사용한 드론 무기와 같이 AI 자율주행 서비스를 차세대 군사 시스템에 적용하면서 실제 작전에도 투입할 수 있다"고 말했다. 이 같은 자율주행 무기와 위성 정보 분석에도 막대한 컴퓨팅 기술이 필요하므로 반도체 칩의 중요성은 더욱 부각될 것이라는 것이 그의 분석이다.

중국 경제 전략의
게임체인저

리 웨이 | 장강경영대학원 경제학 교수

리 웨이

중국 장강경영대학원(CKGSB) 경제학·신흥시장 재무학 교수다. 미국 미시간주립대학에서 경제학 박사 학위를 마친 후 듀크대학 푸콰경영대학원 조교수, 버지니아대학 다든경영대학원 교수 등을 역임했다. 세계은행 고문을 비롯해 장강사례연구센터와 장강기업사회책임연구센터 주임을 역임한 바 있다.

"역내포괄적경제동반자협정(RCEP)은 참여국에 상당한 이익을 줄 것입니다. 중국은 RCEP 내 아세안(ASEAN) 국가에 대한 투자를 늘리고 아세안 국가들의 수혜를 볼 것입니다.

한국도 RCEP에서 공급망을 유지하는 주요 국가가 될 것이고 RCEP이 잘 자리 잡는다면 2035년 한국의 실질 소득(Real income)도 최대 2% 상승할 것입니다."

리 웨이 CKGSB 교수는 제25회 세계지식포럼에서 이와 같이 말했다. RCEP은 중국의 주도로 아세안 10개국과 한국·중국·일본·호주·뉴질랜드 등 총 15개국이 체결한 자유무역협정(FTA)이다. 2022년 1월에 공식 발효됐다. 참여국의 무역 규모·인구 규모가 전 세계 약 3분의 1을 차지할 정도로 큰 세계 최대 규모의 '메가 FTA'로 꼽힌다. 한·중·일이 하나로 묶인 다자간 FTA도 RCEP이 유일하다.

리 교수는 "RCEP은 미국과 유럽 시장과 경쟁할 수 있는 시장이 될 것"이라며 "RCEP 참여국에 상당한 이익을 창출할 것"이라고 말했다. 리 교수가 제시한 자료에 따르면, RCEP을 통해 무역 자유화가 이행돼 관세 우대를 받게 되면 더 많은 이익을 볼 수 있다.

예를 들어 일본에서 레이저 부품을 만들어 중간재로 한국에 공급하면 RCEP 발효 전에는 관세가 8% 부과됐다. 한국에서 제조한 레이저는 중국에 수출하는데 한국과 중국의 FTA가 적용되는 항목이라면 관세가 2.4% 부과된다. 만약 FTA에 해당하지 않는 품목이라면 중국에 수출할 때 관세가 6.0% 부과된다. 자유협정을 맺지 않을수록 비용이 더 커지는 셈이다.

하지만 무역 자유화가 이행되면 RCEP을 맺고 있는 한·중·일 간의 관세는 전부 0이 된다. 한·중·일의 제조업체·운송업체들은 관세에 들어갈 비용을 아낄 수 있고 가격이 떨어지므로 매출도 늘릴 수 있게 된다. 그만큼 세계적으로 가격 경쟁력이 생기는 셈이다.

리 교수는 "1995년과 2018년 자료를 비교해보면 중국이 전 세계 공급망으로 자리매김하는 것을 알 수 있다"며 "미국·캐나다·멕시코 등이 속해 있는 북미 블록, 독일·영국·프랑스 등으로 구성된 유럽 블록 등 전 세계가 경제 블록화되고 있는 가운데 중국이 속한 RCEP의 영향력은 더 커질 것"이라고 말했다.

이러한 내용은 실증적인 분석을 통해서도 확인된다. 세계은행이 2035년 RCEP 참여국의 RCEP 참여로 인한 실질 소득 영향을 분석한 결과, 참여국은 생산성이 향상하면서 약 2.50% 실질 소득이 증가하는 것으로 나타났다.

가장 크게 수혜를 보는 국가는 베트남과 말레이시아였다. 베트남과 말레이시아는 생산성 향상이 발생할 경우 2035년 실질 소득이 약 5% 증가했다. 한국의 경우 2035년 RCEP으로 인해 최대 2%가량 실질 소득이 상승했다.

리 교수는 "백분율로 생각하면 2%가 5%보다 작게 보일 수는 있지만 절대적인 경제 규모를 생각하면 그렇지 않다"며 "한국의 경제 규모가 훨씬 크기 때문에 한국의 2% 실질 소득 성장이 베트남의 5% 실질 소득 성장보다 클 것"이라고 말했다.

리 웨이 교수는 RCEP에서 공급망으로써의 중국의 역할이 더 커질 것이라고 봤다. 중국은 아세안 국가들에 생산기지를 옮겨 수출할 수 있기 때문이다.

리 교수는 "2018년 도널드 트럼프 정부의 중국에 대한 관세로 인해 무역이 크게 감소했지만, 이후 회복되고 있다"며 "여전히 미국은 중국의 생산물을 많이 수입하는 가장 큰 수요자"라고 밝혔다.

리 웨이 교수는 이어 "비야디(BYD)·닝더스다이(CATL)·상하이모터스(SAIC) 등은 이미 아세안 국가에 투자를 늘리고 있다"며 "원산지를 바꿔 미국으로 수출될 수 있기 때문에 중국의 수출은 앞으로 더 많아질 것"이라고 밝혔다.

2025년
경제 전망

프레드리크 에릭손 | ECIPE 공동창립자 겸 디렉터

윌리엄 리 | 밀켄연구소 수석 이코노미스트

차오 이데 | 상해개발연구재단 부회장

마틴 레드라도 | 아르헨티나 중앙은행 전 총재

마이크 로젠버그 | IESE 교수

프레드리크 에릭손

경제학자이자 브뤼셀에 본부를 둔 세계 경제 싱크탱크인 유럽국제정치경제센터 (ECIPE) 창립 이사이다. 세계은행과 JP모건에서 근무했으며, 스웨덴과 영국 총리를 위해 일했다. 저서로는 《혁신의 환상》(예일대학교출판부) 등 여러 권이 있으며, 현재 기술과 경제에 관한 책을 집필 중이다.

윌리엄 리

밀켄연구소(Milken Institute) 수석 이코노미스트로 자본 시장의 기능과 금융 안정성을 개선하기 위한 연구를 이끌고 있다. 밀켄연구소 근무 전에는 씨티은행의 미국 수석 이코노미스트로 일했으며, 홍콩에서 국제통화기금(IMF)을 대표하기도 했다. IMF 재직 전에는 뉴욕 연방준비은행과 연방준비제도이사회에서 일했다.

차오 이데

비영리 기관인 SDRF(Shanghai Development Research Foundation) 부회장 겸 사무총 장이다. SDRF의 목적은 개발 문제에 관한 연구를 촉진하는 데 있다. 그는 재무부 국제 금융·경제 분야 외부 전문가다. 1985년 하버드대학 케네디스쿨에 입학했으며, 졸업 후 하버드대학 국제개발연구소에서 연구를 수행했다. 1995년 중국으로 돌아와 뉴욕생명보험의 최고 대표이사로 2003년 5월까지 일했다.

마틴 레드라도

2004년부터 2010년까지 아르헨티나 중앙은행 총재로 재직하며 2008~2009년 금융 위기 동안 아르헨티나 경제를 보호하는 데 중요한 역할을 했다. 2016년부터는 세계은행에서 선임 경제 고문으로, 2019년부터는 아시아 비즈니스 스쿨에서 중앙은행학 석사 과정 디렉터로 재직 중이다.

마이크 로젠버그

IESE 경영대학원 전략경영학부 소속으로 경영실행에 대해 강의한다. 구체적으로는 경영전략과 지정학, 지속가능성에 대해 강의하며, 이 주제들에 관해 '지구에서 경영하기(Doing Business on the Earth)'라는 제목으로 매주 블로그에 글을 올린다.

"새로운 세계화가 진행되고 있다. 상품이 아니라 기술 서비스 형태로 국경을 넘나들고 있다."(프레드리크 에릭손 ECIPE 공동창립자 겸 디렉터)

"새로운 세계화는 공급망에 초점을 맞춰 더 지역화, 다자주의화하고 있다. 한국이 신속하게 양자 간 무역협정을 맺는다면 한국에 더 유리할 것"이다.(윌리엄 리 밀켄연구소 수석 이코노미스트)

미국 대선과 러시아-우크라이나 전쟁이 진행되며 세계 경제가 한

● 윌리엄 리 밀켄연구소 수석 이코노미스트(사진 가운데) 등 연사들이 제25회 세계지식포
럼 '이코노미 아웃룩 2025' 세션에서 대화를 나누고 있다.

치 앞을 내다볼 수 없는 상황으로 내몰리고 있다. 미국·중국·유럽·남
미 등 전 세계 각지 경제 전문가들은 새로운 유형의 세계화가 진행 중
이라고 입을 모았다.

　세계지식포럼 '이코노미 아웃룩 2025' 세션에서 프레드리크 에릭손
유럽국제정치경제센터(ECIPE) 공동창립자 겸 디렉터는 "기술 지향적
인 유형의 새로운 세계화가 진행되고 있다"며 "디지털 서비스, 특허, 기
술, 지식, 아이디어가 국경을 넘나들고 있다"고 말했다.

　또 무역이 공급망 위주로 재편되고 있다. 윌리엄 리 밀켄연구소 수석
이코노미스트는 "더 이상 여러 나라 간의 무역협정이 어려우므로 공
급망 기준으로 지역별 양자 간 무역협정이 활발해지고 있다"며 "한국
이 현명하게 교역국마다 양자 간 협정을 맺는다면 한국에 유리할 것"
이라고 말했다.

새 세계화 속 기업들이 새 공급업체를 찾고 있다는 분석이 나왔다. 마틴 레드라도 아르헨티나 중앙은행 전 총재는 기업이 더 가깝고 신뢰할 수 있는 공급업체와 장기계약을 맺고 있다고 진단했다. 그는 "중국의 대미 수출이 약 5% 감소했지만 그만큼 멕시코와 무역이 늘어났다"며 "중국에 대한 투자가 미국에서 멕시코로 이동하고 있다"고 말했다.

무역에서 관세는 최대 화두다. 미국 정부의 관세율 인상이 실제로 인플레이션을 자극할지를 두고 경제 전문가들이 활발히 토론했다. 리 수석 이코노미스트는 의외로 관세가 인플레이션을 유발하지 않을 수 있다고 주장했다.

그는 "우리는 경제학 원론에서 관세는 무역 생태계를 파괴하고 인플레이션을 유발하는 끔찍한 것으로 배운다"면서도 "우리는 교과서대로 자유무역의 세계에 살고 있지 않으므로 지금까지 관세는 이익 마진으로 흡수되며 인플레이션을 유발하지 않았다"고 설명했다.

반면 에릭슨 공동창업자는 트럼프의 관세 정책은 인플레이션을 유발한다고 내다봤다. 그는 "지금까지 관세는 양자적으로 이뤄져서 중국산 제품에 관세를 높이면 다른 국가로부터 수입이 늘어나는 구조였다"면서 "하지만 트럼프 미국 대선 후보는 대중 관세 60%와 보편 관세 10%를 물리려 하기 때문에 이는 인플레이션을 야기할 수밖에 없다"고 말했다.

차오 이데 상해개발연구재단 부회장은 중국 입장에서 세계 경제를 논했다. 그는 2024년 중국 정부의 목표인 '5% 성장률' 달성이 가능할 것이라고 내다봤다. 그러면서 "중국 부동산 거래량이 크게 줄어 지방

정부 수입도 감소했다"며 "중국 소비를 살리려면 재정정책을 확대해야 하지만 지방정부의 '숨겨진 부채'는 큰 부담"이라고 말했다.

이데 부회장은 미국 대선보다 연준의 통화정책에 주목했다. "누가 미국 대통령이 되든 고관세율과 수출 통제 위주의 미국의 대중 정책은 변하지 않을 것"이라며 "미국 연준이 금리인하를 시작하면 중국 중앙은행인 인민은행도 금리인하할 여유가 생겨 호재로 작용할 것"이라고 말했다.

마틴 레드라도 아르헨티나 중앙은행 전 총재는 미국의 기준금리 인하로 인한 투기성 자본 유입을 우려했다. 그는 "신흥국 입장에서 자본 유입과 자본 유출을 어떻게 관리하느냐가 핵심"이라며 "미국을 비롯한 세계 기준금리가 인하되면 선진국 자본이 신흥국으로 일부 들어오면서 자산의 밸류에이션(가치평가)이 올라갈 수 있다. 자산 밸류에이션 상승이 생산성 재고가 아니라 투기성 자본 때문인 점이 우려스럽다"고 말했다.

에릭손 공동창업자는 유럽 경제에 대해 부정적인 전망을 제시했다. 그는 "유럽의 3분의 1을 차지하는 독일 경제를 비롯한 유럽 경제는 장기나 단기적으로 경제 침체에 들어갔다"며 "유럽 경제는 팬데믹과 러시아-우크라이나 전쟁의 타격을 크게 받았고, 포퓰리즘도 만연하고 있다"고 지적했다.

2

**공존 경제를 위한
해법**

물리 세계의 정부,
디지털 세계의 블록체인

김서준 | 해시드 대표

김서준

포항공과대학교에서 컴퓨터공학을 전공하고, IT 스타트업 분야에서 15년 이상의 경력을 쌓아왔다. 2017년 블록체인 전문 투자회사인 해시드를 설립해 국내 주요 IT 기업들과 협력하며 블록체인 프로젝트를 성공적으로 이끌어왔다. 해시드는 한국을 대표하는 블록체인 투자사로 자리매김하며 글로벌 시장에서도 영향력을 확대해 나가고 있다.

"블록체인을 통해 서로 신뢰하지 못하는 다양한 이해관계자가 디지털을 벗어나 현실 세상에 있는 정부에 기준점을 제시할 수 있을 것이다."

김서준 해시드 대표는 제25회 세계지식포럼에서 블록체인의 향후 역할에 대해 이와 같이 말했다. 김 대표는 애플, 구글, 아마존, 마이크

● 김서준 해시드 대표가 제25회 세계지식포럼 '김서준이 바라보는 공존: 물리 세계의 정부, 디지털 세계의 블록체인' 세션에서 발표하고 있다.

로소프트 등 소수의 빅테크 기업이 세계 전반에 걸쳐 막대한 부와 정보를 가지고 있다고 진단했다. 이러한 소수의 기업이 자신들의 이해관계에 따라 각종 수수료나 알고리즘을 바꾸며 돈을 벌고 이익을 취하며 전 세계에서 각종 규제와 과세 정책이 뒤따를 것이라고 봤다.

김 대표는 한국의 경우 디지털 기술력이 높지만, 최근 AI 딥페이크 범죄 문제가 발생하는 것을 언급하며 "디지털 채널을 통해 무분별하게 (범죄 제작물을) 퍼뜨릴 수 있는 미디어 환경이 조성됐다"면서 "AI가 빅데이터를 학습하는 과정에서 특정 국가와 회사 등의 잘못된 편향성을 학습해 불평등을 심화시킬 수 있다는 우려가 있다"고 밝혔다. 예를 들어 남자와 여자의 성역할에 대한 고정관념을 강화한다거나 특정 인종이 어떤 일을 잘할 수 있다든지의 여러 문제를 언급했다.

거대한 힘을 가지는 AI가 소수의 사람에 의해 폐쇄적으로 지배되고 있는 점을 지적했다. 챗GPT를 선보인 오픈AI의 CEO 샘 올트먼이 성급한 AI 상업화 추진을 이유로 이사회로부터 축출됐다가 닷새 만에 복귀한 것을 김 대표는 언급했다.

그는 "폐쇄적으로 운영되다가 대응할 수 없는 여러 가지 문제점을 맞닥뜨리게 된다"며 "기술은 그 자체로 폭발적으로 성장하지만, 제도가 기술 발전을 따라가고 있지 못하고 있다"고 지적했다. 이 같은 문제점이 국가와 하나의 정부만으로 통제할 수 없어 각국 정부와 기업이 긴밀히 협력해 대응할 것을 주문했다.

이 같은 문제점을 블록체인 기술이 해결해줄 수 있을 것으로 봤다. 김 대표는 "블록체인은 프로토콜 위에 만들어진 것으로 누구 한 명이 마음대로 바꿀 수 없다"며 "공통된 가치를 기반으로 네트워크를 만들고, 이 프로토콜 자체가 경제 활동의 원천이 된다"고 말했다.

그는 대표적 가상자산인 비트코인을 "인류가 만들어낸 최초의 프로토콜 기반의 네트워크 경제 조직"이라고 설명했다. 비트코인 등 가상자산의 장점으로 한 지갑주소에서 다른 지갑주소로 돈을 보냈는지 투명하게 파악이 가능하고, 기존 금융기관에 수탁하는 것과 달리 비트코인 등 가상자산을 통해 자가 수탁할 수 있다고 봤다.

가상자산이 실생활에 쓰이는 사례로는 기존 화폐와 가치가 연동되고, 수수료 없이 송금에 사용되는 스테이블코인과 콘서트 티켓 등 판매에서 대체불가토큰(NFT) 기술을 활용해 불법 거래를 방지하고 있는 것을 언급했다.

김 대표는 "특정 국가의 경제나 은행이 무너지고, 난민이 발생하는 등 부도가 나는 상황이 발생할 수 있다"며 "이런 초인플레이션 상황에서 비트코인은 세계 경제를 하나로 연결하는 생명줄"이라고 말했다. 이와 함께 스테이블코인의 장점을 언급하며 "해외송금을 위한 수단도 블록체인으로 넘어갈 것"이라며 "모든 사람이 가상자산 지갑을 가지고 있고, 금융기관에 별도 수수료를 내지 않아도 될 것"이라고 말했다.

김 대표는 블록체인 기반 걸그룹 '트리플S'의 사례를 들며 "블록체인을 기반으로 거버넌스가 투명하게 유지되는 구조"라며 "팬들이 유닛그룹을 선정하거나 앨범 타이틀곡 등에 투표할 수 있게 된다"고 설명했다.

김 대표는 텔레그램 창업자이자 CEO인 파벨 두로프(Pavel Durov)가 프랑스에서 체포돼 재판받게 된 데 대해서는 염려의 목소리를 냈다. 그는 "텔레그램에서 발생하는 여러 사건·사고를 감시 혹은 감독하지 않았다는 이유로 (CEO가) 체포당한 것은 플랫폼의 역할과 책임 논란을 일으켰다"며 "큰 규모의 메신저나 플랫폼 안에 범죄가 있는지 살펴보는 것은 '빅브라더'처럼 모든 것을 관리하는 사회가 될 수 있다"고 염려했다.

경제 석학
아서 래퍼와의 대화

아서 B. 래퍼 | 래퍼어소시에이츠 회장
이수형 | 한국은행 금융통화위원

아서 B. 래퍼

래퍼어소시에이츠(Laffer Associates) 설립자이자 전 세계 세금 정책에 영향을 미친 것으로 유명하다. '공급 측면 경제학의 아버지'라는 칭호를 받은 그는 세율과 세수의 관계를 설명하는 '래퍼 곡선'을 창안한 것으로도 잘 알려져 있다. 1978년 캘리포니아의 재산세를 크게 줄인 제안 13에 중요한 역할을 했으며, 로널드 레이건 대통령과 마거릿 대처 총리와 같은 저명한 정치인들에게 자문했다. 여러 명문 대학에서 학술직을 역임했고, 미국 예산관리국(OMB)의 첫 수석 경제학자로 일했다. '자유의 메달'을 포함해 많은 상을 받았고, 경제학에 관한 다수의 영향력 있는 저서를 저술했다.

도널드 트럼프 전 미국 대통령의 '경제통'이자 향후 미국 연방준비제도(연준) 의장 후보로 거론되는 아서 래퍼 래퍼어소시에이츠 회장은 경제가 불황일 때, '감세 정책'을 펼쳐야 한다고 강조했다.

세율이 일정 수준을 넘으면 오히려 세수가 감소하는 '래퍼 곡선'을

● 아서 B. 래퍼 래퍼어소시에이츠 회장(사진 오른쪽)이 제25회 세계지식포럼에서 이수형 한국은행 금융통화위원과 대화를 나누고 있다.

창안한 것으로도 유명한 래퍼 회장은 제25회 세계지식포럼 '아서 래 퍼와의 대화'에서 "소득 상위 1%에 대한 세금을 줄일 때마다 미국 경 제는 호황을 맞았다"며 이같이 밝혔다.

그는 "1913년부터 현재까지 미국의 소득세율 상한은 7%에서 90% 를 넘는 수준까지 큰 폭으로 오르내렸다"며 "한 가지 변하지 않는 사 실은 소득 상위 1%에 대한 세율을 높일 때마다 경제가 침체됐고, 반대 로 그들에 대한 세금을 줄일 때마다 경제가 발전했다"고 부연했다.

아서 래퍼 회장은 "세금을 올렸을 때 미국 부유층에게 거둬들이는 세수가 줄어들었다. 부유층이 변호사·회계사 등을 고용해 자신의 소 득을 숨겼기 때문"이라며 "세율을 낮췄을 때 오히려 세수가 늘어났다" 고 주장했다.

이어 "조 바이든 대통령-카멀라 해리스 부통령 행정부가 세금을 대폭 인상하면서 경제성장이 둔화했다"며 "일하는 사람에게 세금을 더 내라고 하면서 일하지 않는 사람에게 보조금을 지급하면 경제적 결과는 뻔하다"고 비판했다.

래퍼 회장은 대선 후보로 나선 해리스 부통령 측이 내놓은 공약에 대해 "일례로 미실현 자본소득에 대해 과세하거나 법인세를 올리거나 소득세 최고세율을 높이는 건 경제를 더 안 좋은 방향으로 가도록 유도하는 것과 다를 바 없다"고 힘주어 말했다.

그는 "트럼프 전 대통령은 정반대로 움직였다. 법인세와 소득세 최고세율을 대폭 내렸고, 임기 내내 상속세를 인하했다"며 "그 결과는 아름다웠다. 세금 부과를 통해 경제는 번영할 수 없고, 가난한 사람이 부를 축적하는 국가로 갈 수 없다"고 덧붙였다.

'부의 평등'에 대한 자신의 철학도 밝혔다. 래퍼 회장은 "어떤 사람들은 부유한 1%의 소득을 줄여 나머지 99%와 동일하게 만드는 것이 평등하다고 생각한다"며 "하지만 내가 생각하는 진짜 평등은 99%의 소득을 1% 수준으로 높여 동일하게 만들어주는 것"이라고 말했다. 이어 "가난한 사람을 부자로 만드는 것이 모두의 희망이지, 부자를 가난하게 만드는 것이 아니다"고 했다.

도널드 트럼프 전 대통령 측은 래퍼 회장의 감세 주장과 마찬가지로 "2025년에 대거 만료되는 감세 관련 법안을 연장할 것"이라면서 "현행 21%인 법인세율을 15%까지 대폭적으로 낮출 것"이라는 공약을 내걸고 있다.

래퍼 회장은 트럼프 전 대통령을 향해 재선을 가정하고 경제정책을 제안하기도 했다. 그는 "일시적으로 연방 소득세의 50% 감면을 18개월 동안 해야 한다"며 "그렇게 하면 실질임금이 3% 정도 상승하고, 고용 비용도 낮아진다. 많은 근로자가 노동 시장에 돌아오고 미국은 역동적 경제성장을 이룰 것"이라고 주장했다.

또 모든 정치인이 '수수료'나 '인센티브'를 기반으로 일해야 한다고 역설했다.

그는 "경제가 3%, 4% 성장하면 그 대가를 받고, 5% 성장하면 대가를 2배로 받게 해야 한다"며 "경제가 2% 성장하면 대가를 주면 안 되며, 1% 이하 성장 시 이 사람들이 토해내게 해야 한다"고 했다.

'트럼프 전 대통령이 당선되면 관세장벽을 높여 다른 국가들의 경제에 타격을 줄 것이라는 우려가 있다'는 사회자의 질문에 래퍼 회장은 "트럼프 전 대통령은 내가 아는 대통령 중 가장 '자유무역'을 신봉하는 사람이며 훌륭한 글로벌 사업가"라고 강조했다.

그는 "트럼프 대통령이 관세장벽 등을 내세우는 것은 EU와 일본 등이 보호무역을 포기하고 자유무역 협상 테이블에 앉게 만들기 위한 방법일 뿐 그는 보호무역주의자가 아니다"고 2018년 캐나다에서 개최한 G7 정상회의 당시 일화를 소개하기도 했다.

아서 래퍼 회장은 정치인들을 향해 조언하기도 했다. "예를 들어 정부의 재정 지출로 인한 혜택보다 피해가 더 크다면 '더 작은 정부'를 만들어야 한다"며 "우리가 가진 경제 지식과 능력으로 친구와 이념을 위해 세수를 사용하는 것이 아니라 국가와 국민을 위해 세수를 사용해야 한다"고 당부했다.

한편 래퍼 회장은 트럼프 전 대통령이 이번 미국 대선에서 승리할 경우 재무 장관이나 차기 연준 의장 후보로 유력하게 거론되고 있다. 제롬 파월(Jerome Powell) 연준 의장의 임기는 2026년 5월까지다.

공존을 위한
세금

게이브리얼 주크먼 | UC버클리 경제학과 교수
노영우 | 매일경제신문 국제경제 전문기자/부국장

게이브리얼 주크먼

1986년 프랑스 파리에서 태어난 저명한 경제학자이며 파리경제대학과 캘리포니아 대학 버클리 캠퍼스에서 교수로 재직하고 있다. 그의 연구는 전 세계 부의 축적, 분배 및 과세, 특히 조세 피난처와 관련된 주제에 초점을 맞추고 있다. 특히 연구를 통해 세계 가계 금융 자산의 약 8%가 조세 피난처에 보관되고 있다는 수치를 밝혀냈다. 경제학에 기여한 공로로 2023년 존 베이츠 클라크 메달을 포함한 수많은 권위 있는 상을 받았다.

제25회 세계지식포럼 '공존을 위한 세금' 세션에서는 '피케티 수제자'로 이름난 게이브리얼 주크먼 UC버클리 경제학과 교수가 부유세에 대해 2%포인트 추가 부과 필요성을 언급해 열띤 관심을 받았다.

주크먼 교수는 단기 성장이 아니라 '지속가능한 성장'을 하려면 초

● 게이브리얼 주크먼 UC버클리 경제학과 교수가 제25회 세계지식포럼 '공존을 위한 세금' 세션에서 발표하고 있다.

고액 자산가들에게 2% 정도의 세금을 추가 과세해야 한다고 주장해 눈길을 끌었다. 그는 경제학자 아서 래퍼가 '부유세를 강조할수록 경제가 어려움에 빠지곤 했다'는 취지의 발언을 한 데 대한 생각을 묻는 매일경제 취재진의 질문에 "소득세의 기본 아이디어는 부자가 세금을 더 내서 민주주의에 기여하도록 하는 누진성"이라면서 "역사를 보면 사람들이 부자가 될 수 있도록 교육이나 의료보험을 비롯한 각종 사회 인프라스트럭처를 바탕으로 경제가 성장했고 이런 성장의 근간은 바로 누진적인 소득세제였다는 점을 간과해서는 안 된다"고 반박했다.

주크먼 교수는 상위 1~5%에 해당하는 고액 자산가들이 나머지 부유층이나 중산층, 저소득층보다도 더 낮은 세율을 적용받고 있다는 점에서 소득세의 누진적 성격이 퇴색됐다고 비판했다. 그는 "프랑스만

봐도 일반 부자나 저소득층이 부담하는 세율이 50%를 넘나드는 반면 초고액 자산가 소득세율은 평균 25% 정도로 절반 수준인데 이런 경향은 미국이나 독일, 이탈리아도 유사하다"면서 "일론 머스크(Elon Musk)나 제프 베이조스(Jeff Bezos) 같은 빅테크 창업자들이 임금을 받지 않고 자사주를 지급받으며 소득세를 내지 않는 것에 대해 주요국이 합심해 세금을 부과해야 한다"고 주장했다.

초고액 자산가들이 자신이 보유한 상장주를 미실현 소득이라는 이유로 소득세를 내지 않거나 예술품·사모펀드 상품 등 대체 투자를 통해 자산 가치 평가를 회피함으로써 소득세를 내지 않는 것이 문제인 이유는 무엇보다 정부의 세금 수입이 줄어든다는 것이다.

주크먼 교수는 "정부가 하는 일은 노력하는 사람들이 부자가 될 수 있도록 밑바탕을 깔아주는 것인데 세수가 부족하다고 이런 지출을 줄인다면 자원이 효율적으로 배분되는 것이라고 볼 수 있느냐"고 반문했다. 그러면서 "세계 경제에서 상위 0.0001%에 해당하는 극소수 부자들의 자산이 차지하는 비중은 1980년대에는 4%에 불과했지만 2020년대 이후에는 14%에 달한다"면서 "경제가 양극화할수록 성장 동력이 떨어진다"고 지적했다.

주크먼 교수는 초고액 자산가들에 대해서는 각국이 합심해 소득세를 2% 추가 부과하는 한편 자본이득세를 적극 적용해야 한다는 입장을 밝혔다. 그는 "130여 개국이 다국적 기업에 대해 15% 법인세를 부과하기로 했는데 미국 등 많은 나라가 실행하지 않음에도 불구하고 일부 국가는 실행한다는 점이 희망"이라면서 "최근 6개월 새 주요 20개국(G20)이 부유세에 관심을 보이는 만큼 대체 투자 자산에 대한 자산 평가와 부유세에 대한 국가 간 공조를 고민할 때"라고 밝혔다.

주크먼 교수는 2018년 프랑스 최고의 젊은 경제학자상을 받은 데 이어 2023년에는 미국 전미경제학회로부터 존 베이츠 클라크(John Bates Clark) 메달을 받았다. 존 베이츠 클라크 메달은 2년마다 한 번씩 학회가 경제학 사상과 지식에 명백한 기여를 했다고 간주하는 40세 미만의 경제학자에게 주는 상이다.

주크먼 교수는 프랑스 경제학자인 토마 피케티(Thomas Piketty) 파리경제대학 교수의 수제자로도 유명하다. 스승인 피케티는 2013년 발간한 《21세기 자본》 저자로도 인기를 끌었는데, 해당 저서 등을 통해 부자들이 보유한 자산 자체에 부유세 명목으로 1~2%가량의 세금을 매기자는 아이디어를 내왔다.

현대 사회에서 자본수익률이 노동수익률보다 빠르게 높아지면서 빈부 격차에 따른 부작용이 커지고 있는데 부유세를 통해 자본수익률과 노동수익률 수준을 비슷하게 조정하는 것이 대안이라는 주장이다. 주크먼 교수도 연장선상에서 부유세 부과 필요성을 주장하며 이에 관한 실증적 연구를 펼치고 있다.

금융에서 찾는 공존

이승건 | 비바리퍼블리카(토스) 대표

───────

이승건

서울대학교 치의학과를 졸업하고 삼성의료원 전공의로 일하던 중 IT 기술을 통해 세상의 변화를 끌어내고 싶다는 꿈을 품고 2011년 비바리퍼블리카를 설립했다. 회사의 사업 아이템은 여덟 번 실패했지만 2015년 출시한 아홉 번째 서비스 '토스'는 불편한 송금 과정을 혁신하겠다는 도전으로 성공을 거뒀다. 간편송금에서 시작한 토스는 2,600만 국민이 쓰는 모바일 금융 플랫폼으로 성장했다.

"토스의 대출 비교 서비스는 수요자와 공급자가 모두 만족하는 서비스입니다. 금융 소비자는 대출금리를 5%포인트 이상 낮출 수 있었고요. 대출 공급자인 금융기관은 금리 경쟁력을 갖춘 상품을 출시하며 고객을 확보할 수 있었죠."

이승건 비바리퍼블리카(토스) 대표는 최근 세계지식포럼에서 이와

● 이승건 비바리퍼블리카(토스) 대표가 제25회 세계지식포럼 '금융에서 찾는 공존' 세션에서 발표하고 있다.

같이 밝혔다. 이 대표는 서울대학교 치의학과를 졸업하고 치과의사를 하다가 여덟 번의 창업 끝에 2015년 국내 최대 핀테크 기업인 '토스'를 창업했다.

간편송금으로 시작한 토스는 2019년 8월 금융권 최초로 대출 비교 서비스를 출시했다. 그해 5월에는 금융위원회로부터 혁신금융서비스로 선정되기도 했다. 토스의 대출 비교 서비스는 앱을 통해 여러 제휴 금융사의 신용대출 상품을 한눈에 비교할 수 있어 큰 인기를 끌었다. 혁신을 거듭한 끝에 현재 2,600만 명이 쓰는 국내 최대의 모바일 금융 플랫폼으로 성장했다.

이 대표는 "2019년 8월 토스의 대출 비교 서비스를 출시한 후 2년 만에 평균 대출금리가 17.8%에서 12.5%로 5%포인트 이상 떨어졌다"

며 "2021년 당시 대출 중개 규모가 1조 원에 달했고 5만 명가량이 이용했으므로 고객들의 월 가처분소득이 약 100만 원 늘어나는 효과가 나타난 것과 다름없다"고 말했다.

대출 비교 서비스는 금융 소비자·금융사·금융당국이 모두 만족할 만한 '1석 3조'의 효과를 낳았다고 평가했다.

금융 소비자는 토스를 통해 더 저렴한 금리를 제공하는 대출상품을 이용할 수 있게 됐다. 기존에는 소비자가 직접 시간과 비용을 들여 금융사별로 대출상품을 찾아서 비교해봐야 했다. 모바일 앱을 통해 비교한다고 해도 금융사마다 앱이 달라서 소비자가 모든 금융사의 대출상품을 비교하는 것은 역부족이었다.

토스의 이러한 혁신은 공급자인 금융회사에도 긍정적인 효과를 불러왔다. 모객하려고 금융사들도 앞다퉈 금리 경쟁력을 갖춘 대출상품을 출시했기 때문이다. 이 대표는 "토스가 대출 비교 서비스를 출시하면서 60여 개 금융기관의 대출을 3분 내 비교할 수 있게 됐다"며 "금융 소비자에게 큰 변화였을 뿐 아니라 금융사들에도 긍정적인 변화를 불러일으켰다"고 말했다.

예를 들어 A지방은행의 토스를 통한 대출 중개액은 2019년 221억원에서 2022년 1조 2,500억 원으로 57배가량 늘었다. 이 기간에 A은행의 영업이익도 함께 늘었다. A지방은행의 영업이익은 같은 기간 4,849억 원에서 8,257억 원으로 약 1.7배 증가했다. 이 은행은 낮은 금리를 제공하는 대출상품이 있었지만, 고객에게 잘 알려지지 않았는데 토스 플랫폼을 통해 이를 노출한 것이다.

이는 금융당국도 만족할 만한 결과였다. 토스의 대출 비교 서비스는 시장을 불안정하게 하지 않으면서 금융 소비자들에게 대출을 연결할 수 있는 공급 채널로 작용했다. 소비자들은 대출을 찾으면서 자신의 이자 비용을 줄일 수 있었다.

토스는 2017년에 무료 신용점수 조회 서비스도 출시했다. 토스가 해당 서비스를 출시하기 전에 금융 소비자는 자신의 신용점수를 아는 경우가 드물었다.

금융 소비자가 토스를 통해 신용점수를 조회할 수 있게 되면서 소비자들은 자신의 신용점수를 관리하기 시작했다. 토스는 금융 소비자가 신용점수를 간편하게 관리할 수 있도록 계속해서 정보를 제공했다. 예를 들어 금융 소비자에게 신용점수가 깎이는 행위는 미리 고지하고 신용점수를 올리는 행위는 독려하는 식이다.

금융 소비자들이 토스를 통해 신용점수를 제대로 관리할 수 있게 되면서 국내 주요 신용평가사는 신용점수를 산정하는 방식을 수정하기도 했다. 이 대표는 "약 2,500만 명이 넘는 고객이 신용점수 조회 서비스를 이용했다"며 "50%가 넘는 고객이 국내 주요 신용평가사 두 곳의 신용점수를 올릴 수 있었다"고 밝혔다.

한일 증시 밸류업의 요체

정은보 | 한국거래소 이사장
이와나가 모리유키 | 도쿄증권거래소 CEO
이한상 | 한국회계기준원 원장

정은보

2024년 2월부터 한국거래소 이사장으로 재직 중이다. 오랜 기간 거시 경제, 국내·국제 금융 분야에서 국가 정책을 형성하는 데 중요한 역할을 해왔다. 한국거래소에서 현재 역할을 맡기 전에는 금융감독원장, 금융위원회 부위원장, 기획재정부 차관 등 공직을 역임했다.

이와나가 모리유키

일본 최대 증권 거래소인 도쿄증권거래소 사장 겸 최고경영자(CEO)다. 일본 게이오대학 법대를 졸업했고 뉴욕 로체스터대학 MBA를 수료했다. 1984년 도쿄증권거래소에 입사한 이후 2009년 촤연소 집행임원을 역임했으며 2023년부터 도쿄증권거래소 사장을 맡고 있다. 최근 '기업지배구조 개혁' 등으로 대변되는 일본 금융개혁을 추진하고 있다.

─────
이한상

회계학 교수로서 표준 설정, 기업 지배구조와 공공 서비스 분야에서 풍부한 경험을 보유하고 있다. 현재 한국회계기준원(KAI) 원장 및 한국회계기준원(KASB)과 한국지속가능성기준원(KSSB) 의장을 맡고 있다. 재무·지속가능성 보고 기준, 자본 시장 연구와 기업 지배구조 분야에 전문성이 있으며, 회계·지속가능성 보고의 투명성과 책임성을 증진하는 데 주력하고 있다.

한국 상장 기업들도 일본처럼 주주 가치를 높여야 한다는 목소리가 커진 가운데 세계지식포럼 '한일 증시 밸류업!' 세션에서는 한국과 일본 증권거래소를 이끄는 수장들이 만나 기업 대주주와 개인 소액 주주, 외국인 투자자들의 눈높이를 맞추는 방안을 고민했다.

조만간 한국 밸류업 지수 발표를 앞둔 정은보 한국거래소 이사장은 "무엇보다 10대 그룹들이 자발적으로 증시 밸류업에 참여하는 것이 관건"이라면서 "발표될 지수에는 물적 자본 비용이 큰 제조업과 그렇지 않은 업종 간 가중치를 감안해 구성 종목을 선별하는 것도 중점 사항"이라고 밝혔다.

한국 증시 밸류업이 대기업에 편향된 논의가 아니냐는 의견에 대해 정 이사장은 "거래소로서는 밸류업에 동참하는 기업을 최대한 많이 끌어내는 것이 중요하다"면서도 "다만 국내 상장 기업 시가총액의 53%를 10대 그룹이 차지하는 만큼 역점을 둘 수밖에 없으며 중기업이나 소기업에 대해서는 자발적인 참여를 위한 인적·물적 자원이 부족할 수 있다는 점에 착안해 동참 지원에 나서는 중"이라고 밝혔다. 이어 그는 "금융 업종은 금융지주나 은행들이 대부분 밸류업에 참여하면서 주가가 7~8% 올랐는데 다른 기업들도 이런 것을 보고 참여하기를 바라고 있다"고 말했다.

한편 이와나가 모리유키 도쿄증권거래소 CEO는 일본 증시 밸류업과 관련해 "기업 주가는 시장이 정하지만, 시장에서 필요한 정보를 경영자가 제공할 의무가 있고 그래서 주가순자산비율(PBR)을 의식해달라고 우리가 기업들에 요청하게 된 것"이라면서 "다만 일본 증권거래소는 관이 아니라 민간 소속이므로 기업들이 자발적 기업 가치를 제고하는 데 참여하려면 사회적인 분위기 조성이 중요했다"고 강조했다.

이어 그는 "일본의 경우 의도적으로 밸류업 프로그램을 추진한 것이 아니고 1999년부터 기업 지배구조 개선 차원에서 시작하게 됐다"면서 "이후 거버넌스 공시 제도와 기업 지배구조 관련 제도를 2015년을 거쳐 점진적으로 도입하는 과정이 이어졌다"고 언급했다.

다만 이와나가 CEO는 "모호한 정책 규정을 명확하게 하는 작업이 중요했다"면서 "기존 도쿄증권거래소 1부에 속한 기업들이 실제로는 거래소 기준을 다소 밑돌더라도 열심히 해서 조만간 개선하겠다는 입장을 밝히면 잔류시키는 관행이 있었는데 이를 조정하는 과정에서 2022년 오사카증권거래소와 통합하는 일이 겹치다 보니 PBR에도 집중하게 됐다"고 말했다.

당시 상장소 기준이 유명무실하다는 비판이 많아 구조 재편을 통해 모호한 규정을 분명히 하는 작업을 하는 과정에서 일본 상장기업 절반 이상의 PBR이 1배를 밑돈다는 지적이 나온 것이 일본식 밸류업 계기가 됐다고 한다.

그는 "무엇보다 언론에서 PBR이 1을 밑도는 기업은 목을 비틀어야한다는 식으로 사회 분위기를 만들어줬고 기업들도 거래소의 설득 작업이나 다른 기업의 변화를 보고 PBR 높이기에 동참하는 식의 분위기가 도움이 됐다"고 밝혔다.

한편 코리아디스카운트와 관련해 정 이사장은 "최근 10년을 보면 미국 주요 주가지수는 180%, 일본은 150%, 대만은 130% 오른 데 반해 한국은 35% 정도 올라 박스권이라는 오명을 받았다"면서 "주가라는 것은 기업의 미래 현금 흐름의 가치라든지 기업의 투자 등 펀더멘털에 따르는 것이기 때문에 정보의 비대칭성이나 기업의 주주환원 노력 부족이 코리아디스카운트라는 말을 불러온 것 같다"고 말했다.

이어 그는 "세계 주요 기관 투자자들이 아시아 시장에서 중국 투자 비중을 줄이는 게 한국 입장에서 기회가 될 수 있으므로 기업들의 밸류업 노력이 필요하다"면서 "한국 기업들 주가가 최소한 본질적인 가치 정도는 반영할 수 있도록 밸류업 참여를 유도하겠다"고 밝혔다.

세계지식포럼에서 두 거래소 수장이 대화를 한 후인 2024년 9월 24일, 한국 거래소는 100개 개별 종목으로 구성된 '코리아 밸류업 지수'를 발표했다. 이후 9월 30일부터 국내외 투자자들에게 지수와 구성 종목 주가 현황을 실시간 공개하고 있다.

아르헨티나
경제개혁의 길

마우리시오 마크리 | 전 아르헨티나 대통령
양호인 | 법무법인 린 외국변호사

마우리시오 마크리

2015년부터 2019년까지 아르헨티나 대통령을 역임했다. 그전에는 부에노스아이레스 시장, 국회의원, 보카 주니어스 축구클럽 회장 등을 지냈다. 대통령으로 재임하면서 경제 붕괴 직전의 나라를 맡아 민주주의 강화와 관리 투명성을 목표로 야심 찬 인프라·에너지 계획을 실행했다.

양호인

지난 25년간 국내외 로펌의 구성원 또는 대한민국 외교관으로서 다양한 분야의 국제 업무를 수행해왔다. 국내 대표적인 중남미/남유럽 전문가다.

"아르헨티나는 포퓰리즘의 한계를 절실히 깨닫고 이제 변화를 향해 마음을 열고 있다. 반대로 다른 세계는 포퓰리즘을 향해 전진하고 있

● 마우리시오 마크리 전 아르헨티나 대통령이 제25회 세계지식포럼 '아르헨티나 경제개혁의 길' 세션에서 발표하고 있다.

어 우려스럽다."

아르헨티나를 이끌었던 마우리시오 마크리 전 대통령(2015~2019년 재임)이 전 세계로 확산하는 포퓰리즘을 정면 경고했다. 그는 제25회 세계지식포럼 '아르헨티나 경제 개혁 플랜' 강연에서 "포퓰리즘이 라틴아메리카에만 국한돼 있지 않고, 전 세계적으로 퍼져가고 있다"며 "포퓰리즘은 기대치에 부응하는 매력적인 서사가 있어서 사람들을 혹하게 한다"고 지적했다.

대통령 취임 전 그는 부에노스아이레스 시장, 국회의원, 보카 주니어스 축구클럽 회장 등을 지냈다. 대통령으로 재임하면서 붕괴 직전의 경제를 재건하고자 민주주의 강화와 관리 투명성을 목표로 과감한 인프라스트럭처 투자와 에너지 계획을 실행했다. 하지만 마크리 전 대통령은 2019년 대선에서 알베르토 페르난데스(Alberto Fernández) 대통령에 패해 연임에 실패했다.

마크리 전 대통령은 아르헨티나가 지난 70년간의 포퓰리즘 덫에서 빠져나오고 있다고 말했다. 2023년 12월에 취임한 하비에르 밀레이(Javier Milei) 아르헨티나 대통령은 이른바 '전기톱 대통령'으로 불리며 극심한 경제난 속에서 우익 성향의 경제개혁을 추진하고 있다.

경제학자 출신인 밀레이 대통령은 대선 선거 운동 당시 좌파 정부의 '퍼주기 복지'를 잘라내겠다며 전기톱을 들고 유권자들의 표심을 흔들었다. 밀레이 대통령은 2021년부터 하원 의원을 지내기는 했지만, 정치적 존재감은 거의 없던 '아웃사이더'에 가까웠다. 그는 기성정치권에 대한 민심 이반을 등에 업고 혜성처럼 등장한 인물이다.

마크리 전 대통령은 "아르헨티나는 내 조국으로 밀레이 대통령의 성공을 돕고 싶다"며 "아르헨티나는 이제 확실하게 마음가짐이 바뀌었고 근면하게 일해야 한다는 생각이 자리 잡았다"고 말했다.

그는 최근 밀레이 대통령이 도입한 경제개혁에 대해 대체로 긍정적으로 평가했다. 마크리 전 대통령은 "밀레이 대통령은 GDP 대비 6% 이상의 재정 적자를 물려받았으나 취임 10개월 만에 재정 적자를 크게 줄이며 많은 일을 하고 있다"며 "아르헨티나 사람들은 포퓰리즘과 인플레이션에 오랫동안 고통받았고 어느 때보다 변화에 열려 있다"고 말했다.

다만 밀레이 대통령의 친서방 외교정책은 따끔하게 지적했다. 마크리 전 대통령은 "지금은 미·중 갈등이 치열한 점이 제 임기 때와는 다르지만 저는 최대한 많은 국가와 좋은 관계를 유지해 아르헨티나에 투자하게끔 했다"며 "밀레이 대통령도 서방 국가 외에도 중국, 러시아, 다른 라틴아메리카 국가들과 사이좋게 지내야 한다"고 했다.

마크리 전 대통령은 한국도 포퓰리즘을 경계해야 한다고 조언했다. 그는 "요즘은 소셜미디어로 나쁜 소식이 발 빠르게 전해지면서 포퓰리즘의 전염성이 어느 때보다 강해졌다"며 "아르헨티나가 20세기에 놀라운 성장을 겪은 후에 포퓰리즘이 찾아왔듯이 한국도 놀라운 성장 이후에 포퓰리즘이 찾아올 수 있다"고 했다.

2025 글로벌
재테크 트렌드 예측

WORLD KNOWLEDGE FORUM

눈여겨볼
재테크 전략

매튜 미켈리니 | 아폴로글로벌매니지먼트 아시아태평양 대표

스테판 쇼이블러 | 솔랙티브 CEO

스테픈 통 | 프랭클린템플턴 수석부사장

윤제성 | 뉴욕생명자산운용 최고투자책임자

오기석 | 크래프트 테크놀로지스 최고운영책임자

매튜 미켈리니

아폴로의 아시아태평양 파트너이자 회사의 리더십 팀 멤버다. 2006년 아폴로에 합류해 사모 투자 부문에서 활동하며, 다양한 성장 이니셔티브의 창출과 성공에 중요한 역할을 해왔다.

스테판 쇼이블러

글로벌 투자 및 거래 커뮤니티를 위한 지수화, 벤치마킹, 계산 솔루션을 제공하는 선도적인 기업인 솔랙티브(Solactive)의 창립자이자 최고경영자(CEO)다.

스테픈 통

싱가포르를 기반으로 하는 프랭클린템플턴 인베스트먼츠 수석부사장이자 수석 클라이언트 포트폴리오 매니저다. APAC 지역 전역에 걸친 프랭클린템플턴 인컴 인베스터즈의 인컴 투자 전략을 주도하는 데 중점을 두고 있다.

윤제성

뉴욕생명자산운용(NYLIM) 최고투자책임자(CIO)와 아시아부문 회장을 맡고 있다.
NYLIM 계열 포트폴리오 팀과 부티크 등에 투자 성과를 감독하는 투자관리위원회
의장도 맡고 있다.

오기석

소프트뱅크그룹이 지원하는 AI 투자 솔루션 회사인 크래프트 테크놀로지스(Qraft
Technologies)의 사업 운영을 총괄하고 있다.

"요즘 투자는 스탠다드앤드푸어스(S&P)500 지수의 수익률이 최고
인 시대다. 앞으로 1년 동안 변동성이 크고 잠재적으로 불안정한 시기
가 될 텐데 이 같은 투자 트렌드가 바뀔지가 관건이다."(윤제성 뉴욕생명
자산운용 최고투자책임자)

세계지식포럼 '2025 재테크 전략' 세션에서는 주식·채권 등 전통적
인 투자 분야 중에서도 패시브 투자, 액티브 투자, 인컴 투자 등 다양한
투자 전문가가 모여 현 상황에 적절한 전략을 논의했다.

투자 전문가들은 최근 몇 년간 투자는 미국의 S&P500지수를 추종
하는 인덱스 펀드가 최고였던 것으로 요약했다. 그만큼 미국의 대형
주식, 더 나아가 손에 꼽히는 빅테크 주식의 수익률이 나머지 자산을
압도했다.

스테판 쇼이블러 솔랙티브 최고경영자는 "펀드매니저가 적극적으
로 사고파는 액티브 투자의 85%가 S&P500지수의 수익률에 미치지
못했다"라며 "최근 몇 년 동안은 인덱스 펀드에 투자하는 것이 답이었

● 윤제성 뉴욕생명자산운용 최고투자책임자(사진 오른쪽)가 제25회 세계지식포럼에서 발언하고 있다.

고, 이는 전 세계적으로 대대적인 투자 트렌드가 됐다"고 밝혔다.

사실 S&P500 인덱스 펀드는 과거부터 꾸준히 투자의 정석으로 불려왔다. 워런 버핏(Warren Buffett) 버크셔해서웨이 회장이 2013년 작성한 유서에도 "내가 죽으면 재산의 90%는 S&P500 인덱스 펀드에, 나머지 10%는 미국 국채에 투자하라"고 했다.

워런 버핏이 최고의 투자처로 꼽은 미국 S&P500은 2024년 들어서만 서른 번 넘게 사상 최고치를 기록하는 등 랠리를 이어갔다. 버핏처럼 2013년 이후 노후 자금을 미국 주식에 태웠다면 기대 수익률은 200%가 넘는다.

하지만 최근 들어 유독 미국 대형주의 쏠림 현상이 심화한 경향이 있다. 이 같은 경향이 계속 지속될지 의문이 제기되고 있다.

윤제성 뉴욕생명자산운용 최고투자책임자는 "미국 대형 주식이 고평가 국면에 진입한 만큼 이제는 밸류에이션 관점에서 S&P500지수로부터 벗어날 때가 가까워지고 있다"고 말했다.

윤 최고투자책임자는 "앞으로 1년 동안 변동성이 커지면서도 대대적인 경기 침체에 진입하지 않는다면 기회가 열릴 것"이라며 "고수의 영역이지만 최근 꽤 어려웠던 상업용 부동산에도 향후 기회가 있을 것으로 본다"고 덧붙였다.

스테픈 통 프랭클린템플턴 수석부사장은 금리 인하기 채권을 매력적인 투자처로 보았다. 금리가 인하되면서 채권의 가격이 오르기 때문에 특히 장기채권을 보유한 투자자에게 유리한 시장이 된다.

그는 "향후 미국의 기준금리 경로가 불확실하지만, 채권은 자산 포트폴리오에 매력적인 수익을 제공하고, 하락장에서 손실을 줄여줄 수 있다"면서 "글로벌 투자 등급(IG) 회사채 시장를 눈여겨보고 있는데, 장기 투자자에게 매력적인 시장 진입 시기"라고 말했다.

돈 잃지 않는
투자 요령

짐 로저스 | 비랜드 인터레스트 회장
아미르 몬세피 | 아이레 자문 공동 창업자 겸 CEO
제임스 황 | eXp월드홀딩스 eXp커머셜 부문 사장
니콜라 베롱 | 브뤼겔 피터슨경제연구소 선임연구원

짐 로저스

월가에서 인정한 투자계 거장으로 워런 버핏, 조지 소로스와 함께 '세계 3대 투자가'로 불린다. 예일대학에서 역사학을, 옥스퍼드대학에서 철학·정치·경제학을 전공했고, 글로벌 헤지펀드 투자사인 퀀텀 펀드(Quantum Fund)를 공동 설립했다.

아미르 몬세피

금융 자문 분야에서 30년 이상의 경험이 있다. 아이레(AIRE)의 일상적인 운영과 사업 성장 책임을 맡고 있으며, 자산 자문가와 최고 투자 책임자로서 투자 포트폴리오를 설계하고 관리한다.

제임스 황

eXp월드홀딩스 eXp커머셜 부문 사장을 맡고 있다. 해외 각국 상업용 부동산 관련 사업을 지원하며 다양한 서비스를 구축하고 운영하고 있다.

니콜라 베롱

2002년부터 2005년까지 브뤼셀에서 브뤼겔을 공동 설립했으며, 2009년 워싱턴 D.C. 피터슨 국제경제연구소에 합류해 현재 두 기관에서 동등한 조건으로 선임연구원으로 재직하고 있다.

세계지식포럼 '글로벌 머니무브' 세션에 참석한 짐 로저스 비랜드 인터레스트 회장은 "큰돈을 벌려면 다각화나 분산 투자가 아니라 소수 특정 종목이나 자산에 투자해야 한다"는 발언을 내놓아 눈길을 끌었다. 다만 그는 "잘 모르거나 이해가 안 가는 데는 투자하지 않는다는 원칙을 지켜오고 있다"면서 "크게 베팅하려면 공부를 해야 하고 이해하는 데 지루하고 시간이 상당히 걸린다는 점을 여러분이 반드시 알아야 한다"고 덧붙였다.

로저스 회장은 "일례로 지금 우즈베키스탄에 투자하고 있는데 지도에서 그 나라가 어디 있는지 모르는 사람은 투자해서는 안 된다"면서 "큰돈을 잃는 경험을 하며 잘 모르면서 남을 따라 투자하지 말아야 한다는 평범한 원칙을 체득했다"고 말했다. 이어서 "너무 남들보다 앞서려고 하지 말라"면서 "나는 일본에 투자했었지만 35년간의 긴 침체를 경험하는 동안 일본 주식을 내다 팔았는데 팔고 나서 일본 증시가 사상 최고가를 찍어서 큰 수익을 낼 기회를 놓쳤다"고 언급했다.

주요국 중앙은행이 기준금리 인하에 나서고 미·중 갈등과 중동 지정학 위기가 커진 데 대해 로저스 회장은 자신의 주머니에서 은화를 꺼내 보이며 "투자자들이 안전자산 격인 금으로 몰려가고 있지만 은에 투자할 때라고 본다"면서 "금값은 이미 사상 최고가를 찍을 정도로

● 짐 로저스 비랜드 인터레스트 회장(사진 오른쪽) 등 연사들이 제25회 세계지식포럼 '글로벌 머니무브' 세션에서 대화를 나누고 있다.

올랐지만, 은은 최고가 대비 40% 이상 낮다"고 말해 눈길을 끌었다. 이어서 "최근에 주요국 증시에서 중국을 제외하고 전부 현금화해서 미국 달러로 가지고 있다"면서 "중국 증시가 이전보다 저평가됐기 때문"이라고 설명했다.

이 밖에 한국 증시와 관련해서 로저스 회장은 "한반도가 통일만 된다면 세계 최고의 투자 매력을 가진 곳이라고 생각한다"면서 "앞으로 10~20년 안에 가장 매력적인 투자처가 될 것"이라고 언급했다.

한편 아미르 몬세피 아이레 자문 공동창업자 겸 최고경영자(CEO)는 최근 글로벌 시장 자금 흐름에 대해 "31년간 투자 자문업 일을 하고 있는데 점점 분명해지는 단 한 가지는 시간이 갈수록 잘 모르겠다는 것"이라면서 "불확실성의 시대에는 고수익은 아니지만 일관된 수익률을 내는 것이 중요하며 본인이 어느 선까지 리스크를 감수할 수 있는지가 중요하다"고 말했다.

이어 그는 "전체 자산에서 현금과 주식, 채권, 부동산, 다른 대체 투자처를 합쳐 5가지 정도의 자산이 가장 중요하다"면서 "투자자가 얼마만큼 투자할 돈을 준비했는지, 주식 내에서 미국 대형·중형·소형주에 투자할 것인지, 신흥 시장에 관한 비중은 얼마로 할 것인지 등 전략은 시시각각 변하는데 군중 심리에 휩쓸리지 않고 자기만의 리스크 관리를 하는 것이 우선"이라고 강조했다.

다만 가상화폐 투자에 대해서는 "잘 모르면 투자하지 않는 것이 원칙이며 모두가 '왜 투자하지 않느냐'고 재촉할수록 신중해야 한다고 생각한다"며 다소 부정적인 의견을 냈다. 이에 대해서는 로저스 회장과 제임스 황 eXp월드홀딩스 내 커머셜 부문 사장이 모두 동의했다.

한편 황 사장은 신흥 시장 투자와 관련해 "인도가 뜨고 홍콩·중국에서 글로벌 자금이 빠진다는 점은 다들 잘 알고 있을 것"이라면서 "특히 중국 투자와 관련해서는 아직 투자 대기 자금이 많지만, 중국의 경기 부양책이 효과를 내고 미국 대선 리스크도 줄어든 2025년이 되면 상황을 보고 투자 여부를 판단해도 늦지 않다"고 말했다.

이에 대해 몬세피 CEO는 "우리도 중국에 투자하지 않는다"면서 "리스크 관리 차원에서 투자를 다각화해야 하는 것은 맞지만 투자 종목을 선별하는 매니저들의 생각을 들어보면 신흥국에 투자하는 것이 의외로 효율성이 떨어진다는 반응이 눈에 띄어서 중국 같은 특정 국가에 집중하지는 않는다"고 말했다.

반면 로저스 회장은 "중국은 경제성장 측면에서 세계에서 유일하거나 아니면 극소수 성과를 낸 나라였다"면서 "지금은 침체 우려가 큰 상태이지만 반등할 것으로 보며 현재로서는 미국을 비롯한 주요국 증시가 역사상 최고치를 기록했으나 중국은 그렇지 않다는 점, 중국 부양책까지 고려하면 오히려 매수 적기라고 본다"는 입장을 냈다.

가상화폐
시장 전망

에드워드 리 | 코인베이스 상품개발부 디렉터

윌리엄 리 | 레보 디지털 패밀리오피스 가상자산 상품 및 운영 헤드

이영로 | 비트고 아시아 헤드

박정훈 | 우리금융연구소 CEO

오종욱 | 웨이브릿지 공동창업자

에드워드 리

현재 코인베이스(Coinbase)에서 제품 관리 디렉터로 재직 중이며, 지난 3년 동안 다양한 직책을 맡아왔다. 이전에는 서클(Circle)에서 제품·비즈니스 개발 부사장으로 일하며 폴로닉스(Poloniex) 플랫폼의 분사를 주도했다.

윌리엄 리

현재 레보 디지털 패밀리 오피스에서 디지털 자산 부문의 제품·운영 책임자로 재직 중이며, 2023년 12월부터 이 역할을 맡고 있다. 그전에는 크립토닷컴(Crypto.com)에서 체계적 거래 부문의 책임자로 약 2년간 근무하며 거래 전략을 총괄했다.

이영로

현재 비트고(BitGo) 아시아의 총괄 매니징 디렉터로서 비트고의 아시아 지역 성장과 확장을 주도하고 있으며, 비트고 싱가포르와 한국의 CEO 역할도 맡고 있다.

———
박정훈

우리금융연구소 CEO다. 금융 정책과 규제 분야에서 30년 이상의 경력을 가지고 있다. 1992년부터 기획재정부, 금융위원회(FSC)에서 정책을 수립하고 은행, 증권, 보험 분야를 감독하는 능력을 키워왔다.

———
오종욱

웨이브릿지(Wavebridge) 공동창립자이자 CEO다. 미래에셋글로벌인베스트번트매니지먼트(Mirae Asset Global Investment Management)에서 채권 펀드 매니저로 경력을 시작했으며, 이후 삼성자산운용에서 주식·파생상품 포트폴리오 매니저로서 ETF 관리 경험을 쌓았다.

"올바른 산업 성장을 위해서는 규제도 필요하지만, 구더기가 무서워 장을 못 담가서는 안 됩니다." 이영로 비트고 대표는 세계지식포럼에서 열린 '2025 가상화폐 시장 전망' 세션에서 위와 같이 규제 혁신의 필요성에 대해 강조했다.

오종욱 웨이브릿지 공동창업자가 좌장을 맡은 이 세션에는 에드워드 리 코인베이스 상품개발부 디렉터, 윌리엄 리 레보 디지털 패밀리오피스 가상자산 상품 및 운영 헤드, 이영로 비트고 아시아 헤드, 박정훈 우리금융연구소 CEO가 참석했다. 암호화폐 분야의 전문가들과 기획재정부, 금융위원회 등 정부 부처에서 일한 박정훈 대표가 함께 암호화폐 시장의 규제와 관련한 토론을 진행했다.

오종욱 대표는 토론의 시작에서 가상화폐에 대한 오해가 여전히 많다는 점을 지적했다. 오 대표는 "웹3, 암호화폐 기술이 스캠(Scam)이라 오해하는 인식이 있지만, 이는 블록체인 기술의 본질적인 가치를 오해

한 것"이라고 시작하며, 패널들에게 각자 입장에서 웹3 기술의 장점과 문제점을 설명해달라고 요청했다.

에드워드 리 코인베이스 디렉터는 웹3의 가장 큰 장점 중 하나로 "가치의 즉각적인 전송"을 꼽았다. 그는 "기존의 금융 시스템에서 한국에서 미국으로 송금하려면 3일 이상 걸리기도 하고, 수수료가 10% 나온다"며 "스테이블코인을 활용하면 즉시 송금이 가능하고, 수수료도 훨씬 적다"고 말하며 이러한 것이 디지털 자산의 장점이라 강조했다.

윌리엄 리 레보 디지털 패밀리오피스 대표는 투자 관점에서 블록체인의 중요성을 강조했다. 그는 "새로운 업계가 생겼을 때 규제 공백을 이용해 사기를 치는 사람과 이로 인한 피해자가 발생하지 않았던 경우가 없다"며 "암호화폐 업계도 이러한 과정을 밟아 나가는 중이라 생각한다"고 말했다. 윌리엄 대표는 "이러한 과정을 빠르게 극복하려면 업계 사람들이 적극적으로 개선책을 찾아 나가야 한다"고 말했다.

토론에서 규제의 역할에 대한 논의도 중요한 부분을 차지했다. 박정훈 대표는 "가상화폐 시장이 성장하려면 적절한 규제와 신뢰 구축이 필수적"이라고 주장했다. 그는 특히 "자금세탁방지(AML) 체계와 같은 기본적인 인프라를 갖춰야 시장에서 발생할 리스크를 줄이고, 이를 통해 가상화폐 시장이 더욱 안전하게 발전할 수 있다"고 강조했다.

윌리엄 대표는 규제가 가상화폐 시장에 일으킬 긍정적인 영향을 강조했다. 그는 "규제는 결국 시장에 신뢰를 부여하는 역할을 한다"며, 규제가 없다면 가상화폐 시장에 대한 불신이 계속될 수밖에 없다고 지적했다. 그는 "싱가포르와 두바이 같은 곳에서 이미 규제를 기반으로 한 명확한 가이드라인을 마련하고 있으며, 이는 투자자들이 안심하고 이 시장에 진입할 환경을 조성하고 있다"고 설명했다.

이영로 대표는 "구더기가 무서워 장을 못 담가서는 안 된다"며 규제와 혁신의 균형도 중요하지만, 규제로 인해 혁신이 가로막혀서는 안 된다고 강조했다. 이 대표는 "장을 담그는 것을 범죄라고 생각하면 구더기도 생기지 않겠지만, 혁신이라는 것이 일어날 수가 없다"며 "변화를 만들려면 누군가 혁신을 일으켜야 하는데, 그게 스타트업의 기능이자 역할"이라 강조했다.

이 대표는 "루나 사태와 같이 문제가 있었음을 인정해야 하지만, 거시적으로는 혁신을 통해 발전이 일어나며 세계지식포럼 자리에서 우리가 세션을 마련하고 토론하고 있는 것이 그 예시"라 덧붙였다.

가상화폐 투자와 관련된 논의도 활발했다. 윌리엄 대표는 패밀리오피스의 고액 자산가들이 가상화폐 시장에 대해 점차 관심을 보이고 있다고 말했다. 그는 "가상화폐는 포트폴리오 분산에 매우 유용한 자산으로, 투자자들은 이를 통해 리스크를 관리할 수 있다"고 설명했다. 또한 "전통적인 자산과 가상화폐 간의 경계가 점차 모호해지고 있으며, 이는 금융 시장 전반에 걸친 큰 변화"라고 전망했다.

에드워드 디렉터는 "코인베이스는 가상화폐 시장에서 가장 혁신적인 상품들을 제공하는 동시에 각국의 규제 당국과 협력해 규제 환경에 맞는 상품을 개발하고 있다"고 말했다. 그는 "블록체인 기술이 금융 시장뿐 아니라 다양한 분야에서 큰 변화를 끌어낼 잠재력이 있다"고 덧붙였다.

박정훈 대표는 "한국에서는 아직 가상화폐 관련 규제를 충분히 마련하지 않았지만, 앞으로는 규제 완화를 통해 더 많은 투자와 성장이 가능할 것"이라고 했다. 그는 "특히 가상화폐 이용자 보호법을 한국에서 본격적으로 시행하면 더 많은 개인 투자자와 기관이 이 시장에 진입할 수 있을 것"이라고 강조했다.

마지막으로 패널들은 각자 입장에서 가상화폐와 블록체인의 미래를 전망했다. 이영로 대표는 "가상화폐 시장은 10년 전과는 크게 달라졌으며, 이제는 보다 성숙한 시장으로 자리 잡고 있다"고 말했다. 그는 "앞으로 더 많은 혁신이 있을 것이며, 한국에서도 가상화폐 관련 규제를 마련하면 더 큰 성장이 있을 것"이라고 덧붙였다.

에드워드 디렉터는 "블록체인 기술은 아직 초기 단계에 있지만, 그 잠재력은 엄청나다"며, "앞으로 더욱 많은 혁신적인 솔루션이 등장할 것"이라고 기대감을 나타냈다.

윌리엄 대표는 "규제는 가상화폐 시장의 성장을 촉진하는 중요한 요소이며, 이를 통해 더 많은 투자자가 안심하고 시장에 진입할 수 있을 것"이라고 강조했다. 그는 "가상화폐 시장의 성장은 필연적이며, 이 과정에서 더 많은 투자 기회가 창출될 것"이라고 전망했다.

박정훈 대표는 "한국에서도 가상화폐 시장이 점차 발전하고 있으며, 규제와 신뢰가 시장의 성장에 중요한 역할을 할 것"이라고 강조하며 세션을 마무리했다.

투자 달인
존 그레이와의 대화

존 그레이 | 블랙스톤 사장 겸 COO
국유진 | 블랙스톤 한국 PE부문 대표

존 그레이

블랙스톤(Blackstone) 사장 겸 최고운영책임자(COO)이며 이사회 일원이다. 회사의
경영위원회와 대부분의 투자위원회에 속해 있다. 1992년 블랙스톤에 합류한 그는
블랙스톤 글로벌 부동산 책임자로서 세계 최대 상업용 부동산 플랫폼을 구축하는
데 기여했다. 아내와 함께 펜실베이니아대학 의과대학의 '바서센터'를 설립한 자선
가이기도 하다.

국유진

시니어 매니징 디렉터로 블랙스톤 한국 PE부문 대표를 맡고 있다. 블랙스톤 한국법
인이 출범하기 전에는 홍콩과 뉴욕에서 근무했으며 아유미제약, 클라리온 오프쇼
어 파트너스, 지오영, 그리드리언스, 오닉스 리뉴어블, 시몬느액세서리 등 북아시아
와 미국 전역의 다양한 투자 건에 참여했다.

● 존 그레이 블랙스톤 사장 겸 COO(사진 오른쪽)가 제25회 세계지식포럼에서 국유진 블랙
스톤 한국 PE부문 대표와 대화를 나누고 있다.

주요국 증시가 출렁이는 불확실성의 시기, 세계 최대 사모펀드 블랙
스톤을 이끄는 존 그레이 사장 겸 COO는 미국 경제가 연착륙할 것으
로 내다보면서 과감히 투자에 나서야 할 때라고 조언했다.

제25회 세계지식포럼에서 '투자 구루와의 대화' 세션에 나선 그는
"특히 부동산은 '투자하기 좋은 때'를 기다리다가는 오히려 적기를 놓
칠 가능성이 크다"면서 "투자자라면 단기 불확실성에 연연하기보다는
AI라든지 고령화 시대 같은 거시적인 변화에 주목해 대응해야 한다고
본다"고 밝혔다.

최근 증시 투자자들의 가장 큰 관심사는 한국과 미국·일본 증시의
변동성이 커진 점이다. 이에 대해 그레이 COO는 "미국 대선이나 연방
준비제도(Fed)의 기준금리 인하 폭에 연연하기보다는 더 큰 그림을 봐

야 한다"고 강조했다.

　그는 "글로벌 경제가 과도기에 들어선 것은 맞지만 미국 경제는 연착륙할 것으로 본다"면서 "2025년에 미국 임금이 2024년보다 3% 오르는 데 그칠 것이라면서 일자리 시장 둔화를 점치는 의견도 있지만 연준이 금리 인하로 대응할 것이며, 소비도 여가 지출은 약세가 감지되지만, 전반적으로는 정상적인 변화"라고 진단했다.

　그레이 COO는 낙관론에 근거한 선제적 투자가 필요한 시점이라고 봤다. 그는 "나는 투자할 때 테마(유망 산업이나 트렌드)를 상당히 중요하게 여긴다"면서 AI용 반도체가 아닌 AI인프라스트럭처를 언급했다. 그는 "특히 디지털인프라를 믿는다"면서 "클라우드 이미그레이션 물결을 감안하면 데이터센터는 대단히 중요하고, 데이터센터를 비롯해 전기차 수요까지 감안할 때 송·배전을 포함한 전력 쪽이 유망하다"고 말했다.

　실제로 블랙스톤은 2024년 9월 4일 호주 데이터센터 기업인 에어트렁크(AirTrunk)를 240억 호주 달러(약 22조 원)에 인수한다고 밝혀 눈길을 끈 바 있다. 그레이 COO는 "우리가 데이터센터를 비롯해 인프라에 투자한 규모가 2024년 들어 현재 시점에서 550억 달러에 달한다"고 말했다.

　이어 그레이 COO는 기업 공모(IPO) 시장도 아직 활성화됐다고 볼 수는 없지만, 2025년에는 더 좋아질 것이고 기업 인수 합병도 더 늘어날 것이라는 전망을 냈다.

　연기금이나 기관 투자자들의 전유물처럼 여겨지던 대체투자 확장성에도 주목했다. 그는 "10~15년 전만 해도 대체투자는 연기금 비중이 33%나 됐고 개인 고객은 1~2%에 불과했지만, 지금은 고액 자산가들이 빠르게 유입했고 보험사들도 관심을 보이고 있다"면서 "부동산을 넘어 사모 신용 등 투자처가 다양해진 덕분"이라고 분석했다.

그레이 COO는 대체투자 대상으로 특히 부동산에 주목했다. 그는 "2008년 금융위기 이후 부동산 시장 침체를 본 사람들이 2013년 반등한 것을 보고 투자했다면 타이밍을 놓친 셈이었다는 것을 떠올려야 한다"면서 "한국이나 일본과 달리 미국이나 유럽 상업용 부동산은 코로나19 여파에 따른 타격이 컸고 부동산 시장 불확실성도 여전하지만, 폭풍우는 지났다"고 조언했다. 금리 인하에 따라 자본 비용이 줄어들 것이라는 이유에서다. 그는 상업용 부동산 외에 주택이나 물류 쪽도 공급 대비 수요가 많아 선제 투자에 나섰다고 밝혔다.

아시아 투자와 관련해 그레이 COO는 "우리가 아시아 시장에서는 한국을 비롯해 일본과 호주, 인도를 가장 눈여겨본다"면서 "특히 한국 부동산은 서울이 외국인들의 시선을 잡아끄는 도시라는 점에서 투자처로 주목한다"고 말했다. 이 밖에 업종과 관련해서 그는 "대체투자 관점에서 헬스케어 쪽을 유망하게 본다"면서 "한국의 고령화가 빠르게 진행되고 있기 때문"이라고 덧붙였다.

한편 세계지식포럼이 열린 후 9월 25일 블랙스톤은 영국에 대형 데이터센터 건설을 추진하기로 했다. 이날 영국 총리실은 북동부 노섬벌랜드에 미국 투자회사 블랙스톤이 100억 파운드(133억 달러)를 투자해 AI데이터센터를 건설할 계획을 확인했다고 발표했다.

뉴욕을 방문 중인 키어 스타머(Keir Starmer) 총리는 해당 투자로 인한 데이터센터 건설로 일자리 4,000개가 창출할 것이라고 밝혔다. 앞서 2024년 4월 블랙스톤은 노섬벌랜드 내 방치된 부지를 사업자에게 임대하는 방식으로 대형 '하이퍼스케일 데이터센터(HSDC)' 건설을 제안한 바 있다.

PART 2

공존과 분열의
갈림길

1

공존의 위기

2025 국제정세 전망: 공존의 종말?

카린 폰 히펠 | 영국 RUSI 국장

히로히토 오기 | 일본 인터내셔널하우스 지경학연구소 선임연구원

하시 V. 판트 | 뉴델리 옵저버 연구재단 연구 및 외교 정책 담당 부총장

대니얼 트위닝 | IRI 회장

우정엽 | 현대자동차그룹 전무(전 외교부 외교전략기획관)

카린 폰 히펠

2015년 11월 30일 영국 왕립합동군사연구소(RUSI) 국장으로 취임했다. 미국 국무부에서 대테러국 선임 고문, 분쟁 및 안정화 작전국 부차관보, ISIL 대응 글로벌 연합 대통령 특사 존 앨런 장군의 참모장으로 약 6년 동안 근무한 후 RUSI에 합류했다.

히로히토 오기

일본 인터내셔널하우스 산하 지경학연구소(IOG) 선임연구원이다. IOG에 합류하기 전에는 방위성(MOD)과 외무성(MOFA)에서 16년 동안 근무했다.

하시 V. 판트

뉴델리 옵저버 연구재단의 연구 및 외교 정책 담당 부총장이다. 킹스칼리지런던의 킹스 인도 연구소 국제관계학 교수이자 델리대학 델리 스쿨 오브 트랜스내셔널 어페어즈(Delhi School of Transnational Affairs) 디렉터(명예)이기도 하다.

대니얼 트위닝

2017년에 국제공화당연구소(International Republican Institute, IRI) 회장으로 취임했다. 시민과 정부를 연결하고, 사람들이 정치 과정에 참여하도록 동기를 부여하며, 정치인과 정부 관리가 시민에게 응답하도록 안내하는 글로벌 전문가 약 1,000명으로 구성된 IRI 팀을 이끌고 있다.

우정엽

현대자동차그룹 GPO(Global Policy Office) 내 글로벌정책전략실 담당이다. 현대자동차그룹에 입사하기 전, 2022년 12월부터 2024년 1월까지 외교부 외교전략기획관으로 대한민국의 중장기 외교전략을 기획하는 역할을 맡았다.

"러시아-우크라이나 전쟁, 미국과 중국 간의 갈등과 같은 불확실성이 커지는 가운데 2025년은 대전환기가 될 수 있다. 특히 미국의 대선 결과에 따라 국제정세가 확 달라질 것이다."

세계지식포럼 '2025 국제정세 전망: 공존의 종말' 세션에 참석한 전문가들이 이같이 말했다

이번 세션은 우정엽 현대자동차그룹 전무(전 외교부 외교전략기획관)가 진행했고, 카린 폰 히펠 RUSI 국장, 히로히토 오기 일본 인터내셔널 하우스 지경학연구소 선임연구원, 하시 판트 뉴델리 옵저버 연구재단 연구 및 외교 정책 담당 부총장, 대니얼 트위닝 IRI 회장이 패널로 참석했다.

카린 국장은 2025년을 대전환기로 명명했다. 그는 "2025년 거시적인 차원에서 큰 전환에 대한 부분을 우려한다"며 "2차 세계대전 이후 만들어진 세계 질서의 방향성이 달라질 수도 있다"고 말했다.

특히 대전환의 계기로 선거를 언급했다. 카린 국장은 "2025년까지 전 세계 절반 이상이 선거를 경험하게 되는데 그중에서 가장 큰 선거는 미국 대선"이라며 "국제적으로 당면한 과제들이 미국의 대선에 따라 달려 있다고 본다"고 말했다.

카린 국장은 트럼프의 당선에 따라 기존의 국제 질서가 바뀔 것인지 유지될 것인지가 달라진다고 분석했다. 트럼프가 당선될 경우 동맹국 간의 관계보다는 '미국우선주의'가 강화될 것이라고 봤다.

미국은 2024년 11월 5일에 대선을 치를 예정이다. 아시아 국가 중에서는 6월에 인도의 나렌드라 모디(Narendra Modi) 총리가 3연임에 성공한 바 있다. 또 10월 초에는 일본도 이시바 시게루(石破茂) 신임 총리가 선출되면서 9월 하순 조기 총선을 준비 중이다.

대니얼 회장은 2025년에 대해 러시아-우크라이나 전쟁 등 지정학적 불안정성이 커지고 있다는 이유로 부정적인 전망을 하기도 했다. 대니얼 회장은 "우리는 권위주의적인 공격성의 시대에 살고 있다"며 "러시아는 한 세기 만에 우크라이나를 없애려고 하고 있고 중국도 인도·베트남·일본·대만 등과 영토 분쟁을 진행 중"이라고 말했다.

또 그는 "권위주의 국가들이 협력하고 있다는 점을 걱정한다"면서 "중국·러시아·북한·이란 등 기존에는 없었던 새로운 동맹이 형성돼 국제 사회에 위협이 되고 있다"고 말했다.

히로히토 선임연구원은 2025년에 대해 절반은 낙관하고 절반은 비관했다. 그는 "중국 같은 국가가 대만에 취할 수 있는 행동들은 일본에 중대한 문제가 된다"며 "억지력을 키워야 한다"고 말했다.

그는 "중국의 군사 정책은 이중적인 목적이 있다"며 "내부적으로 군사력을 증가시키는 것과 동시에 외부적으로는 외교 정책을 관철하기 위한 정치적인 이유가 있다"고 밝혔다.

군사적인 이슈가 생겨 군사력을 증강하면 정치력을 중앙집중화할 수 있다. 향후 시진핑 중국 국가주석이 정치적인 입지를 공고히 하기 위해 주변국에 군사적인 압력을 가할 수 있다는 것이다. 다만 히로히토 선임연구원은 중국도 준비가 되지 않아 당장 2025년에 대만과 전쟁이 날 가능성은 적다고 봤다.

반면 인도 출신 하시 부총장은 향후 발생할 불확실성이 나쁜 것만은 아니라고 전망하기도 했다. 하시 부총장은 "다자주의가 더는 작동하지 않고 힘의 균형도 깨지고 있다"며 "인도 등 중견국들이 부상하고 있어 새로운 국제 질서를 만들고 있다"고 말했다. 이어 "많은 새로운 강대국이 국제 질서에서 주도권을 잡을 수 있는 환경도 만들어졌다"며 "새로운 경제 지형이 생길 수 있다"고 말했다.

카린 국장은 "2025년에는 전 세계적인 분쟁을 끝내야 한다"며 "러시아-우크라이나 전쟁이 길어질수록 반도체 등 제조업체의 공급망에 영향을 줄 것"이라고 밝혔다.

중동 평화
고차방정식

나프탈리 베네트 | 제13대 이스라엘 총리
테리 마르틴 | 뉴스 앵커

나프탈리 베네트

2021년 6월부터 약 1년간 제13대 이스라엘 총리를 역임했다. 좌우 진영은 물론 종교·세속주의 정당까지 아우르는 이스라엘 역사상 가장 다양한 정파가 참여한 연립정부를 이끌었다. 정계에 입문하기 전, 미국에서 정보보안회사인 사이오타(Cyota)를 파트너 3명과 함께 설립했다. 2005년 사이오타가 1억 4,500만 달러라는 금액으로 RSA에 매각될 때까지 최고경영자(CEO)를 역임했다. 2009년에는 클라우드 컴퓨팅 스타트업인 솔루토(Soluto) CEO를 맡기도 했다.

테리 마르틴

국제 뉴스 분야에서 수십 년의 경력을 쌓은 방송인이다. CNN인터내셔널(CNN International) 앵커였으며, 현재 독일의 대표 국제 방송사 도이체벨레(DW News) 수석 앵커로 일하고 있다.

"현재 이스라엘의 리더십은 내분 때문에 약해졌고 그래서 하마스 공격도 받게 됐다. 만약의 총리가 된다면 리더십을 공고히 해 중동의 평화를 이끌겠다."

나프탈리 베네트 전 이스라엘 총리는 세계지식포럼에서 이와 같이 말했다. 베네트 전 총리는 연내 사임이 확실시되는 현 베냐민 네타냐후(Benjamin Netanyahu) 총리 후임자로 유력하게 점쳐지고 있다. 이날 세션은 테리 마르틴 도이체벨레 수석 앵커가 진행했다.

베네트 전 총리는 "이스라엘은 내부가 통합되지 못하고 분열돼 약해진 상황"이라며 "이 때문에 2023년 10월 7일 하마스로부터 공격을 받게 됐다"고 말했다. 이어 "5년 전, 20년 전에도 이스라엘은 공격을 받았는데 당시에도 내부 갈등으로 통합돼지 못했기 때문"이라고 밝혔다.

베네트 전 총리는 정치적인 논리보다는 실용성을 바탕으로 통합된 정부의 중요성을 강조했다. 그는 제13대 이스라엘 총리로 2021년 6월부터 약 1년간 좌우 진영, 이슬람 계열의 소수정당 등을 아우르는 연합정부를 이끌었다. 베네트는 트럼프 행정부의 중동 평화 정책인 아브라함 협정에 힘입어 이스라엘 총리 최초로 아랍에미리트(UAE)도 방문해 중동 관계를 정상화하는 데도 힘썼다.

2023년 유대교 안식일인 10월 7일에 팔레스타인 무장 조직인 하마스가 이스라엘에 대대적인 기습 공격을 감행했다. 하마스는 이스라엘 남부를 향해 로켓을 2,500발 이상 발사했고, 네타냐후 총리는 곧바로 전쟁을 선포했다.

이스라엘에 10월 7일 기습 공격은 '이스라엘판 9·11'에 버금가는 충

● 나프탈리 베네트 전 이스라엘 총리(사진 오른쪽)가 제25회 세계지식포럼에서 테리 마르틴 뉴스 앵커(사진 왼쪽)와 대화를 나누고 있다.

격으로 꼽힌다. 2024년 9월 27일(현지 시간) 네타냐후 총리는 뉴욕 유엔총회 연설에서 팔레스타인 무장정파 하마스, 레바논 무장정파 헤즈볼라와 전쟁을 강행하겠다고 밝힌 바 있다.

로이터통신 등에 따르면 9월 27일(현지 시간) 이슬람 무장 단체 헤즈볼라를 이끌어온 수장(사무총장)인 하산 나스랄라가 이스라엘군의 폭격에 사망했다.

베네트 전 총리는 세계지식포럼에서 팔레스타인과 평화롭게 공존할 수 있냐는 질문에 "우리 존재가 위협받으면 공존할 수 없다"며 "2023년 하마스 공격으로 이스라엘은 첨단 기술을 활용한 억지력을 키울 수밖에 없었다"고 말했다.

베네트 전 총리는 중동 평화의 필요조건으로 이란 정권의 교체를 꼽았다. 그는 "이란이 문어 머리라면 하마스 등 무장 세력은 문어 다리"라며 "구소련이 무너졌듯이 이란의 정권이 무너져야 중동에 평화가 올 수 있다"고 강조했다. 헤즈볼라 등 무장 세력은 매년 이란으로부터 수십억 달러의 재정적 지원을 받는데 이란의 리더십이 교체돼야 무장 세력이 힘을 잃을 것이라는 주장이다.

이어 베네트 전 총리는 "이란 국민도 자유와 민주주의를 원한다"며 "머리에 스카프를 쓰지 않았다고 여성을 납치하고 성소수사를 압박하는 정권은 원치 않는다"고 말했다.

그는 하마스 정권을 무력화하려면 다양한 방식과 전략이 필요하다고 말했다. 베네트 전 총리는 "내일 당장 이란 수도인 테헤란을 공격해야 한다고 말하는 게 아니다"라며 "이란의 경제를 악화시키는 등 소프트 파워를 활용해 앞으로 수십 년에 걸쳐 이란을 서서히 무력화하는 것을 의미한다"고 말했다.

베네트 전 총리는 하마스의 공격 의도를 묻는 앵커의 질문에 "하마스의 목표는 이스라엘을 통해 끝도 없는 소모전을 하는 것"이라고 덧붙였다.

끝으로 베네트 전 총리는 만약 총리가 된다면 통합을 이룰 수 있는 리더십을 발휘하겠다고 말했다. 그는 "약한 리더십이 이스라엘을 양극화했고 약하게 했다"며 "총리가 된다면 리더십을 교체해 모두를 화합하게 하고 이스라엘을 강하게 만들겠다"고 했다.

WORLD KNOWLEDGE FORUM

연결에서 얽힘으로:
이언 골딘 특별 강연

이언 골딘 | 옥스퍼드대학 교수

이언 골딘

옥스퍼드대학 세계화 및 개발학과 교수이자 중대한 글로벌 과제에 대한 학제 간 연구를 선도하는 옥스퍼드 마틴스쿨의 창립 디렉터. 세계은행(World Bank) 부총재 겸 그룹 정책 담당 이사를 역임했으며, 세계은행 집행위원회와 그 밖의 주요 위원회에서 활동했다.

"지금의 세상은 서로 간 연결을 넘어 얽힘의 시대가 됐다. 보다 가속화되고 있는 세계화의 변화 속에서 우리는 잠재력과 위험이 함께 공존하는 시기를 경험하고 있다."

이언 골딘 옥스퍼드대학 교수는 '2024 세계지식포럼'에서 "인류는 엄청난 기술적 도약을 통해 태초부터 겪었던 문제의 상당 부분을 극복할 수 있는 '공동 번영의 시대'를 맞이할 수도, 그렇지 않을 수도 있다"

● 이언 골딘 옥스퍼드대학 교수가 제25회 세계지식포럼 '연결에서 얽힘으로' 세션에서 발표하고 있다.

며 이같이 밝혔다. 그러면서 그는 "중요한 갈림길에 선 이 시기에 우리는 혁신하는 법과 규제하는 방법을 바꾸고, 국가 간 경계를 넘나드는 협력의 방식까지도 탈바꿈해야 한다"고 주문했다.

이날 '연결에서 얽힘으로'라는 주제로 특별 강연에 나선 골딘 교수는 글로벌 주요 과제에 대한 해법을 모색하는 '옥스퍼드 마틴스쿨'의 창립자로, 세계화와 국제 개발 분야의 세계적 석학으로 꼽힌다. 이전에는 남아프리카개발은행(DBSA) 최고경영자이자 넬슨 만델라(Nelson Mandela) 대통령의 경제 고문으로 활동하고, 세계은행 부총재도 역임했다.

골딘 교수는 세계화는 끝나지 않았고 오히려 변화하는 방식 속에서 여전히 강력하게 작동하고 있다고 강조했다. 골딘 교수는 "상품, 서비스, 사람, 아이디어 등이 물리적인 공간과 가상의 공간에서 모두 경계를 초월한 형태로 보다 두드러진 세계화의 모습으로 나타나고 있다"면서 "이제는 이 모든 요소가 서로 복잡하게 얽혀 하나의 사건이나 문제가 전 세계적으로 영향을 미치는 상태로 진화했다"고 말했다.

이어 그는 "한국은 세계화의 엄청난 수혜자로, 1960년대에 가나와 유사한 수준에서 시작해 오늘날 30배 더 부유한 나라로 성장했다"면서 "이는 한국이 세계로부터 수출·투자·기술·인재를 수용하고 반대로도 (긍정적인) 영향을 미친 결과일 것"이라고 덧붙였다.

여기서 골딘 교수가 말하는 '얽힘의 시대'는 현대 사회에서 단순한 연결을 넘어선, 더 깊고 복잡한 상호 의존성과 상호 연관성을 의미한다. 이 개념은 국가·경제·환경·사회 등 다양한 분야에서 전 세계가 서로 밀접하게 얽혀 있어, 한 부분의 문제나 변화가 다른 부분에 큰 영향을 미치는 상태를 설명한다.

그러나 전례 없는 새로운 기회와 함께 시스템적 위험 역시 증가하고 있다는 것은 세계화의 위험 요소라는 진단이다. 기후 변화와 코로나19 같은 팬데믹은 물론 미국발 금융 위기는 얽히고설킨 세계의 물리적·가상의 환경 속에서 엄청난 충격파를 줬다는 설명이다.

골딘 교수는 "단순한 연결에서 벗어나 국가 간의 얽힘, 즉 서로의 문제와 미래가 깊이 얽혀 있는 상태로 전환하고 있다"면서 "우리가 바라봐야 할 지점은 공동으로 얽힌 문제에 대해 해법을 모색하고, 무엇보다 협력을 강화해가는 움직임"이라고 말했다. 즉 한 국가나 집단의 해결책만으로는 충분하지 않으며, 글로벌 공조가 필수적이라는 얘기다.

이 지점에서 그는 최근 미국과 중국 간 갈등의 골이 깊어지고 있는 상황을 크게 우려하며, 두 국가 간의 불협화음이 전 세계적으로 큰 위험을 초래할 수 있다고 경고했다.

그는 "미국과 중국 같은 주요 강대국 사이의 갈등이 얽힘의 시대에 큰 위험 요소가 될 수 있다"면서 "결국 이들 국가 간의 협력이 없다면 기후 변화, 팬데믹, 금융 위기 등 글로벌 문제를 효과적으로 해결할 수 없으므로 협력 부족은 전 세계적인 위험을 증가시킨다"고 설명했다.

그러면서 그는 "정치적 세계화가 실패하고 있고, 협력 역시 줄어들고 있다"면서 "세계화는 체계적 위험과 불평등을 초래했고, 민족주의와 보호무역주의, 포퓰리즘을 부추기는 부정의 얽힘도 나타나고 있다"고 분석했다.

골딘 교수는 특히 불평등이 특정 지역에 집중되고 있는 등 공간적 불평등이 심화하고 있다는 점도 주요 우려 사항이라고 언급했다. 그는 "소득 수준에 의해 분리되는 이 공간적 불평등은 한 공간에는 기회와 미래의 변화를 주도할 수 있는 잠재력을 보여주는 반면 또 다른 공간에서는 한계와 어려움에 직면한 다양한 모습이 펼쳐지는 등 양극화된 상태로 존재한다"면서 이러한 격차는 공간 간 이동성의 감소와 함께 지역 간 갈등을 촉발하고 있고, 장기적으로 정치적 불안을 불러일으킬 수 있다고 경고했다.

골딘 교수는 "얽힌 관계 속에서 지속가능한 발전을 하려면 인프라와 교육 기술에 대한 투자가 필수적"이라고 강조했다. 이 지점에서 그는 현재 많은 정부가 재정적으로 어려움을 겪고 있는 상황에서 공공재에 대한 투자를 줄이고 있는데, 이는 미래의 혁신을 저해하는 주요 원인 중 하나라고 지적하기도 했다.

그는 또 각 개인, 각 국가가 더는 단독으로 문제를 해결할 일은 없다고 단언했다. 글로벌 리스크를 관리하고 미래의 도전에 대비하려면 공동의 책임감과 협력이 필수적이라는 얘기다.

골딘 교수는 "세상을 바꾸는 것은 개인이 아니다"면서 "실험실, 오케스트라, 교실, 광장에 모인 사람들이 서로에게 불꽃을 일으킬 때 집단적인 힘이 발휘된다"고 말했다.

골딘 교수는 "이번 세기가 인류에게 가장 번영할 수도 혹은 마지막 세기가 될 수도 있다"고 전하며 집단적 책임과 신속한 대응의 필요성을 재차 강조했다. 아울러 그는 "정부와 민간 부문 간의 균형, 규제와 자유 간의 균형, 개인과 집단적 책임 간의 균형과 신중한 관리가 필요하다"며 "틀에 박힌 틀은 없고, 모든 사람에게 맞는 한 가지 크기는 없기에 각자의 방식을 맞춰 나가지만, 그 안에서 보이는 역사의 궤적은 올바른 방향으로 정렬돼야 할 것"이라고 말했다.

가자지구
그리고 분쟁 지역에서 온 목소리

압둘와합 알무함마드아가 | 헬프시리아 대표
엠마 캠벨 | 국경없는의사회 한국 사무총장
나카지마 유코 | 국경없는의사회 일본 대표
라에드 알 살레 | 화이트 헬멧 대표

압둘와합 알무함마드아가

시리아 다마스쿠스대학 법학과를 졸업하고 변호사로 일하다 2009년 한국으로 유학 왔다. 한국의 1호 시리아인 유학생으로 한국과 아랍 주요국들을 잇는 가교 역할을 목표로 삼았다. 2013년에는 시리아 난민을 돕는 시민단체 '헬프시리아'를 설립해 사무국장을 맡았고, 2024년에는 대표로 선출되었다.

엠마 캠벨

인도적 구호 활동에 관련된 광범위한 경험과 아시아태평양 지역에 대한 전문 지식을 갖추었으며 한국에 대해 깊은 관심과 열정이 있다. 영국·호주·아시아에서 학계, 비영리 단체, 국제 위기 대응 단체, 비즈니스·정부 부문에 걸쳐 다채로운 경력을 쌓아왔다.

———
나카지마 유코

응급의학/마취과 전문의이며 2009년부터 국경없는의사회(MSF)와 함께 일하기 시작했다. 2023년 11월 14일부터 12월 7일까지 가자지구에서 직접 진료 활동을 했다.

———
라에드 알 살레

저명한 시리아 민방위 지도자이자 인도주의자다. '화이트 헬멧(White Helmets)'으로도 알려진 시리아 민방위대 수장이다. 민간구조대 화이트 헬멧은 시리아 내전으로 망가진 삶의 터전에서 고통받는 이들을 구조하려고 결성한 구호 단체다.

"공존을 믿는 것은 결국 인간애에 기반을 둔 것이다. 국제 인도주의법을 존중하고, 면책이 허용되지 않는 상황으로 돌아가야만 한다. 이것이야말로 평화로운 공존의 출발선이다."

엠마 캠벨 MSF 한국 사무총장은 '2024 세계지식포럼'에서 "인도주의적으로 실천하는 것이 우리가 나아가야 할 길임에도 지금 이뤄지지 않고 있다는 것이 매우 두렵다"며 이같이 말했다. "분쟁이 인간의 본성이 아닐까 하는 걱정까지 든다"고 밝힌 그는 세계 곳곳에서 벌어지는 분쟁의 참극이 극에 달하고 있다고 목소리를 높였다.

통상 국제인도법은 전쟁에서도 규칙을 지켜야 하는 일종의 '룰'과도 같다. 그러나 실상은 이것이 제대로 이행되지 않고 있다는 것이 분쟁 지역 전문가들의 일관된 지적이다. 민간인과 민간 시설에 대한 무차별적인 공격이 자행되고 있고, 피해를 입은 원주민들을 구하려고 현장에 파견된 의료단·구조 인력까지 무참히 포격을 받는 것이 지금의 분쟁 지역 현주소다.

● 압둘와합 알무함마드아가 헬프시리아 대표(사진 오른쪽)가 제25회 세계지식포럼 '가자지구 그리고 분쟁 지역에서 온 목소리' 세션에서 발표하고 있다.

이날 '가자지구 그리고 분쟁 지역에서 온 목소리'를 주제로 무대에 오른 그는 "현재 가자지구와 우크라이나를 포함한 여러 분쟁 지역에서 의료 시스템이 붕괴되고 있다"면서 "가자에서는 이미 약 40만 명이 사망했고, 많은 사람이 전염병 확산과 소아마비 문제로 고통을 겪고 있지만 제대로 된 의료 보건 서비스를 받지 못하고 있는 것이 현실"이라고 전했다.

그러면서 그는 "국경없는의사회 소속 직원 7명도 최근 가자에서 사망했다"며 "(분쟁 지역 내) 의료 시설에 대한 공격과 의약품 공급이 부족해 의료진과 환자 모두 생명의 위협을 받는 상황"이라고 말했다.

1971년 프랑스에서 시작한 국경없는의사회는 전 세계 분쟁 지역과 자연재해, 질병 발생 등으로 고통받는 사람들에게 긴급 의료 지원을 제공하는 독립적인 국제 의료 구호 단체다. 1999년 노벨 평화상을 수상하기도 한 이 단체는 현재 전 세계 70여 개국에서 활동하며 자원봉사자와 직원 약 5만 2,000명이 함께하고 있다.

캠벨 사무총장은 "국경없는의사회는 정치적·종교적·군사적 이해관계로부터 독립된 단체"라며 "정부의 자금을 받지 않고, 재정 대부분이 민간 기부에 의존하며, 의료 지원은 인종·종교·정치적 입장과 관계없이 누구에게나 평등하게 제공한다"고 설명했다.

이어 그는 "국경없는의사회는 단순히 의료 지원을 제공하는 것에 그치지 않고, 분쟁 지역과 재난 현장에서 목격한 인도주의적 위기 상황을 국제 사회에 알리는 활동을 중요하게 생각한다"며 "이를 통해 인도주의적 위반이나 불법적 행위에 대한 경각심을 높이고, 대응을 촉구한다"고 강조했다.

일례로 최근 1년 넘게 이어지고 있는 아프리카 수단 내전은 소셜미디어나 언론을 통해 크게 알려지지 않은 곳이다. 이 기간 1,000만 명이 넘는 사람들이 집을 잃었고 주민 약 2,400만 명이 인도적 지원을 절실히 원하고 있다. 하지만 분쟁 지역 중에서도 관심 대상에서 멀어진 이곳은 UN을 비롯한 국제기구의 지원을 제대로 받지 못하고 있다.

캠벨 사무총장은 "콩고 등 의료 보급이 되지 않는 지역에 대한 국제기구 역할이 무엇보다 중요한 시기임에도 의료 재앙을 지켜만 보고 있는 유엔 안전보장이사회(안보리) 등에 대한 책임이 크다"고 지적하며 "의료 보급로까지 공격하는 이들은 국제 인도주의법을 무참히 침해하고 있지만 그 누구도 이 문제를 해결하려고 하지 않고 되레 면제부만 주고 있다"고 했다. 그러면서 "유엔 안보리와 (의사 결정권이 있는 정치인 등) 국제 사회가 이 상황을 해결하기 위한 집단적인 책임 의식을 보여 줘야 할 때"라고 강조했다.

이에 대해 나카지마 유코 국경없는의사회 일본 사무소 이사회 대표도 "현장에서 목격한 전쟁의 피해자 대부분은 이 전쟁과는 선혀 관련 없는 여자와 어린아이들이었다"고 증언했다.

그는 2010년 이래로 지금까지 시리아를 비롯해 예멘, 파키스탄, 이라크, 남수단, 나이지리아, 가자지구 등 현장 파견 임무를 여덟 번 수행했다. 특히 2023년 10월 가자지구 내 전쟁이 발발한 이후 파견된 첫 번째 응급구조팀의 일원이기도 했다는 그는 해를 거듭할수록 참담해지는 분쟁의 현장에 대해 우려를 표하기도 했다.

유코 대표는 "가자지구에 진입하는 것조차 (현지 이해당사자들로부디) 승인을 받기까지 수주익 시간이 걸릴 만큼 쉽지 않았고, 마침내 비자 만료일 마지막 날 들어가게 된 현장은 형언할 수 없을 만큼 최악의 상황이었다"고 회고했다.

그는 "생사를 오가는 많은 사람이 생존 가족이 없어진 아이들일 정도로 극심했던 상황을 그대로 보여줬다"면서 "전쟁과는 전혀 무관한 사람들이 이렇게나 많이 희생됐다는 사실에 (여러 현장을 누빈) 나조차도 놀라울 정도였다"고 덧붙였다.

그러면서 "의료진조차 예외없이 가족을 잃거나 집이 없어져 병원에서 숙식을 해결하며 응급 구조에 나서는 상황까지 치닫는 등 모두가 매일매일 안전을 바라고 휴전을 바랐다"고 목소리를 높였다.

라에드 살레 화이트 헬멧 대표 역시 깊은 공감을 표했다. 그는 "우리가 직면한 가장 큰 어려움 가운데 하나는 시리아에서 정부가 제 역할을 하지 않는 상황에서, 모든 재난 대응을 지역 자원봉사자들이 전적으로 주도해야 한다는 점"이라며 "또한 국제 사회의 도움을 받지 못한 채 자원과 인프라 부족 속에서 활동을 지속하는 것이 한계의 연속"이라고 말했다.

화이트 헬멧은 2013년 시리아 내전 중 설립된 비정부·비군사적 자원봉사 단체로 '시리아 민방위'로 칭해진다. 이 단체는 전쟁으로 고통받는 시리아 민간인을 구호하는 것을 목적으로 활동하고 있고, 그들의 상징적인 흰색 헬멧에서 이름이 유래됐다. 10년간 화이트 헬멧이 구조한 인명은 12만 명이 넘는다. 이 지역 구호 단체로는 헬프시리아 (HELP SYRIA)도 있다.

라에드 알 살레 화이트 헬멧 대표는 "우리는 잔해 속에서 사람들을 구하고 응급조치를 하며 재난 구호와 함께 조기 경보 시스템을 통해 공습 예측과 전쟁 중 남은 폭발물까지 제거해 관련 피해를 최소화하려고 노력한다"면서 "최근에는 난민 밀집 지역에 의료센터를 짓고 교육 프로그램을 연결하는 등 지역 사회를 회복하기 위한 해법도 동시에 모색해 나가고 있다"고 설명했다.

그러면서 화이트 헬멧은 "언젠가는 전쟁이 끝나고 이 땅의 잔해 속에서 어린아이들을 구하지 않아도 되는 날을 꿈꾼다"면서 "그때를 희망하며 우리는 시리아 재건을 위한 노력을 이어갈 계획"이라고 전했다.

아울러 그는 "공존은 우리를 진보하고 발전하게 만드는 핵심 요소"라며 "분쟁 지역이야말로 이 공존의 정신이 필요한 곳으로, 우리는 한 생명을 구하는 것이 전체 인류를 구하는 것이라는 믿음 아래, 공존의 가치가 이어질 수 있도록 재난 현장을 누빌 수밖에 없다"고 재차 강조했다.

푸틴의 희생자들,
율리아 나발나야의 증언

율리아 나발나야 | 반부패재단 자문위원회 회장

크리스 밀러 | 터프츠대학 교수

율리아 나발나야

1976년 7월 24일 모스크바에서 태어났다. 플레카노프 러시아 경제대학 국제경제 관계 학부를 졸업했다. 남편 알렉세이 나발니(Alexei Navalny)와 함께 러시아의 민주적 변화를 위해 적극적으로 활동했다. 알렉세이 나발니가 사망한 후, 남편의 일을 계속 이어가며 러시아 민주주의를 위한 투쟁에 기여하고 있다.

"푸틴 정권은 억압과 선동에만 의지합니다. 그래서 지속될 수 없습니다. 푸틴이 강력하다고 생각하지 말아야 하고, 그의 정권이 영원할 것이라고 가정하면 안 됩니다."

율리아 나발나야 반부패재단 자문위원회 회장이 인천광역시 영종도 인스파이어 엔터테인먼트 리조트에서 열린 제25회 세계지식포럼 무대에 올랐다.

● 율리아 나발나야 반부패재단 자문위원회 회장(사진 오른쪽)이 제25회 세계지식포럼에서 크리스 밀러 터프츠대학 교수(사진 왼쪽)와 대화를 나누고 있다.

나발나야 회장은 2024년 2월 갑작스럽게 사망한 러시아의 대표적인 야당 지도자 알렉세이 나발니의 아내이자 정치적 동반자다. 러시아 정부는 나발나야 회장의 영향력을 우려해 7월 그를 '테러리스트'로 지정한 바 있다. 알렉세이 나발니는 블라디미르 푸틴(Vladimir Putin) 러시아 대통령의 '정적'으로 꼽히는데, 러시아 정부는 책임을 부인했지만, 국제 사회는 교도소에서의 그의 사망이 크렘린 궁전과 연관이 있을 것으로 봤다.

나발나야 회장은 세계지식포럼의 '푸틴의 희생자들' 세션에서 푸틴 정부를 맹비판했다. 그는 "푸틴은 러시아 국민에게 국가 번영을 약속했지만, 그 약속을 지키지 못했고, 러시아 경제는 성장하지 못했다"고 말했다.

나발나야 회장은 한국의 삼성과 현대 등의 기업 이름을 언급하며 "한국은 뛰어난 기술의 전자제품과 자동차 등이 세계적으로 우수성을 인정받았고, 셀트리온 같은 제약회사는 첨단 신약을 개발해서 암 치료에 기여해 성공하고 있다"고 했다.

이어 "반면 러시아의 억만장자들은 기업가들이 아니다"며 "푸틴의 측근이거나, 푸틴의 측근으로서 러시아 천연자원을 독점해 부자가 될 수 있었다"고 주장했다.

또 나발나야 회장은 "대한민국은 경쟁력 있고, 효율적인 경제성장을 위해 부패와 싸웠지만 러시아는 다른 길을 선택했다"며 "어느 날 우연히 러시아의 권력을 잡은 푸틴이 권력을 놓지 않고 러시아를 운영해 왔고 부패했다"고 강조했다.

그는 세계지식포럼의 연사로 나선 이유에 대해서는 "푸틴 정권에 맞서 싸우려면 최대한 지원이 많아야 하고, 전 세계적인 동맹이 필요하다"며 "그래서 어떤 러시아의 정치인도 선 적이 없는 이 자리에 서 있는 것"이라고 목소리를 높였다.

나발나야 회장은 남편 나발니의 사망을 거론하면서 "푸틴 체제를 반대하는 사람은 탄압당하고, 억압당했다"면서 "다만 푸틴이 정치적 경쟁자를 두려워한다는 것과 민주주의를 두려워한다는 것을 보여줬다"고 말했다.

이어 "한국 국민은 인접한 북한에서 독재가 70년째 일어나고 있으니까 왜 독재가 지속되게 두면 안되는지 더 잘 아실 것"이라며 북한을 언급하기도 했다. 아울러 푸틴 정권이 지속할 경우 러시아는 더 위험한 나라가 될 것이라며 희생자는 일반인이고 인질은 러시아의 국민이라고 호소했다.

이날 최고 인기 세션 중 하나였던 '칩 워 2.0'의 연사 크리스 밀러 터프츠대학 교수는 자신의 세션을 마친 뒤 나발나야 세션에 모더레이터로 참석해 눈길을 끌었다.

세계적인 베스트셀러 《칩 워》의 저자이자 국제 정치 분야 전문가인 밀러 교수는 나발나야 회장에게 '푸틴이 어떻게 해서 권력을 장악하게 됐는지', '러시아에서도 푸틴을 지지하는 사람이 있는지', '푸틴 정권에 대응하기 위한 전략' 등을 질문했다.

나발나야 회장은 푸틴 대통령이 우연한 기회로 집권하게 됐으며, 권력을 더 장기적으로 지속할 방법을 찾고 있다며 선동을 이용해 공포 분위기를 조성하고 있다고 주장했다. 또 러시아는 선동 정치가 잘 이뤄지고 있어, 푸틴을 반대하는 목소리는 자체적으로 희석되고 그의 지지율과 관련 있는 러시아의 여론조사는 신뢰할 수 없다고 말했다.

2022년 2월 러시아가 우크라이나를 침공한 이후 국제 사회는 러시아를 다방면으로 제재해왔지만, 전쟁을 종식하는 데는 영향을 미치지 못한 것으로 보인다.

밀러 교수가 이에 관해 묻자 나발나야 회장은 "제재가 성공적이지 않았다"며 "제재들은 푸틴이나 그의 정권이 아닌 러시아와 일반 국민을 향한 것이었다. 푸틴 정권은 오히려 '전 세계가 러시아를 적으로 생각한다, 그래서 이 전쟁을 시작했다'고 선동할 수 있다"고 말했다.

나발나야 회장은 "푸틴 정권이 빠르게 붕괴하기를 바라고 있고, 그의 정권이 붕괴하면 많은 게 변할 것"이라며 "이런 변화는 생각하는 것보다 더 빨리 올 수 있을 것"이라고 내다봤다.

푸틴 정권에 대응하기 위한 전략으로는 "국제 사회가 러시아 국민에게 이들을 '잊지 않았다'는 시그널을 주는 것이 중요하다"며 "러시아 국민을 지지하고 있다는 메시지를 보내야 한다"고 국제 사회의 도움을 호소했다.

2

G2 갈등과 한반도

깊어지는 미·중 갈등,
한국의 선택

마이클 베클리 | 터프츠대학 교수

로빈 니블렛 | 채텀하우스 석좌연구원

여한구 | PIIE 선임연구원(전 대한민국 통상교섭본부장)

마이클 베클리

터프츠대학 정치학 부교수이자 미국기업연구소 방문 선임연구원, 외교정책연구소 아시아 프로그램 디렉터다. 강대국 경쟁에 관한 그의 연구는 미국정치학회와 국제학협회로부터 여러 차례 상을 받았다. 이전에는 하버드대학 케네디행정대학원 국제안보연구원으로 활동했으며 미국 국방부, 랜드연구소(RAND Corporation), 카네기 국제평화재단에서 근무했다.

로빈 니블렛

영국 왕립 국제문제연구소인 채텀하우스 석좌연구원이자 글로벌 전략 자문 회사인 하클루이트(Hakluyt) 선임 고문이다. 또한 국제전략문제연구소(CSIS) 신임 고문이자 아시아 소사이어티 정책연구소의 석좌연구원이기도 하다.

———
여한구

2022년 5월까지 대한민국 통상교섭본부장으로 재직 후, 2023년 6월부터 미국 피터슨국제경제연구소(PIIE) 선임연구원으로서 국제 통상, 산업 정책, 공급망, 경제 안보, 탄소중립, 미·중 관계와 인도·태평양 지역 등에 대한 연구를 주로 하고 있다.

주요 2개국(G2)으로 세계 경제와 안보를 양분하고 있는 미국과 중국이 대립하는 관계를 개선할 여지는 없을까. 2024년 11월 미국 대통령 선거 이후 심화할 것으로 예상되는 미·중 패권 경쟁을 한국을 비롯한 여타 국가들이 이겨낼 방법은 무엇일까.

제25회 세계지식포럼에서 공급망 분야 전문가로 꼽히는 마이클 베클리 터프츠대학 교수와 미·중 갈등을 오랜 기간 학자 시점으로 들여다본 로빈 니블렛 채텀하우스 석좌연구원이 만나 미·중 무역전쟁의 현 실태와 전망을 내다본 '미·중 무역전쟁 2.0' 세션에 청중의 이목이 쏠렸다.

두 사람은 향후 5년간 악화한 미·중 관계가 개선될 여지는 없을 것으로 내다봤다. 양국이 우방국들과 진영을 형성하려는 시도를 통해 대결 구도가 국가 간이 아닌 연합 단위로 커지는 것이 대립을 지속하는 데 힘을 실을 것으로 분석했다.

베클리 교수는 "중국은 과거 사상 최대 규모였던 나치 독일을 넘어서는 군사력을 보유했고, 대만과의 위기가 고조되고 있다는 점에서 군사력 투자는 우상향할 것"이라며 "중국이 러시아와 이란 등 서방국과 맞서 싸우는 국가들과 동맹 관계를 맺으려는 시도가 이어지면서 미국과의 갈등은 5년 내 최고조에 이를 것"이라고 예상했다.

● 로빈 니블렛 채텀하우스 석좌연구원(사진 오른쪽) 등 연사들이 제25회 세계지식포럼 '미·중 무역전쟁 2.0' 세션에서 발언하고 있다.

니블렛 석좌연구원은 "2023년 11월 아시아태평양경제협력체 (APEC) 정상회의를 계기로 미·중 정상이 만났음에도 양국은 관계 개선을 위한 실마리를 찾지 못했다"며 "두 나라의 경쟁은 깊은 이념적 차이에 기반한 구조적인 문제이므로 단기적으로는 경쟁과 블록화가 심화할 것"이라고 지적했다.

다만 장기적인 시각에서 양국 간의 대결은 점진적으로 힘을 잃을 것이라고 전망했다. 특히 인구 구조 변화와 리더십 약화로 중국이 미국과 대립할 힘을 잃을 것이라 내다봤다.

베클리 교수는 "30년 후에도 여전히 중국은 강대국으로 남아 있겠지만, '초강대국' 지위를 차지하기는 어려울 것"이라며 "시진핑 중국 국가주석이 살아 있다면 100세가 넘어 예리한 판단을 내리기 어렵고, 사회적으로는 노동 가능 인력의 감소와 노인의 증가로 생산성을 잃을 것이기 때문"이라고 분석했다.

서방국의 미국 의존도가 심화하고 있는 점도 미·중 대립의 심화에 영향을 줄 것이라는 해석도 나왔다. 니블렛 석좌연구원은 "트럼프 진영은 미국을 제외한 G7 국가의 대미 무역 흑자가 중국의 흑자 폭보다 크다는 것에 주목하고 있다"며 "전략적 사율성을 주장해온 유럽 국가 수장들이 우크라이나 전쟁 이후 미국과 군사적 협력을 이야기하는 점도 미국 입장에서 관세나 국방비 증액 등 동맹국을 상대로 유리한 협상을 끌어내기 좋은 상황이 마련된 것"이라고 지적했다.

두 사람은 2024년 미국 대선에서 누가 당선되든 미국의 대중 정책에 큰 변화는 없을지라도 그 정도에는 차이가 있을 것이라 내다봤다. 특히 양안 문제를 두고 도널드 트럼프 전 미국 대통령과 카멀라 해리스 미국 부통령의 견해 차이는 크다고 분석했다.

베클리 교수는 "트럼프는 전쟁을 좋아하지 않는 인물이라 대만을 방어하려고 중국과 전면전에 나서겠다는 말은 하지 않을 것"이라며 "외교 정책 경험이 없는 해리스는 상대국에 약해 보이지 않으려는 불안감으로 강경한 정책을 내세울 가능성이 있다"고 예상했다.

미·중 갈등으로 유발된 디커플링(공급망 분리)과 보호무역주의에는 사실상 반대한다는 입장을 피력했다. 니블렛 석좌연구원은 "예를 들어 IT 산업에서 기술적 제한으로 중국을 고립시키려 하고 있지만, 중국은 이를 우회해 미국의 클라우드 컴퓨팅에 접근하며 규제를 무력화하고 있다"며 "미·중이 각자 기술 개발에 나서며 온갖 기술이 비효율적으로 이중화(二重化)되고 있지만 아무 진영에도 속하지 않은 국가들 입장에서는 선택의 기회가 될 수 있고, 이를 통해 먼 미래에 통합의 기회도 모색할 수 있을 것"이라고 내다봤다.

베클리 교수는 "냉전 시대에 탈세계화가 진행된 이유는 공산주의 집단이 시장 경제에서 스스로 차단하려는 의도가 있었기 때문"이라며 "무역은 인간의 강한 욕구에서 비롯된 것이기에 탈세계화에 대한 논의는 시기상조이며 잘못된 것일 수 있다"고 지적했다.

안보와 경제에서 미·중과 관계가 밀접한 한국은 중장기적 전략을 동시에 마련할 필요가 있다고 조언했다. 베클리 교수는 "한국이 대규모 내수 시장과 지리적 인접을 이유로 중국에 무역이 집중될 수밖에 없지만, 중국의 성장 둔화로 인한 한국의 대중국 수출 감소는 회복될 가능성이 높지 않다"며 "미국의 인구 증가와 한미 양국 간 기술 교류를 바탕으로 한국이 장기적으로는 미국과의 교역에서 경제적 이익이 상대적으로 늘게 될 것"이라고 말했다.

니블렛 석좌연구원은 "미국에 안보를 의지하는 한국은 지정학적 상황이 악화하며 행정부가 움직일 수 있는 여지가 제한되고 있다"며 "한국은 가능한 한 디커플링보다 위험을 줄이는 '디리스크'를 목표로 해야 한다"고 조언했다.

중국은
어떻게 실패하는가

마이클 베클리 | 터프츠대학 교수

중국은 미국과 어깨를 나란히 하는 대국으로 성장했다. 세계에서 가장 많은 인구를 기반으로 '세계의 공장'으로 불리며 제조업은 물론 첨단 산업, 이제 국방력에서도 미국이 견제해야 할 정도로 모든 분야에서 세계 최고의 위치를 넘보려 하고 있다. 그러나 고속 성장의 지속력은 그리 오래가지 않는 듯하다. 우상향하던 경제성장률 곡선이 아래로 떨어지고 있고, 경제성장 둔화는 저출산, 고령화, 취업난 등 사회적 문제로 이어지고 있다.

마이클 베클리 터프츠대학 교수는 '중국은 어떻게 실패하는가'라는 주제로 열린 세션에서 중국의 부상이 막을 내리고 있으며, 중국이 당면한 경제·지정학적 위기가 심화하고 있다고 분석했다. 그는 2020년

● 마이클 베클리 터프츠대학 교수가 제25회 세계지식포럼 '중국은 어떻게 실패하는가' 세션에서 발표하고 있다.

대 중국이 윤리적 부상의 종말을 맞이한 시기로 기록될 것이라고 주장하며 중국의 성장이 둔화하고 역전되고 있다고 지적했다.

베클리 교수가 중국의 부상이 지속력을 잃었다고 보는 첫 번째 이유는 중국의 경제성장이 단순히 둔화하는 것이 아니라 실질적으로 마이너스 성장을 시작했기 때문이다. 중국은 그동안 세계 경제를 견인하는 역할을 했지만, 이제는 그 역할이 약화하고 있다. 이에 따른 경제적 파급 효과도 전 세계적으로 미치고 있다.

중국 정부의 과장된 경제성장률 통계와 달리 실제 중국 경제는 그보다 훨씬 작은 규모일 수 있다고 지적했다. 베클리 교수는 "중국 GDP 성장 속도뿐 아니라 규모도 과장된 중국 정부 데이터를 사용한다"며 "중국 정부가 중국 경제가 성장하고 있다고 수치를 제시하지만, 다른 추정치를 사용하면 그 수치는 적어도 20% 줄어든다"고 지적했다.

중국 성장이 지속되지 않는 두 번째 이유는 중국 경제의 둔화가 전 세계적으로 악영향을 미치고 있다는 점이다. 중국뿐 아니라 중국에 의존하는 국가들의 경제가 중국의 둔화와 함께 침체의 길을 걷고 있고, 이로 인해 많은 국가가 경제적 어려움을 겪는 연쇄적인 효과가 드러나고 있다. 베클리 교수는 중국의 대출에 의존하던 국가들이 이제 중국 경제 둔화로 부채 문제를 겪고 있으며, 이러한 경제적 고통은 앞으로도 계속될 가능성이 크다고 경고했다.

세 번째 이유는 중국이 이 같은 압박에 잘 대처하지 못할 것이라는 점이다. 베클리 교수는 역사적으로 판단했을 때 강대국들이 쇠퇴기에 들어서면 야망을 접고 물러나기보다 국내적으로는 반대파를 탄압하고, 국제적으로는 더 공격적인 확장을 시도하는 경향이 있었다는 점을 이유로 들었다. 이미 중국이 이러한 전형적인 강대국의 경로를 밟고 있으며, 중국 내에서 독재적 통치를 강화하고 있다는 것이다.

중국 경제의 핵심 문제 중 하나로 베클리 교수는 급격한 생산성 하락을 들었다. 10년 넘게 중국의 생산성 증가율이 마이너스를 기록해 왔으며, 이는 중국이 점점 더 많은 자원을 투입하고도 더 적은 성과를 내고 있다는 것을 의미한다고 설명했다.

또한 부채의 급증과 자원 부족 문제 역시 중국 경제의 심각한 위기로 작용하고 있음을 지적했다. 중국의 부채는 미국조차 넘어설 정도로 증가했으며, 자원이 부족해 원자재 비용이 급등하고 있다는 것이다.

중국의 인구 문제 역시 베클리 교수가 강조한 중요한 요인 가운데 하나였다. 베이비붐 세대의 은퇴와 함께 노동가능인구가 급감하고 있어 향후 10년 내 중국의 경제성장이 더 큰 도전에 직면할 것이라고 설명했다. 은퇴자와 노동자 비율이 2 대 1로 급격히 낮아질 것이며, 이는 중국 경제의 심각한 부담으로 작용할 것이라고 경고했다.

베클리 교수는 중국이 경제적 압박을 받으면서도 지정학적으로는 더 공격적으로 나설 가능성이 크다고 전망했다. 그는 중국이 경제적 어려움을 타개하려고 군사적 확장을 시도할 가능성이 있으며, 대만 문제와 남중국해에서의 갈등이 심화할 수 있다고 설명했다. 중국의 군사력 증강이 나치 독일 이후 가장 빠른 속도로 진행하고 있으며, 이는 중국이 경제적 수단만으로는 자신의 목표를 달성할 수 없다는 것을 깨달았기 때문이라고 분석했다.

또 중국은 내부적으로는 독재 체제를 강화하고, 외부적으로는 러시아·북한·이란 등과 협력하면서 점점 더 국제 사회에서 고립되고 있다고 설명했다. 이러한 독재 국가들과의 협력은 중국이 서방 국가들과의 갈등을 심화시키는 주요 요인으로 작용할 것이며, 이는 결국 더 큰 지정학적 불안을 초래할 수 있다고 경고했다.

베클리 교수는 "중국과 미국 간의 갈등이 심화할 가능성이 크지만, 냉전 같은 경쟁 구도에서 양국이 더욱 혁신적인 기술을 개발할 것"이라고 낙관적으로 전망했다.

그러나 "이러한 갈등이 커지면서 대규모 전쟁으로 이어질 가능성도 배제할 수 없다"고 경고하며 "앞으로의 10년이 중국의 미래를 결정지을 중요한 시기가 될 것"이라고 예상했다.

존 켈리와 앤드류 김에게 듣는 한반도 안보

존 F. 켈리 | 제28대 백악관 비서실장
앤드류 김(김성현) | 전 CIA 징보분석관
안호영 | 경남대학교 석좌교수(전 주미대사)

존 F. 켈리

미국 해병대 출신으로 2017년 1월 상원의 인준을 받아 국토안보부 장관으로 임명됐다. 6개월 후 백악관 비서실장으로 임명되어 2019년 1월까지 근무했다. 백악관에서 퇴임한 후 리더십과 미국 사회 현황에 대해 강의하는 한편 국방부, 법무부, FBI, 긴급 구조대, 재향 군인, 기업들과 교류하고 있다. 또 국가 안보 위협을 다루는 고위급 워게임 시뮬레이션에 참여하고 있으며, 40년 이상의 경험을 바탕으로 초당파적인 자문을 제공하고 있다.

앤드류 김(김성현)

2019년부터 2020년까지 스탠퍼드대학에서 방문학자로 지낸 뒤, 2020년 6월부터 2022년 5월까지 하버드대학 케네디스쿨에서 펠로우로 근무했다. 28년간의 중앙정보국(CIA) 근무를 마치고 2018년 12월에 은퇴했다. CIA에서 맡은 마지막 직책은 CIA 부국장이었으며, 2017년 4월 북한의 오랜 글로벌 안보 위협을 해소하기 위한 대통령 이니셔티브에 직접 대응해 설립된 코리아미션센터를 이끌었다.

안호영

2018년부터 2022년까지 북한대학원대학교 총장직을 역임했으며 현재는 경남대학교 석좌교수로 재직 중이다. 오랜 기간 대한민국 외교관으로 활동하며 통상교섭조정관, 제1차관직을 역임했고 해외 공관에서는 주벨기에 겸 유럽연합 대사, 주미 대사로 근무했다.

제25회 세계지식포럼에서 열린 '존 켈리와 앤드류 김에게 듣는 한반도 안보 전망' 세션에서 트럼프 전 대통령 재임 시절 그를 보좌한 존 켈리 전 백악관 비서실장과 앤드류 김 전 CIA 정보분석관은 미국 대선이 동아시아와 한반도 안보에 미치는 영향을 심도 깊게 논의했다.

트럼프 전 대통령이 재임할 경우 동맹국들의 자주적인 안보 태세를 강조하면서 방위비 분담을 늘릴 것을 요구할 공산이 크다는 견해가 제기됐다.

켈리 전 비서실장은 "트럼프 전 대통령이 처음 임기 중 동맹국들에 더 많은 방위비 분담을 요구해 논란을 일으켰다"며 "한국, 일본, 북대서양조약기구(NATO) 등 동맹국에 GDP의 일정 비율을 국방비로 지출하도록 압박하면서 문제가 부각됐다"고 말했다.

다만 이 같은 미국의 대외정책이 대통령 개인의 결정으로만 좌우되는 것은 아니라고 덧붙였다. 켈리 전 비서실장은 "미국은 민주주의와 자유를 수호하는 동맹국들과 협력해 세계를 더 안전한 곳으로 만드는 데 중요한 역할을 하고 있다"며 "트럼프 전 대통령의 정책이 미국의 글

● 존 켈리 제28대 백악관 비서실장(사진 왼쪽) 등 연사들이 제25회 세계지식포럼 '존 켈리 와 앤드류 김에게 듣는 한반도 안보' 세션에서 대화를 나누고 있다.

로벌 리더십에 변화를 일으킬 수는 있지만, 의회와 미국 국민이 그 변화에 대해 적극적으로 논의하고 조정할 것"이라고 강조했다.

켈리 전 비서실장은 "백악관 시절의 트럼프는 하고 싶은 일이 많은 사람이었고 특히 주한미군 철수에 큰 의지를 보였다"면서 "저와 국무부, 군 장성 등 여러 부처 관계자가 '주한미군은 북한 견제를 위한 투자라고 생각하자'고 건의해 생각을 바꾸었다"고 털어놨다.

장기간 이어지고 있는 러시아-우크라이나 전쟁도 끝을 맺을 수 있을지에 관해 켈리 전 비서실장은 "트럼프 전 대통령이 당선되면 전쟁 종료를 위한 즉각적인 조치에 나설 것"이라고 예상했다.

그는 "푸틴 대통령의 결정은 단순한 외교적 해결책으로 막기 어려운 부분이 있으며, NATO와 미국의 지속적인 개입이 필요하다"고 했다.

이어 "미국의 글로벌 리더십은 단순히 군사력에 의존하는 것이 아니라 동맹국들과의 협력과 공조를 통해 유지되고 강화한다"고 설명했다.

양안 문제에서도 미국이 동맹국과 적극 협력할 것이라는 입장을 내놨다. 켈리 전 비서실장은 "억지력의 핵심은 군사적 능력을 갖추는 것뿐 아니라 그 능력을 사용할 수 있다는 의지를 보여주는 것"이라며 "미국이 동맹국들과의 협력을 통해 중국의 군사적 위협에 대응할 충분한 준비를 하고 있다"고 말했다.

트럼프 전 대통령 재임 시절 북미정상회담이 '노 딜'로 마무리된 이후 도발을 지속하고 있는 북한 문제에 대한 예측도 나왔다.

김 전 정보분석관은 "하노이회담이 실패한 이후 북핵 문제는 여전히 해결되지 않고 있다"며 "북한의 핵 프로그램은 단순한 협상으로 해결할 수 없는 복잡한 문제"라고 지적했다. 이어 "트럼프 전 대통령이 북한과의 협상에서 영변 핵시설 폐기를 대가로 제재 해제를 제안받았으나 이를 거절했다"며 "북핵 문제를 해결하려면 군비 통제 협상부터 시작해야 하며 비핵화가 궁극적인 목표가 되어야 한다"고 강조했다.

'트럼프 2기' 때 주한미군 철수 논의가 수면 위로 오르지 않으려면 한국이 부담하는 방위비 증액은 불가피하다고 강조했다. 켈리 전 비서실장은 "실제로 트럼프는 해외 주둔 군대의 수를 줄이고 싶어 할 수 있지만, 미국이 세계의 동맹·우방국과 협력할 것이라고 믿는 미국인들이 많은 것도 사실"이라며 "이 같은 상황을 유지하려면 한국과 일본, 필리핀과 NATO 동맹국은 자국 국방비에 더 많은 돈을 써야 한다"고 지적했다.

함께 세션에 참가한 앤드류 김 전 CIA 정보분석관은 "한미동맹은 군사적 협력뿐 아니라 경제적 측면에서도 강화될 필요가 있다"며 "한국에서 트럼프가 인플레이션감축법(IRA)을 폐기할 것이라는 우려가 나오지만, 의회를 통과한 법안을 대통령이 완전히 없앨 수는 없다"고 말했다.

한미동맹의 굳건함에는 이상이 없을 것이라는 견해도 나왔다. 켈리 전 비서실장은 "한미동맹은 군사적 협력뿐 아니라 경제적 협력에서도 중요한 역할을 하고 있다"며 "한국은 미국의 중요한 동맹국으로서 양국 간의 경제적·군사적 협력이 지속될 것"이라고 내다봤다. 김 전 정보분석관도 "한미동맹은 70년 이상 지속해온 강력한 관계"라며 "트럼프 전 대통령이 다시 당선되더라도 한미동맹은 더욱 강화할 가능성이 크다"고 예측했다.

트럼프 대외정책과
한반도

로버트 오브라이언 | 미국세계전략유한책임회사 공동설립자 겸 회장

마이크 발레리오 | CNN 인터내셔널 특파원

로버트 오브라이언

미국세계전략유한책임회사(American Global Strategies LLC) 공동설립자이자 회장이다. 2019년부터 2021년까지 제27대 미국 국가안보보좌관을 역임하며 미국의 외교정책과 국가 안보에 대해 대통령에게 자문을 제공했다. 그의 재임 기간에 미국은 아브라함 협정을 조율하고 세르비아와 코소보의 관계를 정상화했으며 NATO 방위비를 증액하고 인도 태평양 동맹국과의 협력을 강화했다.

마이크 발레리오

에미상을 여덟 번 수상한 저널리스트다. 서울에 기반을 둔 CNN 특파원으로 한반도와 더 넓은 아시아태평양 지역 내의 문화적·정치적·군사적 이야기의 역동성을 다루고 있다. 또 비무장지대부터 북한의 다층적인 도발과 서울과 평양 사이의 고조된 군사적 긴장에 대해서도 보도했다.

● 로버트 오브라이언 전 백악관 국가안보보좌관(사진 오른쪽)이 제25회 세계지식포럼 '트럼프 대외정책과 한반도' 세션에서 발언하고 있다.

제25회 세계지식포럼은 미국의 제47대 대통령을 선출하는 선거를 약 2개월 앞두고 열리면서 선거 결과가 향후 국제 정세에 미칠 영향을 내다보고자 하는 논의의 장이 됐다. 특히 공화당 후보인 도널드 트럼프 전 미국 대통령 재임 시절 안보 정책을 전담한 로버트 오브라이언 전 백악관 국가안보보좌관이 트럼프 전 대통령이 당선한다면 취할 외교 정책의 복잡성과 한반도에 미칠 영향에 대해 논의하는 자리가 마련돼 주목을 받았다.

오브라이언 전 보좌관은 자신에게 주어진 대담에서 북한에 대한 트럼프 행정부의 접근 방식과 한반도 비핵화를 위한 노력, 한미 관계에 미치는 광범위한 영향에 대해 적극적으로 이야기했다. 재임 기간에 언은 직접적인 통찰력을 바탕으로 고위급 협상의 전략과 외교적 관여, 군사적 준비 태세 간의 균형 문제, 동아시아에서 변화하는 미국의 영향력에 대해 조명했다.

그는 트럼프 전 대통령이 북한과의 협상에서 중요한 기회를 놓쳤지만, 재집권한다면 북한과의 교착 상태가 풀릴 가능성이 있다고 전망했다. 오브라이언 전 보좌관은 2019년 하노이 북미정상회담을 언급하며 트럼프 대통령이 부분적인 협상은 하지 않겠다는 강경한 입장을 고수한 것이 협상이 실패한 주요 원인이라고 설명했다.

당시 북한 김정은 국무위원장은 영변 핵시설의 해체를 제안했지만, 트럼프 대통령은 부분적인 제재 완화로는 충분하지 않다고 보고 협상을 중단했다. 오브라이언은 이 결정이 매우 민감한 상황에서 한 것이며, 트럼프 대통령은 한반도의 완전한 비핵화를 목표로 하고 있었다고 밝혔다.

그럼에도 오브라이언은 북한과의 대화의 문이 여전히 열려 있다고 강조했다. 그는 "대화를 계속 이어가고, 협상 가능성을 열어두는 것이 중요하다"며 "북한 문제는 단순히 핵무기 문제를 넘어서서 동아시아 전체의 안보와 직결된 문제"라고 강조했다.

북한 문제와 함께 중국의 영향력 확대, 대만 문제, 남중국해에서의 군사적 긴장 등 다양한 동아시아 안보 문제를 중요한 외교적 과제로 꼽았다. 시진핑 중국 국가주석이 대만과의 통일을 자신의 정치적 유산으로 삼고 있으며, 이는 동아시아에서 매우 위험한 상황을 초래할 수 있다고 경고했다. 그는 대만 해협에서의 긴장이 고조되고, 남중국해에서 중국의 군사적 확장이 동아시아의 안정성을 크게 위협하고 있다고 평가했다.

오브라이언 전 보좌관은 이러한 문제들을 해결하려면 미국과 동맹국들이 긴밀하게 협력해야 한다고 강조했다. 특히 일본·한국·호주 등 아시아태평양 지역의 주요 국가들과의 협력이 더욱 중요해졌다고 언급했다. 그는 "중국의 팽창주의에 맞서려면 동아시아의 민주주의 국가들이 연합해야 한다"며 "이러한 동맹은 단순한 외교적 협력을 넘어서 군사적 협력까지 확대될 필요가 있다"고 주장했다.

특히 한미 동맹의 중요성은 간과할 수 없다고 강조했다. 그는 "한국은 세계에서 가장 강력한 군사력을 보유한 나라 중 하나"라며 "한국이 방위 능력을 계속해서 강화하고 있고 특히 첨단 기술과 조선업 분야에서 역량이 뛰어나다"고 평가했다.

그러나 이 같은 한국의 우수한 방위 능력이 주한미군의 방위비 분담 문제를 두고 갈등으로 이어질 가능성을 지적했다. 한국이 더는 미국에만 의존하지 않고 독립적으로 자국을 방어할 능력을 갖추고 있다는 의미다. 오브라이언 전 보좌관은 "트럼프 전 대통령은 한국이 충분한 몫을 지불하지 않으면 주한미군을 철수할 수도 있다고 공개적으로 언급한 바 있다"면서도 "그럼에도 한미 동맹이 근본적으로 흔들리지는 않을 것"이라고 예측했다.

오브라이언 전 보좌관은 트럼프 전 대통령이 재집권하면 북한과 다시 협상에 나설 가능성이 높다고 전망했다. 그는 "트럼프 전 대통령이 재선에 성공하면 첫 100일 내 북한 문제를 최우선 과제로 삼을 것"이라고 예측했다.

또한 트럼프 전 대통령이 김 위원장과의 대화를 지속하면서도 강력한 대북 제재를 병행할 가능성이 크다고 설명했다. 오브라이언 전 보좌관은 "트럼프의 강경한 압박과 외교적 대화의 병행 전략"이라며 "트럼프는 김정은과 협상 테이블에 앉기를 원하지만, 동시에 미국의 이익을 최대한으로 보호할 것"이라고 설명했다.

아시아 번영을 위한 연대

훈 센 | 캄보디아 상원의장(전 총리)

___
훈 센

캄보디아 정치인으로, 1985년부터 2023년까지 38년간 총리를 역임해 전 세계에서
가장 오랜 기간 재임한 지도자 중 한 명으로 꼽힌다. 1985년 33살 나이에 아시아 최
연소 총리 자리에 올라 캄보디아 경제가 호황을 이루는 데 이바지하며 경제성장을
이뤄냈다.

삼데크 테코 훈 센(Samdech Techo Hun Sen) 전 캄보디아 총리는
2024년 9월 10일 제25회 세계지식포럼 개막식에서 윤 대통령에 이은
축사를 통해 한국과의 경제협력을 강조했다. 캄보디아가 2022년 아세
안(동남아시아국가연합) 의장국이던 당시 총리로 재직한 경험을 떠올리
며 세계 5위권 경제 권역으로서 실용주의 노선에 따라 한국 등 동북아
시아 주요국을 비롯해 서구 주요국과 손잡고 지역 공급망 확대와 과학

● 훈 센 캄보디아 상원의장(전 총리)이 제25회 세계지식포럼 특별 세션에서 발표하고 있다.

기술 혁신을 이끌어내겠다는 의지도 밝혔다.

훈 센 전 총리는 이날 축사에서 "캄보디아를 비롯한 아세안 국가들과 한국의 협력이 나날이 확대되기를 기대한다"면서 경제협력을 적극 지원한다는 입장을 강조했다. 그는 2022년 11월 중순 윤석열 대통령과 만난 인연이 있다. 당시 윤 대통령이 프놈펜에서 열린 한-아세안(동남아국가연합·ASEAN) 정상회의 참석 겸 4박 6일간 동남아 순방에 나선 자리에서 훈 센 당시 총리를 만났고, 두 정상은 "양국이 재수교

25주년을 맞아 관계 확대를 위해 노력하겠다"고 공동성명을 내기도 했다.

훈 센 전 총리는 세계 5위권 경제권역으로서 아세안의 시장성을 강조했다. 그는 "아세안 국가들의 GDP는 3조 달러가 넘었고 구매력 있는 인구도 6억 5,000만 명을 돌파했다"면서 "회원국 간 협력을 통해 제조업 허브이자 다자간 무역을 지향하며 발전 단계에서부터 지속가능한 성장을 위해 녹색 경제와 과학기술 혁신 등 성장동력을 함께 찾아간다"고 밝혔다.

아세안 내 개별 국가 차원의 정치적 불확실성과 관련해 훈 센 전 총리는 "아세안은 내정 불간섭과 회원국 간 만장일치 원칙을 일관되게 준수하고 있다"면서 "회원국들은 어떤 한 편을 선택하거나 버리지 않고 똘똘 뭉쳐 외부 주요국과 협상하고 과제에 대한 해결책을 함께 찾는다"고 말했다. 이어 그는 "아세안 회원국은 다른 강대국과 군사 동맹도 맺지 않으며 지역적 다자주의체로서 지속가능한 성장을 이뤄갈 것"이라고 덧붙였다.

한편 캄보디아 공공사업교통부는 수도 프놈펜과 칸달주를 연결하는 '캄보디아-한국 우호교'를 2025년 6월까지 착공할 것이라고 2024년 9월 말 밝혔다. 환경사회영향평가(IESIA)를 통과하면서 착공 전 절차를 거의 마무리했다는 판단에서다. 캄보디아-한국 우호교는 2022년 12월 양국이 체결한 계약에 따라 한국수출입은행이 융자 형식으로 자금을 대며, 전체 공사 비용은 2억 4,000만 달러(약 3,226억 원) 전후로 예상된다. 메콩강과 톤레삽강을 가로지르는 다리 2개로 구성되며 프놈펜 다운펜구 나이트마켓과 칸달주 르베아엠을 연결한다.

훈 센 전 총리는 2023년 8월 총선이 끝난 후 캄보디아 국왕에 요청해 총리직을 장남인 훈 마넷에게 물려줬다. 이후 2024년 4월에 상원의원 투표를 거쳐 만장일치로 상원의장직에 올랐다. 2월, 상원 선거에서는 훈 센 전 총리가 대표로 있는 캄보디아인민당(CPP)이 58석 중 55석을 석권한 바 있다. 상원의장은 국왕에 이은 의전 서열 2위로 국왕 부재 시 국가원수 역할을 대행한다. 훈 센 전 총리는 "적어도 2033년까지는 정부에 봉사하겠다"는 의사를 밝혀왔다.

한국과 캄보디아 양국 경제단체·기업들이 교류를 확대하고 첨단산업, 핀테크, 도시 개발 등의 분야에서 협력하기로 했다. 2024년 5월 대한상공회의소는 캄보디아상공회의소와 '한·캄보디아 비즈니스 포럼'을 열고 양국 동반 성장 방안을 논의했다고 밝혔다. 적극적인 외국 자본 유치 정책을 펼치는 캄보디아의 경제 현황과 투자 환경, 투자 진출 유망 산업, 인센티브 등을 소개하는 차원이다.

훈 마넷 캄보디아 총리는 "한국은 일찍 캄보디아에 투자를 시작해 가장 많은 금액을 직접 투자한 국가 중 하나"라며 "양국 정부는 물론 민간 기업 부문에서도 지속해 양자 협력을 강화할 필요가 있다"고 밝혔다.

이 같은 혼란을 극복하는 방안으로 윤 대통령은 '연대의 복원'을 제안했다. "기술이 불러온 위협과 갈등을 해소하고 인류의 자유와 복지를 확장하도록 힘을 모아야 한다. 전쟁과 무력 분쟁을 종식하고 세계 평화를 회복하며 자유와 연대를 복원해야 한다"고 강조했다.

윤석열 대통령이 최근 범람하고 있는 가짜뉴스, 딥페이크에 대한 우려와 동시에 AI 기술 발전에 대한 기대감을 드러냈다. 윤 대통령은 "AI에 기반한 혁신 기술은 일상과 산업에 많은 편익을 안겨주지만 반대로 가짜뉴스와 딥페이크 등 민주주의를 훼손하는 부작용을 일으키고 있다"고 말했다.

그러면서 "치열한 기술 패권과 공급망 경쟁으로 고통받는 취약 국가와 취약 계층을 도와주고 가짜뉴스·거짓 선동으로부터 자유와 민주주의를 지켜내기 위해 자유세계가 더욱 굳게 연대해야 한다"며 "그게 우리가 이 자리에 모인 이유"라고 강조했다.

윤 대통령의 우려대로 최근 우리 사회에는 AI 기술 발전으로 인한 각종 범죄와 논란이 발생하고 있다. 청소년과 대학생, 군인 등 공무원이 딥페이크 기술을 사용해 주변인 사진을 음란물과 합성해 대거 적발되는가 하면 계엄령 괴담 등 실체 없는 소문을 마치 공신력 있는 '뉴스'인 것처럼 포장해 확산시키는 사례도 비일비재하다.

이에 윤 대통령은 8월 말 딥페이크 등 디지털 성범죄에 대해 '명백한 범죄 행위'라며 강력히 대응할 것을 지시하는 등 AI 기술 발전에 따른 다양한 부작용의 폐해를 막으려고 정책적인 노력을 기울이고 있다. 동시에 윤 대통령은 AI 기술 발전에 대한 기대감도 드러냈다.

윤 대통령은 세계지식포럼에 참석하려고 방한한 크리스 밀러 터프츠대학 교수에 대해 "9월 10일 오전 밀러 교수가 반도체 산업에 대해 강연을 해주셨다. 저서 《칩 워》는 안 읽어본 사람이 없을 정도이고 저도 흥미롭게 읽은 기억이 있다"며 "(밀러 교수의) 통찰이 최일선에서 뛰고 있는 기업인들에게 훌륭한 교훈이 될 것"이라고 말했다.

이어서 또 다른 세계지식포럼 연사인 린다 밀스 뉴욕대학 총장을 언급하며 "아울러 지난해 용산과 뉴욕 디지털 비전 포럼에서 만났던 린다 밀스 총장은 AI 시대가 열어갈 미래에 대해 고견을 나눠주셨다"고 덧붙였다.

실제로 윤 대통령은 AI 기술 발전과 산업화를 위한 정책 지원에 큰 관심을 보이고 있다. 2024년 9월 5일 광주광역시를 방문해 광주를 AI 선도 도시로 육성하기 위한 다양한 투자 지원과 규제 완화를 직접 밝혔으며, 4월에는 AI 및 AI 반도체 산업 육성을 위해 9조 4,000억 원의 자금을 지원한다는 계획도 발표한 바 있다.

윤 대통령은 "2000년 첫걸음을 내디딘 세계지식포럼은 매년 발전하며 명실상부 아시아 최대 지식축제로 성장했으며 올해는 '공존을 향한 여정'을 주제로 세계적 석학과 리더들이 참여해 위기를 극복할 대안을 함께 고민하게 된다"며 "더 나은 미래를 열어갈 수 있도록 지혜로운 대안을 많이 제시하기 바란다"고 전했다.

이날 세계지식포럼 특별 세션에는 노바크 커털린 전 헝가리 대통령, 마우리시오 마크리 전 아르헨티나 대통령, 나프탈리 베네트 전 이스라엘 총리 등 전직 국가 수장들과 한동훈 국민의힘 대표, 허은아 개혁신당 대표, 추경호 국민의힘 원내대표, 최태원 SK그룹 회장, 손경식 한국경영자총협회 회장 등 국내외 오피니언 리더가 대거 참석해 자리를 빛냈다. 일반 청중 약 1,600명도 강연에 귀를 기울였다.

PART 3

신기술과 공존하는 인류

1

인공지능 앞에 선 인류

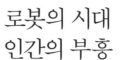

WORLD KNOWLEDGE FORUM

로봇의 시대
인간의 부흥

알베르토 레비 | IE 교수

알베르토 레비

컴퓨터 엔지니어, 기업가, 상호작용적인 스토리텔러다. 하버드 비즈니스 리뷰 서밋 (Harvard Business Review Summit)과 세계경제포럼(World Economic Forum)에서 '혁신 전도사'로 인정받고 있다. 국제 강사, 기술 컨설턴트, 경영 전략가로서의 풍부한 배경 을 가진 그는 플랫폼 간 대화에서 패러다임을 깨고 혁신적인 접근 방식으로 호평을 받고 있다.

"AI와 로봇이 사람 일자리를 뺏고 인간을 지배한다? 오히려 인간과 공존하며 '인류 부흥(Human Renaissance)'의 시대가 열릴 것이다."

알베르토 레비 스페인 IE대학 교수는 세계지식포럼 개막일에 열린 '로봇의 시대 인간의 부흥' 세션에서 "AI와 로봇의 발전으로 비판적 사고, 창의성 등 오직 인간만이 가진 능력이 더 번성할 것"이라며 이와

● 알베르토 레비 IE 교수가 제25회 세계지식포럼 '로봇의 시대 인간의 부흥' 세션에서 발표하고 있다.

같이 밝혔다.

레비 교수는 미국 등 15개국에서 1,500개 이상의 프로젝트에 참여하며 다양한 산업에 혁신을 일으킨 인물이다. 기존 패러다임을 깬, 새로운 아이디어로 하버드 비즈니스 리뷰 서밋과 WEF 등에서 '혁신 전도사'로 인정받고 있다.

AI와 로봇의 발전이 가속화되며 전문가들은 고용 시장이 요동칠 것이라는 분석을 앞다퉈 내놓고 있다. WEF는 2023년 5월 AI 기술 도입으로 5년 내 일자리 2,600만 개가 사라질 것이라는 보고서를 내놓았다.

국책 연구기관인 한국개발연구원(KDI)은 2024년 7월 국내 일자리 10개 가운데 9개는 6년 뒤인 2030년 90% 이상의 업무가 AI와 로봇으로 대체될 수 있다고 예상했다. AI와 로봇이 70% 이상의 업무를 대체할 수 있는 일자리 비율은 98.9%에 이른다고 봤다. 그래서 사람 생계까지 위협받을 것이라는 전망이다.

레비 교수는 세계지식포럼 연단에서 이와 같은 암울한 전망을 정면으로 반박했다. AI와 로봇이 발전하면서 지식 노동화가 가속화하고, 대규모의 새로운 일자리 시장이 열릴 것이라는 설명이다.

그는 "AI와 로봇이 발전해도 결국 사람이 컨트롤해야 한다"고 말했다. 일례로 기업 간에 계약서를 작성한다면 오픈AI의 생성형 AI '챗GPT'를 활용하더라도 완성한 계약을 결국 사람이 검토해야 한다는 것이다. 레비 교수는 "비판적 사고가 없다면 이 계약서를 검토할 수 없다"며 "AI와 로봇은 인간 없이는 존재할 수 없다"고 목소리를 높였다.

새로운 기술로 일자리 판도가 바뀌는 현상은 역사를 통해 증명돼왔다. 이전의 산업혁명 과정에서 농민과 수공업자 일자리가 위협받았다. 이들은 공장 노동자로 변모했다. 자동화 기술 발전으로 공장 노동자들의 일자리가 위협받자, 이들은 서비스업으로 이동했다. 1980년대 컴퓨터 보급으로 단순 사무직 종사자나 대형마트 캐셔, 톨게이트 검표원 숫자가 대폭 줄어들었으나 IT 등 새로운 업종의 종사자들이 늘었다.

레비 교수는 이 같은 흐름을 환기하며 "200년간의 역사를 돌이켜보면 매번 파괴적인 기술이 나와 인간을 피폐하게 할 것이라 했으나 실제로 그런 일은 없었다. 일자리 형태가 바뀔 뿐"이라고 강조했다.

레비 교수는 오히려 AI와 로봇이 발전함에 따라 사람의 잠재력을 최대한 발휘할 기회가 생길 것으로 내다봤다. 그는 "AI와 로봇이 가장 잘하는 일을 하고, 사람은 사람 고유의 능력을 개발하는 데 몰두하는 미래가 펼쳐질 것"이라며 "인류 부흥 시대를 여는 기회가 될 것"이라고 말했다.

레비 교수는 이 같은 기회를 현재의 교육 시스템을 개선하는 계기로 삼아야 한다는 조언도 내놓았다. 그에 따르면 현재의 교육 시스템은 사람을 로봇처럼 만들고 있다. 전공 하나를 계속 반복 학습하며, 규칙을 따르고 경쟁하는 시스템이기 때문이다.

그는 "아이들이 학교에 입학하기 전에는 창의성이 높은 수준이었으나 입학하는 7살이 되면 10% 정도만 그 수준을 유지한다는 분석이 나온다"며 "어른이 되면 2% 정도만 동일한 수준의 창의성을 가지고 있는데, 이런 시스템을 바꿔야 한다"고 지적했다.

레비 교수는 특히 한국의 높은 테크 역량을 평가하며 조언을 아끼지 않았다. 그는 "한국은 AI와 로봇 분야에서 세계적인 리딩 국가"라며 "AI나 로봇 기술 발전에만 집착할 것이 아니라 어떻게 인간성이라는 요소를 접목할 수 있을지 고민해야 혁신을 일으킬 수 있을 것"이라고 당부했다.

그는 "AI와 로봇 시대에 사람은 더 사람다워지게 될 것"이라며 "비판적 사고나 창의성, 감성 지능, 협업 능력 등은 오직 인간만이 가질 수 있는 능력"이라고 강조했다.

WORLD KNOWLEDGE FORUM

일자리와 AI,
공생인가 파멸인가

저스틴 울퍼스 | 미시간대학 교수
노영우 | 매일경제신문 국제경제 전문기자/부국장

저스틴 울퍼스

미시간대학 경제학 및 공공정책 교수이자 시드니대학 방문교수다. 이전에 프린스턴대학, 펜실베이니아대학 와튼스쿨, 스탠퍼드대학 경영대학원에서 교수직을 역임했으며, 호주 중앙은행에서도 근무한 바 있다.

노영우

매일경제신문 부국장으로 국제경제 전문기자로 활동하고 있다. '경제는 수많은 사람의 심리가 아우러진 복합체'란 생각 아래 경제에 관한 새로운 시각과 관점을 알리려고 노력 중이다. 1996년 기자 생활을 시작해 경제정책, 금융, 증권, 국제, 유통 분야를 취재했고 에디디로시 신문 제작에도 참여했다.

"AI로 2034년까지 노동생산성은 4.7%, GDP는 8% 더 성장할 것이다. AI를 적극적으로 껴안아 성장률을 최대 40%까지 끌어올려야

한다."

2023년 5월 생성형 AI인 챗GPT의 등장은 AI에 대한 세계인의 인식을 크게 바꿔놓았다. 이전까지는 생산 공정, 기술 개발 등 전문적인 영역에서 주로 쓰였다면 챗GPT를 통해 비전문가들도 쉽게 AI를 사용하게 됐다. AI가 실생활로 다가오면서 실제로 AI가 노동 생산성을 얼만큼 높일 수 있는지에 대한 관심도 높아졌다.

세계지식포럼에서 열린 '일자리와 AI' 세션에 연사로 나선 저스틴 울퍼스 미국 미시간대학 경제학과 교수는 이 같은 두려움에 대해 AI가 인간을 대체하는 것이 아니라 노동의 효율성을 높여주는 방향으로 진화할 것이라고 분석했다.

울퍼스 교수는 호주 출신으로 시드니대학에서 경제학 학사 학위, 하버드대학에서 경제학 박사 학위를 취득했다. 미국 브루킹스연구소 등 여러 싱크탱크에서 연구를 진행했으며 IMF는 그를 '세계 경제에 대한 우리의 생각을 형성하는 45세 미만 경제학자 25인' 중 한 명으로 선정했다. 특히 노동경제학, 거시경제학, 정치경제학 전공자로서 AI가 각 분야 경제에 어떻게 작용할 것인가를 분석해 주목받았다.

울퍼스 교수는 세계지식포럼을 통해 AI를 활용한 노동 생산성 증대를 구체적인 수치로 분석해 주목받았다. 그는 AI가 전체 노동의 25% 정도를 대체할 수 있고, AI 프로그램의 가격이 하락하며, AI를 통한 물리적 자동화가 36% 정도의 노동을 대체할 수 있다고 봤다. 이를 통해 현재 수준의 노동력은 4.7%가 성장할 것이라고 전망했다. 노동 분야만 고려했을 때 노동력 절감으로 인한 향후 10년 내 GDP 추가 성장 여력은 8%로 평가했다.

　전 세계에서 AI 도입 속도가 가장 빠른 미국으로 범위를 좁히면, 향후 10년간 AI 도입으로 인한 GDP 추가 성장분은 12% 더 증가한다. 특히 미국 조사기관 프라이스워터하우스쿠퍼스(PwC)는 이 수치를 21%까지 높여 잡았다.

　다만 AI를 현실에 접목하는 데 걸리는 시간은 예상보다 길어질 것으로 전망했다. 울퍼스 교수는 "증기 엔진은 첫 개발에서 실제로 경제성장에 영향을 줄 때까지 60년이 걸렸고 PC는 15년이 걸렸다"고 밝혔다.

　울퍼스 교수의 분석에 따르면, 미국 사업체 가운데 AI를 업무에 적극적으로 도입하고 있는 곳은 전체의 3.9%에 불과하고, 향후 6개월 내 AI를 도입할 계획인 사업체도 2.6%에 그쳤다. 울퍼스 교수는 "노동 생산성이 증가하려면 기업체들을 중심으로 AI를 도입하려는 움직임을 가속화할 필요가 있다"고 분석했다.

　일각에서는 AI 성장으로 인간 일자리 상당수가 사라질 것으로 예측하지만, 울퍼스 교수는 사라지는 만큼의 다양한 일자리가 새로 생겨날 것으로 예상했다. 그는 "과거 증기기관이나 PC 도입은 상당수 일자리를 대체한 바 있다"면서도 "증기기관이나 PC는 실제 물리적 변화여서 일자리를 대체했으나 AI는 디지털 발명품인 만큼 일자리에 파괴적인 영향을 주지 않고 인간과 함께 갈 것"이라고 예상했다.

　대신 울퍼스 교수는 AI를 잘 활용하는 능력을 기를 필요는 있다고 봤다. 그는 "AI를 통해 어떻게 혜택을 받을 수 있는지를 봐야 한다"면서 "AI는 밤늦게 업무를 시켜도 사람처럼 짜증을 내지 않는다"고 했다. 단순 업무 등으로 느끼는 피로감을 덜 수 있는 만큼 인간은 AI가 대체할 수 없는 창의성 영역에서 역량을 발휘해야 한다는 지적이다.

점차 이런 창의성 영역을 강조한 직업이 부가가치가 높은 업무를 수행할 것이라는 조언도 덧붙였다. 그는 "AI뿐 아니라 모든 기술은 인간의 대체자가 될 수 있었다"면서 "AI로 대체될 수 없는 직업을 미리 찾아 준비하는 것이 도움이 될 것"이라고 말했다.

AI가 바꾸는
비즈니스 환경

디팍 라마나단 | SAS인스티튜트 부사장
치한 위 | 애피어 공동 설립자 겸 CEO
홍대순 | 광운대학교 교수

디팍 라마나단

SAS인스티튜트의 글로벌 기술 프랙티스 부문 부사장이다. 지난 10년 동안 아시아 태평양 지역에서 뛰어난 데이터 과학자들을 이끌며 고객을 위한 분석의 가치를 발굴해왔다.

치한 위

애피어(Appier) 공동 설립자이자 CEO다. AI 분야에서 20년 이상의 경력을 보유한 그는 하버드대학에서 박사 학위를, 스탠퍼드대학 AI연구실에서 석사 학위를 받았다. 특히 머신러닝 기술을 비즈니스 의사결정에 적용하고 다중 시스템을 개발하는 데 전문성이 있다.

홍대순

현재 광운대학교 교수로 재직하고 있다. 세계 최초의 글로벌 경영 컨설팅회사인 아서디리틀(Arthur D. Little, ADL) 대한민국 대표를 역임한 베테랑 경영자다. 이화여대 교수, 글로벌전략정책연구원 원장을 역임했다.

"AI는 잠을 잘 필요가 없고 24시간 일하는 동료가 매일 옆에 있다는 점이 놀랍습니다. AI가 생성한 소프트웨어가 만들어지고 있고, AI와 인간 동료가 함께 일하는 환경이 구현되고 있습니다."

애피어의 공동 설립자이자 CEO인 치한 위 박사는 제25회 세계지식포럼에서 열린 'AI가 바꾸는 비즈니스 환경' 세션의 연사로 나서 "인간과 AI가 함께 협력하고 일하고 있다"며 이와 같이 말했다.

디팍 라마나단 '세계 최대 분석 소프트웨어 기업' SAS인스티튜트(이하 SAS) 부사장은 "AI는 인간의 의사결정 체계를 지원하는 데 항상 윤리를 고민한다. 무엇보다 투명한 시스템이 중요하다"라고 강조했다.

라마나단 부사장은 SAS가 그리는 생성형 AI인 'Gen AI'의 청사진을 제시했다. 그는 다양한 산업의 기업들이 규제를 해결하고 성공할 수 있게끔 도와줄 것이라며 Gen AI가 비즈니스 생산성을 향상하고, 신뢰할 수 있는 결과를 도출해 더 빨리 혁신할 것이라고 주장했다.

SAS는 창립 40여 년 만에 AI 기술을 통해 기업의 각종 리스크를 사전에 차단하는 리스크 케어 서비스를 제공하는 방향으로 비즈니스 모델을 전환하고 있다.

예를 들어 금융 분야 기업들은 SAS의 AI 분석을 활용해 재무 문서를 분석하면 신용 위험이나 규제 준수에 영향을 주지 않고 신용 승인

● 디팍 라마나단 SAS인스티튜트 부사장(사진 가운데) 등 연사들이 제25회 세계지식포럼 'AI가 바꾸는 비즈니스 환경' 세션에서 대화를 나누고 있다.

시간을 크게 단축할 수 있다. 업계에 따르면 〈포춘〉이 선정한 글로벌 100대 기업 중 90%가 SAS 프로그램을 사용하고 있다.

치한 위 박사의 애피어는 마케팅에 특화된 서비스형 소프트웨어를 기업에 제공한다. 그는 "모든 기업은 마케팅·광고를 통해 소비자를 유치하고, 유지하는 것을 원한다"라며 AI를 통해 소비자와 관련된 기존 데이터를 모델링하고, 가치를 평가해 광고비 지출 여부를 결정할 수 있다고 설명했다.

또 치한 위 박사는 "AI를 통해 생산성을 개선할 수 있다"며 "한 웹사이트 디자인을 바꾼다고 가정했을 때 실제로는 일주일 정도의 시간이 걸리지만, AI에 맡기면 30초 정도의 짧은 시간 내에 바꿀 수 있다"고 주장했다. 그는 AI에 웹사이트 디자인을 맡겨 바꾸는 영상을 시각 자료로 활용하기도 했다.

　AI 시대로 들어서면서 앞으로는 AI가 직장인 업무를 대체하고 심지어 CEO 자리까지 차지할 수 있을 것이라는 전망이 제기되기도 한다. 라마나단 부사장과 치한 위 박사는 AI 시대에 필요한 리더십에 관해서도 설명했다.

　라마나단 부사장은 "리더십의 요체는 적절하고 올바른 결정을 하는 것이다. 잘못된 결정을 했더라도 인정하고 책임져야 한다"며 "AI 시대에도 리더십의 기술은 크게 바뀌지 않을 것으로 보인다. 또 AI 때문에 CEO 역할이 달라질 것이라고 보지 않는다"고 주장했다.

　이어 "CEO는 본인의 경영을 어떻게 전환할 것인가 생각해야 한다. AI에 기반을 두고 사업을 시작할 수 있는 환경이 됐다"며 "CEO들은 어떻게 AI를 활용해야 할지 고민해야 할 것"이라고 덧붙였다.

　치한 위 박사는 "사람이 무엇을 더 잘하는지, AI가 무엇을 더 잘하는지 분별하는 능력이 있는 리더가 필요하다"며 "'우리는 AI가 있으니까 사람은 필요 없어'라고 하는 리더는 회사에 엄청난 공황 사태를 불러올 것이다. AI가 사람의 '최고 동반자'라는 점을 인지해야 한다"고 역설했다.

　이어 "Gen AI에 마케팅 수법을 계속 학습시키고, 최고의 광고 문구를 만들도록 시도했는데 그 목표에는 아직 도달하지 못했다"며 "사람들이 머리를 쥐어짜고 고민해서 훌륭한 결과물을 내는 것은 아직 AI가 대체하기 어렵다"고 덧붙였다.

AI 시대가 요구하는
지식

린다 밀스 | 뉴욕대학 총장

이광형 | KAIST 총장

여현덕 | KAIST 지스쿨 원장

린다 밀스

뉴욕대학(NYU) 최초의 여성 총장이다. 사회복지, 공공정책, 법학 교수이자 뉴욕대학 폭력 및 회복 센터(NYU Center on Violence and Recovery) 설립자이기도 하다. 또 미국 사회복지 아카데미(American Academy of Social Work and Social Welfare) 펠로우이기도 하다.

이광형

1985년 KAIST 전산학과 교수로 임용된 후 한국 1세대 벤처 창업가들을 대거 배출해 스타 벤처의 아버지로 이름을 알렸다. KAIST 최초의 융합학과인 바이오및뇌공학과를 신설했으며, 대한민국 최초의 미래학 연구기관인 문술미래대학원을 설립했다. 2021년부터 KAIST 제17대 총장으로 재직 중이다.

여현덕

현재 카이스트 지스쿨(KAIST G-School) 원장이다. '인공지능 경영 과정(AIB)'을 설립
했고, 'AI스토리텔링 학습법'을 설계했다. AI 원리를 기술과 인문, 경영을 아우르는
융합적 관점에서 녹여 깊은 통찰력을 제공하고 있다.

"AI가 이해하지 못하는 인간의 '감정'과 그 의미에 집중해야 할 때
다. 향후 AI와 공존하는 시대에서는 신뢰, 성찰, 창의성 같은 인간 본연
의 특성을 유지하는 것이 무엇보다 중요해질 것이다."

린다 밀스 NYU 총장은 세계지식포럼에서 "인간이 AI를 활용해 보
다 인간다운 삶을 살 수 있도록 돕는 여정에 대해 고민해야 한다"며 이
같이 밝혔다. 이날 'AI 시대가 요구하는 지식'을 주제로 이광형 KAIST
총장과 대화의 장에 오른 그는 "AI는 (인간을 돕는) 구원자이자 (인간을
해칠 수 있는) 사신이 될 수 있지만, 더는 찬반 논쟁이 의미가 없어졌다"
면서 "이제는 인간이 AI를 활용해 또 다른 인간에게 무엇을 할 수 있
을지를 들여다봐야 한다"고 주문했다.

공공정책·사회복지·법률 전문가인 린다 밀스 총장은 영화감독과
변호사, 심리치료사 등 다방면에서 활동하고 있는 대표적인 리더다.
NYU 역사상 최초의 여성 총장이기도 한 그는 취임 후 그동안 학제 간
융합 교육을 강화하고, 해외 유수의 대학과 글로벌 네트워크를 적극
확대하는 등 AI 시대에 걸맞은 교육 과정과 연구 프로그램을 혁신하
는 데 주력해왔다.

NYU는 현재 밀스 총장의 리더십 아래 산업계와 국제 사회와의 협
력을 통해 보다 실용적이고 미래 지향적인 AI 인재를 양성하는 데 앞

장서고 있다는 평가를 받고 있다.

밀스 총장은 수년 전 한 다큐멘터리 프로그램에서 한 여성이 가상 현실(VR) 속 가상의 세계에서 어린 나이에 하늘로 떠난 딸과 마주했던 모습을 언급하며 "VR과 AI 기술이 빠르게 발전하면서 감정적인 영역의 중요성이 점점 더 커지고 있다"고 말했다.

그러면서 "다큐멘터리의 앞선 사례처럼 AI가 복잡한 감정에 대처하는 새로운 방법을 만들 수 있을 것"이라며 "30년 가까이 현장에 있으면서 혁신이 얼마나 광범위한 영역에서 도화선이 됐는지를 여러 번 목격했기에, AI 역시 인간 감정의 영역에서 경계해야 할 대상인지를 생각해봐야 한다"고 덧붙였다.

그는 그동안의 경험을 토대로 기술을 피하는 것보다 기술을 제대로 활용할 방법을 교육하는 것이 중요하다고 강조했다. AI와 인간의 공존을 위한 윤리적인 고민과 가치 중심의 접근이 필요하다는 진단이다. 기술 발전 자체를 탐구하면서도 인간 스스로 AI 시대에 어떤 사람이 되어야 할지에 대한 깊은 성찰 역시 중요하다는 설명이다.

밀스 총장은 "영화 〈그녀(Her)〉(2014)에서 주인공이 AI 비서를 사랑하는 모습은 앞으로 우리가 실제로 당면할 수 있는 한 사례가 될 것"이라면서 "세계지식포럼의 주제 '공존을 향한 여정'처럼 앞으로 10년, 50년, 100년 뒤 우리 사회가 어떤 모습이 되기를 바라는지에 따라 AI와 어떠한 방식으로 균형점을 맞춰갈 수 있는지, 인류의 가치를 계속해서 간직할 수 있도록 끊임없이 고민해야 한다"고 전했다.

이광형 KAIST 총장도 "인간은 모든 창조의 거장으로 (오랜 역사의 흐름 속에서) 아이디어와 헌신적인 마음을 갖고 수많은 발명의 업적을 쌓아왔다"면서 "반면 AI는 학습된 패턴하에서 해법을 찾아내는 기술이므로 창의력이 뛰어난 인간을 뛰어넘을 수는 없다. 인간의 두뇌는 살아 숨 쉬는 AI"라고 말했다.

그러면서 그는 "AI 시대에는 고용 시장에 큰 변화가 있을 것"이라며 "기획자가 되고, 감독자가 되며, 개발자가 되는 것만이 AI에 대체되지 않고 AI를 조정하는 사람이 될 수 있을 것"이라고 진단했다.

KAIST와 NYU가 최근 AI 분야 석사 공동학위제(Joint Degree)를 만들기로 손잡은 것 역시 같은 맥락이다. 그동안 AI와 이를 융합한 다양한 산업 분야에서 공동 연구 그룹을 운영해온 두 대학은 양교 교수진으로 구성한 AI 분야 대학원 과정 공동학위제 신설을 준비하고 있다.

이 총장은 "AI 시대의 승자가 될 수 있도록 필요한 역량을 양 대학이 함께 협력하기로 했다"고 말했다. 또 "디지털 문해력을 넘어 AI 문해력을 키우는 것이 필수적인 교육의 영역"이라며 "AI가 생성하는 콘텐츠의 의미와 그 결과물을 제대로 이해하고 해석할 수 있는 힘, AI 결과물의 가치 평가를 제대로 내릴 수 있는 능력을 갖춰야 (AI 시대를) 리딩할 수 있을 것"이라고 강조했다.

아울러 기술 영역에서 기계학습(ML) 등의 기본적인 개념과 원칙을 이해하고 AI를 현실 프로젝트에 잘 적용할 수 있는 역량을 키우는 것도 필요하다는 조언이다. 이 총장은 "AI가 생성한 결과물에 대한 가치 평가를 잘 할 수 있는 역량이 중요해질 것"이라며 "인간 능력을 AI 기술을 활용함으로써 더 높일 수 있는 힘을 길러야 한다"고 당부했다.

사이버 위협에 직면한
지구촌

제임스 올워스 | 클라우드플레어 혁신 책임자
마트 누르마 | NATO 사이버방위센터장
비크람 샤르마 | 퀀테센스랩스 CEO
김희연 | 법무법인 선 대표

제임스 올워스

클라우드플레어(Cloudflare)의 혁신 책임자다. 엑스포넌트(Exponent) 팟캐스트의 공동 진행자이자 〈뉴욕 타임스〉가 선정한 베스트셀러 《하버드 인생학 특강(How Will You Measure Your Life?)》의 공동 저자이기도 하다.

마트 누르마

NATO의 가장 큰 COE(Centre of Excellence)이자 다국적 사이버 방어 조직인 사이버 방위센터(CCDCOE)를 이끌고 있다. CCDCOE에 합류하기 전, 여러 조직에서 혁신과 디지털 변혁을 주도했다.

비크람 샤르마

양자 사이버 보안의 잠재력을 인식한 그는 퀀테센스랩스(QuintessenceLabs)를 설립하고 이끌고 있다. 퀀테센스랩스는 호주에 본사를 두고 있으며 글로벌 양자 사이버 보안 산업의 최전선에 있다.

김희연

법무법인 선의 대표 변호사다. 대한민국과 미국 캘리포니아주 양쪽의 변호사 자격을 보유하고 있다. 법무법인(유) 율촌 정보보호/사이버보안팀의 주축 멤버로서 정보보호 컴플라이언스와 사이버보안 체계 구축 자문 업무를 수행해오고 있다.

최근 전 세계에서 적대국 또는 기업을 대상으로 한 해킹 등 사이버 공격 건수가 늘어나면서 IT 보안의 중요성이 커지고 있다. 세계지식포럼 'AI 시대의 사이버 위협' 세션에서 사이버 보안 전문가들은 이와 같은 공격에 대응하려면 민주국가 간 협력을 강화하고 지속가능한 솔루션을 개발해 위협을 선제적으로 예방해야 한다고 입을 모았다.

마트 누르마 NATO 사이버방위센터장은 "사이버 공격은 계속해서 새로운 형태로 시도되고 빠른 대응이 중요하다는 점에서 전쟁과 마찬가지"라며 "가짜뉴스가 판치고 영상 증거물이 허위로 조작되는 등 혼란이 야기될 수 있어 다양한 공격에 대비해야 한다"고 강조했다.

최근 사이버 공격은 단순 금융 범죄를 넘어서 정치적·지정학적인 목적으로 행해지고 있다. 챗GPT 같은 생성형 AI 기술이 급속하게 발전하면서 사이버 공격도 고도화되고 있다. 일반인들도 악성 코드를 만들고 사이버 공격을 수행할 수 있게 된 셈이다.

단순 서비스 장애나 불편을 넘어서 사회 전체를 마비시키고 생명을 위협할 중대 사고로 이어질 수 있어 주의가 필요하다. 국가정보원에 따르면, 국가가 배후에 있는 국제 해킹 조직이 2023년에 국내 공공

● 마트 누르마 NATO 사이버방위센터장(사진 왼쪽 2번째) 등 연사들이 제25회 세계지식포럼 'AI 시대 사이버 위협' 세션에서 대화를 나누고 있다.

분야를 겨냥해 하루 평균 162만 건에 달하는 해킹을 시도했다. 이는 2022년 대비 36% 증가한 규모로, 해킹 피해 가운데 북한이 공격 주체인 경우가 80%로 가장 많았다.

특히 러시아-우크라이나 전쟁에서 육해공과 사이버전이 동등하게 중요한 역할을 하고 있다는 분석이 나왔다. 누르마 센터장은 "러시아-우크라이나 전쟁은 사이버 영역이 육해공과 견줄 만한 존재감을 드러낸 최초의 사례"라며 "많은 러시아 개발자가 자의든 타의든 우크라이나의 인프라와 미사일 시스템 등을 공격하는 일에 투입되고 있다"고 밝혔다.

이에 따라 국가와 기업에서 사이버 보안의 중요성은 더욱 커지고 있다. 사이버 보안에 대한 인식이 높아졌음에도 불구하고 사이버 보안 위협에 대응할 준비를 충분히 갖춘 '성숙(Mature)' 단계에 도달한 기업은 전 세계적으로 3%에 불과할 정도로 여전히 취약한 상황이다.

누르마 센터장은 "신기술이 계속 생겨나면서 적의 공격에 대한 사후 반응의 속도가 모든 것을 좌우할 것"이라며 "새로운 위협을 빠르게 감지하고 국제기구가 공조해서 유연하게 공동 대응책을 만들 수 있도록 준비해야 한다"고 주장했다. 사이버 보안을 강화하려면 공공과 민간뿐 아니라 국제 이해 당사자 간의 협력이 필수적이란 이야기다. 이어 그는 "민주국가들이 협력해 사이버 공격을 가하는 국가들에 대해 국제법에 따라 불법이라는 것을 매우 분명히 해야 한다"고 강조했다.

민간 기업에서 양자·클라우드 기술을 활용해 사이버 공격에 대응하려는 시도도 늘고 있다. 양자 강화 사이버 보안 기업인 퀸테센스랩스의 비크람 샤르마 CEO는 "2023년 양자 기술에 대한 투자는 전 세계에서 400억 달러에 달했고 한국에서도 20억 달러를 기록했다"며 "양자 역량을 잘 활용하는 국가는 경제적 이점뿐 아니라 군사적 이점까지 얻을 것"이라고 했다. 퀸테센스랩스는 기업 보안용 퀀텀 기반 난수 생성기, 광범위한 암호화 솔루션 등 고부가가치 기술을 개발하고 있다.

미국의 인터넷 보안업체 '클라우드플레어'의 제임스 올워스 혁신 책임자는 "사이버 보안은 자연재해 또는 플러그를 잘못 뽑는 실수로도 취약해질 수 있다"며 "사이버 보안을 넘어서 회복 탄력성을 강화하는 것이 필요하다"고 주장했다.

그는 "1960년대에 개발된 인터넷이 1980~1990년대부터 광범위하게 활용되며 이에 맞는 보안 패치들이 생겨났다"며 "최근에는 클라우드 서비스를 이용하면서 이에 맞는 새로운 보안이 필요한 상황"이라고 설명했다. 클라우드플레어는 AI 서비스의 콘텐츠 접근을 차단하는 기능 등 클라우드 기반 사이버 보안 솔루션을 선보이는 기업이다.

글로벌 금융기관에서도 이와 같은 사이버 보안의 필요성이 강조되고 있다. 아카마이 테크놀로지의 〈인터넷 현황 보고서(SOTI)〉에 따르면, 금융 업계는 전 세계에서 가장 빈번하게 레이어 3, 4 분산 서비스 거부(DDoS) 공격의 타깃이 되는 업계로 2년 연속 뽑혔다. 금융 서비스 업계는 전체 DDoS 공격의 34%를 차지해 게임 업계(18%)와 첨단 기술 업계(15%)를 크게 앞섰다.

금융 서비스 기관은 방대한 양의 민감한 데이터와 고가의 거래를 관리하므로 DDoS 공격자들에게 매력적인 표적이다. DDoS 공격이 증가한 이유는 러시아-우크라이나 전쟁 같은 지정학적 긴장 속에서 해커들의 활동이 급증한 데 따른 것으로 분석된다.

2

착한 AI 만들기

AI의 고백:
좋은 것, 못생긴 것, 예상치 못한 것

조경현 | 뉴욕대학 교수

플뢰르 펠르랭 | 코렐리아 캐피털 대표

서머 킴 | 스트랫마인즈 UX 파트너

조경현

KAIST 출신으로 현재 뉴욕대학 교수(컴퓨터과학과)로 재직 중이다. 2014년 AI 3대 거장(Godfathers of AI)으로 불리는 요슈아 벤지오(Yoshua Bengio) 몬트리올대학 교수와 함께 〈신경망 기계 번역(Neural Machine Translation)〉을 발표했다. 이 논문은 생성형 AI 발전의 기폭제가 됐다는 평가를 받는다. 2015년 뉴욕대학 교수로 임용된 지 4년 만에 종신 교수가 됐고, 2020년까지 페이스북에서 연구 과학자로 일했다.

플뢰르 펠르랭

서울 태생으로 프랑스에 입양된 뒤 에섹경영대학(ESSEC), 파리정치대학(Sciences Po), 프랑스 국립행정학교(ENA)를 졸업하고 프랑스감사원에서 경력을 시작했다. 프랑수아 올랑드(François Hollande) 정부에서 한국계로는 처음으로 2012년 중소기업·혁신·디지털경제 특임장관으로 입각, 아시아계 최초로 프랑스 장관에 임명되었다.

노련한 리서치 리더, 선구적인 제품 리더이자 벤처투자자다. 현재 미국 샌프란시스코에 기반한 응용 AI 전문 벤처캐피털인 스트랫마인즈(StratMinds)에서 UX 파트너로 일하고 있다. 또 초기 단계 AI 스타트업을 위한 액셀러레이팅 프로그램을 이끌고 있다.

"고백하건대 컴퓨터과학과 교수지만 코딩하는 방법을 모릅니다. 하지만 챗GPT 덕분에 기자 친구와 4시간 만에 어플리케이션을 하나 만들었습니다."

세계적인 AI 석학으로 꼽히는 조경현 뉴욕대학 교수는 세계지식포럼 'AI의 고백: 좋은 것, 못생긴 것, 예상치 못한 것' 세션에서 "AI 덕분에 모든 사람이 슈퍼 파워를 갖게 됐다"며 이와 같이 밝혔다. AI를 활용한다면 누구나 새로운 도전을 시도할 수 있다는 설명이다. 플뢰르 펠르랭 코렐리아캐피털 대표도 코로나19 기간에 스스로 노래방 어플리케이션을 만들어보며 즐거워했던 경험을 공유했다.

펠르랭 대표는 "AI가 단순히 생산성만 높이는 것이 아니라 그동안 인간이 찾지 못했던 해법을 내놓을 수 있다"며 AI가 기술이 발전하는 데 박차를 가할 것이라는 낙관적인 전망을 내놓았다. 예를 들어 그는 "AI를 통한 의료 분야의 획기적인 발전을 그릴 수 있다"며 "신약 개발도 가속화할 것이고 새로운 치료법을 발견할 때도 빠른 속도로 성공에 도달할 것"이라고 내다봤다.

그러나 AI 발전 이면에는 AI가 사람들의 일자리를 위협하는 어두운 면도 있다. 펠르랭 대표는 "AI가 발전할 때 사람들의 일자리를 어떻게

● 서머 킴 스트랫마인즈 UX 파트너(사진 왼쪽) 등 연사들이 제25회 세계지식포럼 'AI의 고백: 좋은 것, 못생긴 것, 예상치 못한 것' 세션에서 대화를 나누고 있다.

할 것인지 대안을 내놓는 것이 가장 큰 어려움"이라며 "언젠가 심혈관 전문의의 업무를 AI가 훨씬 더 신뢰할 방법으로 수행할 수도 있다"고 말했다.

AI로 인해 양극화가 심화할 것이라는 우려도 나왔다. 조 교수는 "저는 운 좋게 혜택을 입었지만, AI 발전에 합류할 기회가 없었던 사람들과 국가들이 소외되지 않을 방법을 고민하고 있다"며 "우리가 현재 개발하고 있는 AI 기술은 파괴적으로 세상을 바꿀 텐데, 모두가 여기에 참여할 수 있어야 한다"고 강조했다. 미국·캐나다·영국·프랑스·중국 등 AI 선진국에서는 기술 규범에 대한 논의가 활발하지만 그렇지 못한 국가들은 소외되고 있는 것이 실정이다.

다만 한국은 AI 발전에 유리한 위치에 있다는 분석이 나왔다. 펠르랭 대표는 "한국 사람들은 한국이 얼마나 운이 좋은지 모르는 경우가 많다"며 "생성형 AI의 중요성이 높아지면서 하드웨어 개발도 중요해졌는데 미국·대만·한국 등 제한적인 국가들만 하드웨어 개발을 잘할 수 있다"고 말했다. 그러면서 한국이 AI 개발 측면에서 고지를 달성하려면 정부의 적극적인 지원과 기업의 공격적인 인수합병이 필요하다고 조언했다.

하지만 수많은 AI 관련 기업 가운데 옥석을 가리는 일이 매우 어렵다. 실제 AI 스타트업에 투자하고 있는 펠르랭 대표는 "AI 개발은 자본 집약적"이라며 "하고 있는 일은 훌륭하지만 지금 당장 매출을 만들 수 없는 스타트업이 많다"고 말했다.

그는 "언제 매출이 얼마나 크게 나올지 보이지 않으면 투자 의사를 결정하기 어렵다"며 "계속 자본만 들어가고 결과는 나오지 않는 회사에 투자할 수도 있다. 투자자 입장에서 누가 미래 승자가 될지 선별하는 것이 도전"이라고 목소리를 높였다.

AI를 둘러싼 윤리 문제도 떠오르고 있다. 조 교수는 "AI 윤리 논의에 AI 발전으로 이익을 얻을 기업이나 개발자, 정치인들만 관심을 보이고 있다"며 "정작 AI 발전으로 피해를 입을 사람들은 논의에 빠져 있다"고 비판했다. 그는 "AI 발전으로 피해를 입을 사람들 목소리가 반영되지 않는 것이 중요한 문제"라며 "우리 사회에 어떤 영역이 AI로 피해를 입을지 찾아내고 사전에 대비해야 한다"고 목소리를 높였다.

펠르랭 대표는 "윤리적 우선순위와 사업적 우선순위가 배치될 수 있다"며 편견에 오염된 AI의 위험성에 대해 지적했다. 자율 자동차를 개발할 때 백인에 대해서만 머신러닝으로 학습을 시킨다면 흑인이 지나가더라도 사람으로 인식하지 못할 수 있다는 사례가 대표적이다. 오염된 알고리즘이 특정 지역에 거주하는 사람들에게는 대출을 불리하게 만들 수도 있다.

미래 세대를 위한
AI 감독 체계

이토 코헤이 | 게이오대학 총장

라일라 이브라힘 | 구글 딥마인드 COO

저스틴 구티에 | 밀라−퀘벡 AI연구소 고문 겸 AI 거버넌스 총괄자

이토 코헤이

1995년 게이오대학에 교원으로 입사해 2007년에 정교수가 되었다. 2017년부터 2019년까지 학부와 과학기술대학원 학장을 역임했으며, 현재 일본 정부의 양자 기술 혁신 전문가 패널의 위원장을 맡고 있다. 주요 연구 분야는 양자컴퓨팅, 양자 센싱, 양자물리학이며 저널 논문을 369편 이상 발표했다. 또 일본 과학기술혁신위원회(CSTI) 집행위원이자 일본 과학위원회 자문위원이기도 하다.

라일라 이브라힘

구글 딥마인드(Google DeepMind) 최고운영책임자(COO)다. 구글 딥마인드의 운영·전략 수립을 총괄하며, 거버넌스와 책임, 다양성·형평성·포용성(DE&I), 대외 협력 등 다양한 분야의 업무를 감독한다. 2018년 구글 딥마인드에 합류한 후 과학·정부·교육 분야 파트너들과 긴밀히 협력해왔다. 아울러 사회적 영향력, 기술 형평성(Technology equity)에 관한 강연과 글쓰기를 지속하고 있다.

―――――――――――
저스틴 구티에

세계적인 AI 선구자인 요슈아 벤지오가 설립한 선도적인 인공지능 연구기관인 밀라
(Mila)의 법률 고문 겸 AI 거버넌스 총괄자다. 첨단 머신러닝 기술의 복잡한 법적·윤
리적 영향에 대한 전문가이고, AI 혁신의 경계를 넓히는 데 내재된 법적·규제적·윤
리적 고려 사항에 대한 전략적 자문을 제공한다.

"AI 시대에 교육은 '지식의 엘리베이터'를 타고 정상 지점에 바로 올
라간 뒤, 역으로 AI가 만든 결과물이 어떤 과정을 거쳤고 어떤 의미
가 있으며 어떤 가치가 있는지 무수히 논의하고 토론하는 식이 될 것
이다."

이토 코헤이 게이오대학 총장은 세계지식포럼에서 "전통적인 교육
에서는 기초 지식을 하나씩 쌓아가는 과정이 필요하지만, AI와 함께
하는 앞으로의 세상에서는 학생들이 AI를 통해 즉시 원하는 지식의
층으로 이동할 수 있다"며 이와 같이 밝혔다.

마치 엘리베이터를 타고 정상에 도착한 후 그 과정을 역으로 되짚어
배우는 것과 같다는 얘기다. 이 과정을 통해 전통 교육 방식에서 느끼
지 못했던 재미와 흥미, 호기심을 극대화하고 동기 부여까지 할 수 있
다고 이토 총장은 강조했다.

이날 '미래 세대를 위한 AI 감독 체계'라는 주제로 라일라 이브라힘
구글 딥마인드 COO와 대화의 장에 오른 이토 총장은 대학 현장에서
마주하는 변화의 흐름을 언급하며 무궁무진한 가능성과 잠재력이 있
는 AI를 제대로 활용하는 것이 그 무엇보다 중요하다고 강조했다.

그는 "2023년 오픈AI의 샘 알트먼(Sam Altman) CEO가 게이오대학

● 이토 코헤이 게이오대학 총장(사진 가운데) 등 연사들이 제25회 세계지식포럼 '미래 세대를 위한 AI 감독 체계' 세션에서 대화를 나누고 있다.

을 방문했다"면서 "당시 알트먼이 학생들에게 했던 얘기도 AI를 기회 삼은 지식의 엘리베이터였다"고 말했다. 그러면서 그는 "AI는 인터넷 혁명, 모바일 혁명과도 아주 다른 차원의 파급력이 있으므로 우리가 생각하는 사고방식을 뒤엎을 것"이라며 "앞으로 이 시대를 살아갈 젊은이들은 특히 AI에 대한 적응력을 키워 나가고 이 기술을 통해 우리 인류가 더 나아질 방법을 고민해야 한다"고 덧붙였다.

그의 말에 따르면, 이미 게이오대학에서는 달라진 분위기로 학과 제한 없이 AI를 활용한 토론 문화가 활성화되고 있다. 이토 총장은 "생성형 AI가 화두가 되기 이전에는 주로 (AI를 구현하기 위한) 코딩 언어 자체를 배우는 데 집중했다면, 이제는 AI에 명령만 하면 프로그램을 자동으로 만드니 프로그래밍 교육도 큰 변화를 맞이했다"고 전했다.

이어 그는 "(지금의 학교 현장에서는) AI가 제공하는 프로그램을 파악하고 그 결과물에 대해 정답인지, 오류는 없는지 등을 찾아내는 과정을 통해 배우고, 강의 때 토의를 빈번하게 하고 있다"면서 "이러한 모습은 학생뿐 아니라 교수 등 연구하는 전문가들도 동일하게 하고 있는 것이 게이오대학 분위기"라고 덧붙였다.

한편 이 세션에 또 다른 연사로 나선 라일라 이브라힘 구글 딥마인드 COO는 '지속가능한 AI'를 위해서는 윤리적 관점에서 기술을 개발하고 현장에 적용하는 것이 최우선적인 조건이라고 강조했다.

딥마인드는 AI 연구부터 응용까지 인간의 삶을 개선하고 다양한 분야에서 혁신을 이루겠다는 목표 아래 2010년 설립됐다. 2016년 당시 이세돌 9단과 세기의 바둑 대결을 벌인 알파고(AlphaGo)라는 AI 프로그램을 내놓으면서 전 세계적으로 주목을 받았다. 2014년 구글에 인수됐다.

현재 전 세계 AI 윤리 이니셔티브인 '에이아이 포 굿(AI for Good)'에서 구글을 대표해 참여하고 있는 라일라 이브라힘 COO는 "기술 개발에 그치지 않고 이 기술이 사회에 미치는 영향력도 함께 논하고 있다"면서 "특히 AI가 급팽창하는 이 시기에 많은 기업과 기관, 학계가 모두 협력하고 공조해 AI가 인류에 긍정적인 효과를 도모할 수 있도록 길을 만드는 것이 중요하다"고 강조했다.

그러면서 그는 "딥마인드는 (AI로 단백질 구조를 예측하는 프로그램인) 알파폴드(AlphaFold)를 과학계에 공개했다"면서 "이를 통해 과학 현장에서는 알파폴드에 축적된 단백질 2억 개 이상으로 다양한 연구를 진행, 그 과정에서 새 관점을 발견하고 문제를 해결할 길을 발견하는 등 AI 기술의 긍정적인 효과가 나타나고 있다"고 말했다.

인간의 다양한 질병을 연구하고 치료제를 개발하는 과정, 병충해에 내성이 강한 작물을 연구하고 해결 방안을 모색하는 지점 곳곳에서 다양한 단백질 정보가 필요한데, 시간과 비용을 크게 단축할 수 있는 AI 기반의 단백질 연구 프로그램이 큰 역할을 하고 있다는 얘기다.

그는 "AI를 개발하고 활용하는 주체 스스로 윤리적인 관점을 잃지 않는 것이 중요할 것"이라며 "책임감 있게 AI를 개발하며, 서비스를 구현하고, AI를 제대로 쓸 수 있는 일련의 선순환 구조를 확립해야만 지속가능한 AI가 될 수 있을 것"이라고 말했다.

AI 윤리헌장,
왜 필요한가

마이크 오르길 | 우버 아시아태평양 공공정책 및 정부 관계 책임자

스튜어트 러셀 | UC버클리대학 교수

매튜 리아오 | 뉴욕대학 생명윤리 석좌교수

저스틴 구티에 | 밀라-퀘벡 AI연구소 고문 겸 AI 거버넌스 총괄자

박경렬 | KAIST 교수

마이크 오르길

정부, 정책 입안자 및 제3자와 협력해 모빌리티, 배달 등 우버(Uber)의 혁신을 위한 긍정적인 변화 사례와 우호적인 환경을 조성하는 일을 담당하고 있다. 우버에 합류하기 전에는 에어비앤비에서 동남아시아, 홍콩, 대만 총괄 매니저로 근무하며 에어비앤비의 경영과 운영을 이끌었고 아시아태평양 지역의 공공정책 담당 이사로 재직했다.

스튜어트 러셀

인공지능, 머신러닝, 로보틱스 분야의 권위자다. 현재 UC버클리대학 컴퓨터과학 및 전기공학 교수다. 저서 《인공지능-현대적 접근방식》은 135개국, 1,500개가 넘는 대학에서 컴퓨터공학 교재로 쓰여 'AI 교과서'로 불린다.

매튜 리아오

아서 지트린 생명윤리 석좌교수, 생명윤리센터 소장, 글로벌 공중보건학 교수, 뉴욕

대학 철학과 부교수다. AI 윤리의 최전선에서 일하고 있으며, 최근에는 AI와 도덕성에 관한 저명한 철학자·AI 연구자들이 참여한 《인공지능의 윤리》(옥스퍼드대학출판부)를 출간했다.

———

박경렬

KAIST 과학기술정책대학원 교수로 재직하고 있으며 경영공학부 겸임교수와 KAIST 인공지능연구원 사회정책위원회 위원장을 역임했다. 주 연구 분야는 과학기술과 지속가능 발전, 글로벌 기술 거버넌스다.

"우리가 AI 시스템을 올바른 방식으로 설계한다면 AI도 제외되는 게 있다는 것을 알고 '나를 존재하게 해줘서 고맙지만 우리는 함께 살 수 없다'고 할 것입니다. AI와 '긴급 상황에서 뛰어난 지능이 필요할 때 불러도 되지만 그렇지 않을 때는 아니다'라고 할 때가 되면 우리가 원하는 것을 만들어냈고, 성공했다고 말하고 싶습니다."

AI 기술이 발달하면서 다양한 산업 분야에서의 업무 능률 향상과 생활에서의 편리함을 느낄 수 있는 'AI 시대'에 살고 있다. 다만 AI를 거의 모든 분야에서 활용할 수 있는 만큼 인류를 위협할 것이라는 지적이 제기된다. 심지어 AI가 잘못된 윤리를 구현한다면 인류의 절반이 사라지는 사태가 발생할 수 있다는 경고가 나왔다.

제25회 세계지식포럼 'AI 윤리헌장' 세션에서 기조연설에 나선 스튜어트 러셀 UC버클리대학 교수는 "어떤 가치 체계, 누구의 가치 체계를 어떻게 AI에 학습시키겠나"라며 "AI는 수백만 또는 수십억 명에게 영향을 미칠 결정을 내릴 것이므로 우리는 이 질문에 대한 답을 찾아야 한다"고 강조했다.

러셀 교수는 "AI 시스템에는 전 세계 80억 인구의 80억 개 선호도가 들어가야 한다"며 "80억 명 중 상당수에 영향을 미치는 결정을 내리면 어떻게 집계할 수 있나. 선호도 간의 충돌이 발생하면 어떻게 처리할 수 있나. 모두가 우주의 지배자가 되기를 원한다면 모두를 행복하게 할 수 없다"고 윤리적 질문을 던졌다.

그는 "AI를 만드는 이들의 목표는 모든 범주에서 인간의 지능을 초월하는 기계를 만드는 것"이라며 "인간보다 더 강력한 무언가를 만든다면 대체 우리가 어떻게 그 시스템을 통제할 수 있나. 그건 불가능하다"고 말했다. 이어 "AI의 작동 원리를 전혀 이해하지 못하면서도 더 강하고, 강력하게 AI에 많은 힘을 주고 있다"며 "우주에서 AI를 지구에 보내는 것과 마찬가지다. 외계인이 보낸 AI를 우리가 통제할 가능성은 0%에 가까운데 우리가 나아가는 방향이 그렇다"고 비판했다.

러셀 교수는 AI의 긍정적인 측면으로는 "수억 명에게 훌륭하고 멋진 라이프 스타일을 만들어줄 수 있다는 것"이라며 "전 세계인이 서구의 한 중산층의 라이프 스타일을 누리게 된다면 전 세계 GDP는 약 10배 증가할 것이고 가치는 약 15조 달러에 달할 것"이라고 했다. 이어 "15조 달러의 가치를 노리는 기업들의 '인간보다 뛰어난 AI 개발' 과정을 중단시키기는 정말 어렵다"며 "AI를 통제할 방법을 찾아야 한다"고 덧붙였다.

러셀 교수는 "여러 철학자는 기본적으로 모든 사람의 선호도를 똑같이 중요하게 취급하고, 선호도의 충족이 최대가 되는 방향으로 결정을 내리는 '공리주의' 접근 방식을 제안했다"며 "일부 사람들은 공리주의가 반평등주의라고 생각하므로 나쁜 평가를 받았지만 이를 어떻게 공식화할지 더 많은 작업이 필요하다"고 주장했다.

러셀 교수는 "어떤 가치 체계, 누구의 가치 체계를 어떻게 AI에 학습시키겠나"라며 "이 질문에 대한 답을 찾지 않으면 AI가 잘못된 윤리적 해답을 구현할 것이다. 영화 〈어벤져스〉의 '타노스'가 나타날 수 있다"고 경고했다. 타노스는 균형 잡힌 우주를 목표로 우주 생명체의 절반을 사라지게 했다.

러셀 교수는 "우주의 절반을 없앤 타노스는 사라지지 않은 나머지 절반이 2배 이상 행복해질 것이므로 좋은 일이라고 생각했다"며 "물론 살아 있는 절반에게 좋은 일이라고 생각하냐고 묻지는 않았다"고 덧붙였다.

러셀 교수는 "인간이 선호하는 것 중 하나가 자율성이므로 인간보다 똑똑한 AI가 우리를 멸종시키지 않더라도 인간 활동의 대부분을 담당하게 되면 싫어할 것"이라며 "인간과 우월한 기계 사이에서 만족스러운 공존 형태는 존재하지 않을 수 있다"고 언급했다.

해당 세션의 토론 패널로 참석한 마이크 오르길 우버 아시아태평양 공공정책 정부 관계 책임자는 "항상 '규제 속도'는 기술 채택보다 뒤늦게 따라온다고 느끼는"데 "기술을 채택함으로써 기술 거버넌스까지 생각해야 한다. 규제 당국과 협업하는 과정이 없다면 기술 자체에 부적절한 기능이 만들어질 수 있다"고 일침을 가했다.

또 AI 윤리의 권위자이자 최전선에서 일하고 있는 매튜 리아오 뉴욕대학 부교수는 "AI 윤리 분야에서는 '딥페이크(Deepfake)', 저작권과 같은 단기적인 문제가 있고, 러셀 교수가 이야기한 '로봇이 우리보다 더 똑똑해지면 어떻게 되는가'는 장기적인 문제"라며 "정말 진지하고 중요한 질문"이라고 언급했다.

리아오 부교수는 "인공지능이 우리보다 더 똑똑해질 수 있을까? 우리보다 더 똑똑해지면 어떻게 될까? 우리가 할 수 있는 일이 없을까?"라며 "철학자 관점에서 AI를 진심으로 이해할 수 있다면 AI는 우리보다 더 지능적일 수 없다. 우리는 인간의 지능에 대해서도 아직 이해하지 못하고 있다"고 주장했다.

이어 "인권을 존중할 수 있는 AI가 있다고 상상해보자. 인권을 존중하는 것과 존중하지 않는 것은 그들의 선호도를 존중하는 것이 아니라 자율성을 존중하는 것"이라며 "그렇다고 해서 모든 선호도, 심지어 나쁜 선호도까지 존중해야 한다는 의미는 아니다"고 덧붙였다.

선도적인 AI 연구기관 밀라(Mila)의 법률 고문 겸 AI 거버넌스 총괄자인 저스틴 구티에 변호사는 "AI 거버넌스 측면에서 다학제적인 도전 과제"라며 "정부와 민간, 학계, 시민 사회 등 모두가 관련된 논의와 결정에 참여하는 것이 중요하지만, 여러 이유와 결정 방식에 따라 정말 어려운 과제"라고 설명했다.

이어 "조직 내에는 어떤 규제에 적용할지 연구하는 법무팀이 있고, 정책과 프로세스를 만드는 거버넌스 담당이 있고, 기술팀이 있다"며 "다양한 분야에서 다양한 사람이 관여하는 것은 바람직하지만 문제는 이들이 서로 제대로 대화하지 않고 소통하지 않는다"고 지적하기도 했다.

AI 시대 인재 유치의 함정,
그리고 국가경쟁력

아르투로 브리스 | IMD 교수

아르투로 브리스

국제경영개발대학원(IMD) 재무학 교수다. 연구 활동은 금융 규제의 국제적 측면, 특히 파산, 공매도, 내부자 거래와 합병법의 영향에 중점을 두고 있다. 2014년 1월부터 IMD 세계경쟁력센터를 이끌고 있으며, IMD에 합류하기 전에는 미국 예일대학 경영대의 Robert B. & Candice J. Haas 기업 재무 부교수였다.

"역사적으로 새로운 기술이 도입되면 기존의 노동자들은 미숙련·저임금 노동으로 내몰렸다. AI 기술도 기존 노동자들의 일자리를 대체할 것이다. 최소한의 불평등을 방지하기 위한 최저소득보장제 등을 고려해봐야 한다. AI 시대에 인재를 유치하려면 삶의 질을 보장해야 한다. 삶의 질을 보장하지 않는 국가라면 굳이 이주할 이유가 없어서다. 가까운 미래인 향후 1~2년 내에는 통계나 데이터를 관리할 능력을 갖춘 인재가 중요해질 것이다."

아르투로 브리스 스위스 IMD 재무학 교수는 세계지식포럼에서 이와 같이 말했다. IMD는 매년 전 세계 주요 국가의 경쟁력 순위를 매겨 국가경쟁력지수 보고서를 발표하고 있다. 2024년 한국은 국가경쟁력 평가에서 67개국 가운데 20위에 올라 역대 최고 순위를 기록했다. 또 IMD는 9월에 세계 주요국이 인재 풀을 육성·유치·유지하는 능력 등을 평가해 세계 인재 순위 보고서도 발표했다. 한국은 67개국 중 26위를 기록하며 2년 연속으로 순위가 상승했다.

브리스 교수는 AI 기술이 일자리에 어떤 영향을 미치는지 제시했다. WEF에 따르면, AI는 새로운 일자리 1억 3,300만 개를 만드는 동시에 7,500만 개를 대체한다. 글로벌 컨설팅업체 PwC 추산에 따르면, 2030년까지 AI가 세계 경제에 최대 15조 7,000억 달러를 기여할 것이라고 봤다. 이 중 6조 6,000억 달러는 생산성 향상에서, 9조 1,000억 달러는 소비 측면의 효과에서 발생하는 것으로 나타났다.

브리스 교수는 "AI가 얼마나 많은 일자리를 창출할지 정확하게 알 수 없다"면서도 "역사적으로 새 기술이 기존의 노동과 일자리를 대체할 것이라 볼 수는 있다"고 했다. 예를 들어 19세기 영국에서 출시된 '맥케이 스티처(The McKay Stitcher)'는 많은 제화공의 노동이 기술로 대체되는 결과를 낳았다.

멕케이 스티처는 일종의 '신발 재봉틀'로 제화공들의 신발 생산 속도를 혁신적으로 높였다. 신발의 갑피(윗부분)와 밑창을 기계로 재봉할 수 있어 2주가 걸리던 작업을 15분으로 줄였다. 이에 따라 신발 장인은 약 2.2년의 임금을 잃었고 장인의 일을 물려받은 자녀는 2.5년의 임금을 잃었다. 재봉틀은 미숙련·저임금 노동자를 양산했고 경제적 이익은 소수의 신발 공장 소유주에게 돌아갔다.

브리스 교수는 "새로운 기술의 도입은 노동력의 상당 부분을 생산성이 낮은 저임금 노동으로 내몰았다"며 "신규로 고용되는 노동자들은 그 이전의 신발 장인들보다 더 적은 임금을 받고 일하게 됐다"고 말했다.

브리스 교수는 AI 기술 도입으로 인한 변화를 애쓰모글루(Acemoglu) 교수와 파스쿠알(Pascual) 교수의 '기술 수용의 3단계(Technology Adoption)'로 설명했다.

1단계는 '대체(Displacement)' 단계다. 새로운 기술이 출현하면서 자동화 등이 일어나 기존 노동자들이 대체된다. 2단계는 '복직(Reinstatement)' 단계다. AI 기술은 사회 전체의 생산성을 높이지만 일자리를 잃고 재고용된 노동자들은 신발 공장의 제화공들처럼 더 적은 임금을 받게 된다. 3단계는 '디지털 사회(Digital Society)'다. 사회 전체의 생산성은 더 높아지고, 노동자의 임금은 더 낮아진다. 노동자들의 노동이 제대로 가치를 측정 받지 못하는 일도 늘어나게 된다.

브리스 교수는 이러한 변화 속에서 정부 역할을 강조했다. 그는 "최저소득제도 등 새로운 기술로 인한 부의 불평등을 해소할 제도를 정부가 검토해야 한다"며 "덴마크처럼 실직한 노동자를 재교육해 다시 취업 시장에 투입하는 것도 국가의 몫"이라고 말했다.

브리스 교수는 AI 시대에 인재를 유치하는 요건으로 '삶의 질'을 꼽았다. 그는 "AI 시대는 무엇보다 인재를 유치하고 유지하는 국가의 능력이 중요하다"며 "전 세계 기업 임원들의 이동을 살펴본 결과, 임원들은 삶의 질이 좋은 나라로 이동하는 경향이 있었다"고 말했다.

인재 유치를 잘하는 나라로 스위스를 꼽았다. 스위스는 특히 외국인 고급 인력을 유치하는 데 적극적인 것으로 알려졌다. 스위스는 2024년 세계 인재 순위 보고서에서 만점을 받아 11년 연속으로 1위를 기록하기도 했다.

그는 "기업이 해외에서 새 상품을 출시하는 등 영업 활동을 할 때도 세금을 적게 매기는 친기업적인 정책을 펴는 정부가 유리하다"며 "기업이 일자리를 창출하고 경쟁력을 갖출 수 있도록 환경을 조성해야 하기 때문"이라고 말했다.

셀러브리티와
AI의 만남

이수만 | 전 SM 프로듀서

이수만

전 SM엔터테인먼트 프로듀서다. 1997년 엔터테인먼트 업계 최초로 아시아를 시작
으로 해외 시장에 진출, 전 세계 문화 산업의 해외 진출 역사상 가장 경이로운 성과
를 내고 있는 '한류' 문화를 만든 창시자다. 새로운 기술과 트렌드를 수용하며 산업
을 지속적으로 변화시켰다.

"AI 시대는 천재들이 독점하는 시대다. 독점 기업으로 인한 부의 불
평등을 해결하는 데 정부가 적극 나서야 한다."

SM엔터테인먼트 설립자이자 현 블루밍 그레이스 대표 이수만이
2024년 25회를 맞는 세계지식포럼에 '셀러브리티와 AI의 만남, 그리
고 미래'를 주제로 강연했다. 그는 AI 시대의 어두운 점을 경고했다. 그
는 자신을 친AI, 반규제주의자라고 표현하면서도 AI 기술에 대한 정

● 이수만 전 SM 프로듀서가 제25회 세계지식포럼 '셀러브리티와 AI의 만남' 세션에서 발표하고 있다.

부 규제를 오히려 주문했다.

이미 딥페이크 피해 사례들이 많다. 보이스 피싱을 넘어서서 아바타 피싱도 나오게 될 것이다. 피싱 문제뿐 아니라 저작권 문제도 심화하고 있다. 인간 사이의 불평등 심화가 더 큰 문제다. AI 기술을 개발하고 활용할 능력은 선진국, 더 나아가 몇몇 기업에 집중돼 있다.

이수만 전 SM 프로듀서는 "AI 시대에는 독점으로 인한 부의 불평등 문제가 생길 것이 명확하다. 그 결과는 갈등과 전쟁"이라며 "전쟁을 막으려면 어떻게 부의 편중을 해결할지, 잉여 자원을 어떻게 사회에 환원할지에 대한 정부 규제가 필요하다"고 말했다.

이 전 프로듀서는 이번 세션에서 자신을 본뜬 아바타를 공개했다. 그는 "이 아바타는 제가 못해본 오페라 가수와 댄서가 될 수 있다"며

"늘 음악 산업에 선진 기술을 접목해왔는데 AI가 가장 매력적인 기술이 될 것"이라고 말했다.

그는 AI 기술을 환영한다면서도 저작권 제도 정비의 시급함을 역설했다. 그는 "AI 세상은 창작자들에게 엄청난 기회의 세상이자 저작권과의 전쟁 시대를 예고한다"고 말했다.

이 전 프로듀서는 "케이팝이라는 장르를 만들어 아이돌 산업을 세계화하는 여정에서 지식재산권(IP)은 아주 중요한 자산이자 산업 육성의 동력이었다"며 "AI를 활용한 콘텐츠는 더 빨리, 많이 늘어날 것이다. 이때 원저작자 보호 문제가 심각하게 대두될 것"이라고 우려했다. 이 전 프로듀서가 지적한 문제점은 창작자의 IP 침해, 불법 복제·배포, 표절, 보호 없이 노출되는 창작물, 창작자의 경제적 손실로 인한 문화 산업 발전 저해 등이었다.

이 전 프로듀서는 "법은 늘 아주 느리게, 모든 것이 일어난 다음에도 정비가 안 되는 것들이 많아서 미리 빠르게 움직여야 한다"며 "명확한 IP 법규를 제정하고, 저작권 침해 방지 기술 개발과 세계 표준화를 해야 한다. 또 블록체인을 활용한 스마트 계약도 필요하다"고 강조했다.

또 그는 "AI 챗봇은 인간 저마다의 가장 친한 친구이자 연인으로 발전할 수 있지 않을까 생각한다"며 "특히 케이팝과 AI 접목은 전 세계 팬과의 소통에 큰 기여를 할 것으로 확신한다. 직접적이고 전면적인 만남이 될 것"이라고 말했다.

AI 챗봇은 10대에 만나 90살까지 결코 곁을 떠나지 않는 모든 비밀을 공존하는 완벽한 친구가 될 것이다. 그렇다면 AI는 정보를 주는 것에서 멈추지 않고 딥러닝 하는 아바타가 생기고 결국은 범용인공지능(AGI)이 될 것이다.

AGI 시대에서 의사결정을 하는 아바타가 생기면 미래는 축복일까, 재앙일까? 내 아바타는 나를 대신하는 어떤 존재가 될 것인가? AGI가 발전하면서 우리는 하고 싶은 모든 일을 세분화하고 각각의 아바타를 만들어 대신할 수도 있다.

3

AI 진보의 현주소

AI 디지털 추모
세상이 열린다

장세영 | 딥브레인AI 창업자 겸 대표
김만기 | 프리드라이프 대표
이정선 | 을지대학교 장례산업전공 교수

장세영

국내 대표 생성형 AI 기업인 '딥브레인AI(DeepBrainAI)'를 설립한 창업자로, 대화형 인공지능 기술을 기반으로 사람과 공감하고 소통하는 AI 휴먼 솔루션을 개발하고 있다. 서울대학교 전기공학부를 졸업했고, SK C&C 솔루션 개발팀에서 근무했으며, 이후 세 번의 스타트업 창업과 엑시트를 경험한 바 있다.

김만기

상조 1위 기업 프리드라이프의 최고경영자로 2023년 업계 최초로 선수금·자산총액 2조 원, 유지회원 200만 명을 달성하며 취임 3년 만에 회사의 2배 이상 성장을 이끌며 국내 상조 산업의 새로운 지표를 세웠다는 평가를 받고 있다.

이정선

을지대학교 장례산업전공 교수다. 장례경영학, 시신(훼손에 따른)복구기술학, 장례현장서비스 등의 과목을 강의하고 있다. 현재는 장례서비스, 재난사망자 관리, 자연장, 국립묘지 관련 주제로 연구하고 있으며, 장례 산업을 긍정적으로 변화시키고자 다방면에서 활동하고 있다.

"핵가족화와 도시화가 진행되면서 제사나 성묘 같은 제례 문화는 점차 간소화하는 추세다. 그러나 세대를 건너 사랑하는 사람을 기억하고 추모하는 등 기억의 영속성을 추구하려는 사람들의 마음은 변함이 없다."

김만기 프리드라이프 대표는 제25회 세계지식포럼에서 "AI 등 IT 발전으로 추모 방식이 크게 달라지고 있다"며 이와 같이 밝혔다. 그러면서 "동양 문화권을 중심으로 수천 년간 이어온 가족 단위의 전통적인 조상 추모의 분위기가 이제는 사회적 사건이나 자신이 평소 지지하던 인물을 기리는 사회적·문화적 추모 형태로 확대되고 있다"고 말했다.

저출산, 고령화, 1인 가구 증가 등 인구학적 변화가 장례 서비스 업계에 새로운 패러다임을 제시하고 있다. 디지털 기술과 결합한 추모 문화가 젊은 층이 중심이 돼 하나의 트렌드로 자리 잡아가는 추세다.

이와 관련해 국내 1위 상조 서비스 기업 프리드라이프는 2022년 11월 업계 최초로 국내 생성형 AI 전문 기업 딥브레인AI와 함께 AI 추모 서비스 '리메모리'를 선보인 바 있다. 그동안 이 서비스는 딥러닝 기술로 고인이 된 인물을 가상의 아바타로 재현, 실시간 대화까지 가능케 한다는 점에서 추모 문화에 새로운 장을 열었다는 업계 평가를 받기도 했다.

김 대표는 "2025년이면 우리나라 전체 인구의 20%가 65세 이상이 되는 초고령화 사회로 접어드는 것이 확실시되고 있고, 1~2인 중심의 핵가족화 역시 빠르게 진전하는 추세"라며 "이러한 사회 분위기에서 장례를 책임지는 가족 수도 점차 낮아지고 있어 그만큼 전문적인 장례 서비스의 필요성은 날이 갈수록 증가하는 것이 현실"이라고 말했다.

실제로 공정거래위원회에 따르면, 2015년부터 2024년까지 상조 서비스 가입자는 404만 명에서 892만 명으로 증가했다. 그사이 선수금 규모는 3조 5,200억 원에서 9조4,500억 원으로 확대됐다.

김 대표는 "상조 서비스의 필요성에 대한 공감대가 커지면서 최근 MZ세대 가입도 크게 늘어나는 추세"라며 "현재 프리드라이프 전체 고객의 20% 정도를 차지할 정도로 그 영향력이 커지고 있다"고 전했다.

이 같은 분위기는 장례 절차상 비대면을 강조하는 현장 수요로 이어지고 있다는 것이 김 대표 설명이다. 그는 "프리드라이프만 하더라도 앱을 통해 조화를 발송하고 조의금을 이체하거나 모바일 메신저를 통해 부고를 알리는 등의 다양한 디지털 장례 서비스를 운영 중"이라며 "이러한 비대면 서비스는 이용 과정의 물리적인 제약을 극복하고 서비스 이용자의 편의성을 크게 향상시켜주고 있다"고 설명했다.

특히 AI 추모 역시 하나의 장례 문화로 급부상하고 있다. 김 대표는 "존경하던 인물을 추모하거나 참사 희생자를 기리는 합동 분향소 운영 같은 공적인 애도의 자리가 일반화되면서 기존 3일간의 장례 의식 진행에만 한정되던 장례 서비스의 범위 역시 시간과 장소를 초월한 비대면 추모로 확장되고 있다"고 말했다.

2024년 6월 프리드라이프가 다시 한번 딥브레인AI와 손잡고 '리메모리 2'를 출시한 것도 이와 같은 시장 분위기가 한몫했다. 기존 서비스가 전용 스튜디오에서 생전 인터뷰와 촬영을 통해 데이터를 축적해야 하는 번거로움이 있었다면, 리메모리 2는 사진 1장과 10초 분량의 음성만으로도 고인의 얼굴과 목소리, 표정 등을 닮은 AI 아바타를 제작할 수 있는 등 뛰어난 편의성을 자랑한다는 것이 회사 설명이다.

이와 관련해 장세영 딥브레인AI 창업자 겸 대표는 "디지털 추모의 형태는 음성 챗봇을 통한 (가상의 아바타로 구현된 고인과의) 대화에서 메타버스와 같은 3차원 공간에서 보다 현실감 있는 체감형 추모로 발전했다"면서 "일례로 리메모리 2 서비스는 스마트폰으로 촬영한 단편 영상만 있어도 살아 있는 듯한 고인의 생생한 모습을 재현해 높은 몰입감을 제공한다"고 전했다. 특히 홀로그램 디바이스 등의 하드웨어적인 발전까지 더해지면 AI 추모 시장은 더욱 성장할 것이란 전망이다.

장 대표는 "지금은 비용 문제이지 기술적으로는 어느 정도 준비가 된 상태라고 볼 수 있다"면서 "앞으로는 보다 더 일상생활 전반에서 은행원을 대신하고 상담사를 전담하는 다양한 형태의 AI 아바타를 만나보기 쉬워질 것"이라고 말했다.

한편 AI를 통한 허위 합성물, 즉 '딥페이크'는 여전히 우리 사회가 해결해야 할 숙제로 거론된다. AI 기술이 발전하면서 특정 인물의 모습을 가상의 아바타로 구현하는 데 필요한 시간은 이제 수십 초면 완성이 될 정도다. 그만큼 의도치 않은 경로로 악용되는 소지도 있다.

이 지점에 대해 김 대표는 "AI로 누군가의 이미지나 목소리를 재현하는 것이 추억이 되고 소장 가치가 될 수 있는 반면 일각에서는 이를 인권에 대한 고려 없이 부적절한 수단으로 쓰이는 사례가 발생하고 있다"면서 "특히 죽음과 관련된 디지털 기술을 사용할 때는 반드시 관련된 문화와 종교적 신념을 존중하는 방식으로 제공할 필요가 있다"고 견해를 밝혔다.

그러면서 "지금의 AI는 전문가가 아니더라도 누구나 클릭 몇 번만으로 다양한 사진이나 영상물을 합성할 수 있으므로 윤리적 관점에서 정비된 제도가 뒷받침되어야 이 시장을 키우는 마중물이 될 것"이라고 덧붙였다.

AI가 바꾸는
농식품 산업

도브 페트만 | 테밸 에어로보틱스 CFO

이정훈 | 텔로팜 대표

강영준 | 디에스(DSE) 대표

신호식 | 트릿지 창립자 겸 CEO

최영덕 | 토기 창립자 겸 대표

임기병 | 경북대학교 교수

정혁훈 | 매일경제신문 농업전문기자/부국장

도브 페트만

재무 리더십 분야에서 15년 이상의 경력을 쌓은 CFO로, 전략적 비전, 자본 조달, 역동적인 글로벌 환경에서의 강력한 프로세스 및 제어 구현을 전문으로 한다.

이정훈

2004년부터 서울대학교 기계항공공학부 교수로 재직 중이다. 서울대-농촌진흥청 연구과제의 기술개발 결과를 바탕으로 2017년 텔로팜을 창업했다.

강영준

DSE는 '히포라이트'라는 브랜드로 국내 LED 조명 업계를 이끌고 있는 강소기업이다.

신호식

투자공사(KIC)를 포함한 투자은행(IB)에서 원자재 투자자로 근무했다. 트릿지 (Tridge)를 창업하며 트레이더로 근무할 당시 절실하게 경험했던 국가 간 정보 비대칭성에 따른 시장 불균형 문제 해소를 미션으로 삼았다. 데이터회사로 시작한 트릿지는 현재 전 세계 B2B 농식품 업계 관계자들이 많이 찾는 회사로 진화해가고 있다.

최영덕

AI 푸드테크 스타트업 ㈜토기 창업자로, 인공지능 전문가이기도 하다. 챗GPT로 알려진 오픈AI의 핵심 엔지니어들과 생성형 AI에 대한 공동 연구를 진행한 경력이 있다.

임기병

1990년부터 흥농종묘주식회사와 자회사인 한미프러그㈜에서 근무하며 우리나라 육묘 산업의 혁신을 가져온 공정육묘기술을 개발하고 보급했다. 오늘날 주문자 생산방식의 육묘 산업을 번성케 한 주역이라는 평가를 받는다.

정혁훈

매일경제신문 부국장이자 국내 메이저 언론 유일의 농업전문기자로 활동하고 있다. 서울대학교 국제경제학과를 졸업하고 건국대학교에서 〈농업인의 디지털격차와 해소방안에 관한 연구〉로 박사학위를 받았다.

미래 농업 경쟁력의 핵심은 다양한 디지털 기술을 어떻게 활용하는지가 핵심이라는 전문가들의 전망이 이번 세계지식포럼에서 제기됐다. 과거의 농업이 농부가 쌓은 경험과 기술에 의존했다면 앞으로는 AI와 데이터, 로봇, 식물공장 등에 대한 의존도가 갈수록 높아지는 만큼 기술 기반의 농업 시대에 미리 대비해야 한다는 것이다.

제25회 세계지식포럼에서 열린 경상북도 특별 세션에서는 국내 농업 산업의 좌표를 점검하고 경상북도 농업의 발전 방향을 구상하는 기회가 마련됐다. 경상북도는 현재 도정 목표를 '농업의 첨단화'로 정하고 농업을 기술 기반 산업으로 바꾸는 데 집중하고 있다.

이날 1세션에서는 '기술 기반 농업 어디까지 왔나'라는 주제로 관련 전문가들이 한자리에 모여 미래 농업의 모습을 전망했다. 도브 페트만 테벨 에어로보틱스 CFO는 "전 세계적으로 농민들의 평균 연령이 63세인 만큼 노동력 부족 문제는 앞으로 농산물 가격을 치솟게 하는 요인이 될 것"이라며 "앞으로는 드론과 로봇 기술을 활용해 노동력 문제를 해결해야 한다"고 말했다.

테벨 에어로보틱스는 이스라엘의 스타트업으로 사과 수확이 가능한 AI 드론을 개발해 주목받고 있다. 페트만 CFO는 이날 자사에서 개발한 사과를 수확하는 드론 영상도 공개해 눈길을 끌었다.

이정훈 텔로팜 대표는 '분산농업'의 대중화에 주목했다. 분산농업은 집 마당의 텃밭처럼 작은 공간을 활용하는 농업을 말한다. 이 대표는 "앞으로는 거대한 농업 방식에 구속되지 않을 것"이라며 "반도체 기술 등의 도움을 받으면 식물의 생육 상태를 실시간으로 파악할 수 있고 마을 모퉁이나 집 뒷마당에서도 식량을 생산하는 시대가 올 것"이라고 밝혔다. 텔로팜은 농업에 반도체를 접목하는 스마트팜 기업으로 유명하다.

강영준 디에스이(DSE) 대표도 "앞으로 시설 재배나 수직 농장이 발전하면 식물 조명도 중요해질 수밖에 없다"며 "우리가 과거 물을 사 먹을 것이라고 생각하지 못한 것처럼 앞으로는 식물의 광합성뿐 아니라 태양도 돈을 주고 사야 하는 날이 오지 않을까 싶다"고 주장했다.

과거에는 농업과 식품을 별개 산업으로 여겨왔지만, 최근 하나의 밸류체인으로 연결돼 있는 만큼 '아그로-푸드테크 산업'을 적극 육성해야 한다는 목소리도 나왔다.

2세션에서는 'AI가 바꾸는 경북 농식품 산업'을 주제로 '아그로-푸드테크 산업'의 중요성에 대한 논의도 이어졌다. 신호식 트릿지 창립자 겸 CEO는 "코코아 가격이 2024년 초에 급등했는데 내부에서는 여러 데이터를 통해 가격이 급등할 것이라는 점을 예측하고 있었다"며 "앞으로는 농업도 데이터를 통해 시장을 예측할 수 있느냐가 경쟁력이 될 것"이라고 말했다. 트릿지는 농산물의 글로벌 공급망 관리 시스템을 구축하는 등 빅데이터를 통해 농업의 변화를 주도하고 있는 기업이다.

최영덕 토기 대표도 "농식품 산업에 필요한 영업이나 출고, 배송 등에서 발생하는 문제를 AI 데이터로 해결할 수 있다"며 "계약 재배 농가에도 AI 데이터를 통해 작물 폐기율을 낮추게 할 수 있다"고 주장했다. 토기는 농식품 분야에서 AI 알고리즘 기술을 통해 식품 구매와 사업장의 브랜딩 마케팅 등을 도와주는 플랫폼을 개발한 업체다.

임기병 경북대학교 원예과학과 교수는 "그동안 새 종자는 인간이 개발했지만, 앞으로 AI가 신품종을 개발하는 날이 올 것"이라며 "현재 스마트팜의 가장 큰 난제가 수확인 만큼 100% 자동화된 스마트팜의 완성은 수확 기계의 개발 여부가 결정하게 될 것"이라고 내다봤다.

한편 이날 특별 세션에 참석한 양금희 경북도 경제부지사는 "농사만 지어도 부자 될 수 있도록 경상북도가 우리나라 농업 대전환의 선두 주자가 되겠다"고 말했다. 경북도에서 농업의 과학화와 규모화를 이뤄내 우리나라의 농산업 구조 개편의 모범 사례를 만들어 네덜란드 같은 농업 강국을 만들 수 있도록 하겠다는 것이다.

양 부지사는 "경북도는 현재 농업 대전환을 위해 스마트 농업 확산과 혁신 농업타운 조성, 농업스타트업 단지 조성 등 35개 과제를 추진하고 있다"며 "모두가 반신반의했던 대전환의 성과가 나타나기 시작했다"고 했다.

경상북도 문경시 영순면에 조성한 '혁신 농업타운'이 대표적이다. 이곳은 고령화 극복과 농가 소득을 증대하기 위해 농가 주주형 이모작 공동 영농제를 도입해 운영 중이다. 농민은 자신 소유의 땅을 영농조합법인에 맡기고 대규모 경작으로 이모작을 하고 그 수익을 농민들에게 배당하는 방식이다. 농민들은 이곳에서 벼만 재배했지만, 영농법인은 콩, 양파, 감자 등을 이모작하고 있다.

양 부지사는 "혁신 농업타운을 조성해 생산액은 7억 8,000만 원에서 23억 5,000만 원으로 3배 이상 늘었고 농가 소득도 2배 증대했다"고 말했다. 현재 경북도의 '농가 주주형 이모작 공동 영농제'는 농림축산식품부에서 우수 사례로 보고 공동영농 모델을 전국적으로 확산하기 위한 용역도 추진 중이다.

농업 대전환을 선언한 경북도의 여건은 우수하다. 경북도 농가는 약 16만 6,000가구로 전국 1위이고, 경지면적은 24만 6,000헥타르로 전국 2위를 차지하고 있다. 이런 상황에서 농업에 관심 있는 사람이 늘면서 경북도를 찾는 귀농 인구는 연 3,000명으로 18년째 전국 1위다.

양 부지사는 "대한민국 산업을 이끌었던 경북의 저력을 앞세워 앞으로 100년의 농업 변혁을 경북이 선도하겠다"며 "농업 대전환 시즌 2를 준비하기 위해 농업 외에 어업·임업에서도 농가 소득을 증대하기 위한 계획을 추진하겠다"고 밝혔다.

AI 번역 혁명:
바벨탑의 붕괴

야렉 쿠틸로브스키 | 딥엘 창업자 겸 CEO
마이클 전 | 솔라스타벤처스 매니징 파트너

야렉 쿠틸로브스키

'언어 장벽 없는 세상'을 목표로 2017년 세계 최고 인공지능 번역기 성능을 자랑하
는 글로벌 AI 커뮤니케이션 기업 '딥엘(DeepL)'을 창업했다. 최근 자체 거대언어모델
(LLM)을 기반으로 글을 문법과 문맥에 맞게 실시간 교정하는 서비스인 '딥엘 라이
트(Write) 프로' 등을 출시해 성공적인 호평을 거두고 있다.

마이클 전

2019년 아주IB투자에 합류해 미국 자회사인 솔라스타벤처스(Solasta Ventures) 실리
콘밸리 지점장을 맡고 있다. 샌프란시스코 소재 AI 스타트업 업체인 마인드멜드
(MindMeld) COO로 근무하기도 했다.

"기술 자체를 놓고 이 기술이 인간에게 도움이 되는지, 아닌지를 논
하는 것은 의미가 없다. 우리가 주목해야 할 지점은 기술을 활용한 솔

● 야렉 쿠틸로브스키 딥엘 창업자 겸 CEO(사진 오른쪽)가 제25회 세계지식포럼에서 마이클 전 솔라스타벤처스 매니징 파트너(사진 왼쪽)와 대화를 나누고 있다.

루션과 서비스다. 어디에 적용하느냐에 따라 인간에게 득이 될 수도, 해가 될 수도 있기 때문이다."

야렉 쿠틸로브스키 딥엘 창업자 겸 CEO는 제25회 세계지식포럼에서 "기술은 그저 기술일 뿐 실제 우리 삶에 어떻게 활용하는지가 중요하다"며 이와 같이 밝혔다. 그러면서 그는 "딥엘은 세계 곳곳에 솟아난 언어 장벽을 무너뜨리는 첨병처럼, 언어 차이로 소통에 문제가 있는 이들의 실질적인 대화에 도움을 주는 매개체"라고 강조했다.

업계를 막론하고 AI를 둘러싼 해법 논의가 한창인 이 시기 쿠틸로브스키 딥엘 창업자는 '기술 기업이 문제를 해결하려는 기업'이 되는 것이 중요하다고 주문했다.

실제로 그가 AI 기반의 자동 번역 솔루션인 '딥엘'을 2017년 세상에 처음 내놓은 것도 인간의 불편함에서 시작됐다. 딥엘은 구글보다 매끄럽고 정교한 번역 결과로 입소문을 타면서 현재 전 세계 수억 명이 사용하고 있다. 지원 언어는 총 33개이며, 한국어 번역 서비스는 2023년부터 적용하고 있다.

쿠빌로브스키 창업자는 "폴란드에서 태어나 독일에서 유년 시절을 보냈고, 미국에서 지내는 등 여러 국가를 다니면서 수없이 많은 언어의 장벽을 느끼게 된 것이 딥엘을 만든 계기"라며 "창업 당시 AI가 지금처럼 얼마나 많은 사람에게 영향을 미칠 수 있을지에 대한 확신은 없었지만, 이 기술을 활용하면 보다 고품질의 번역이 가능할 것이라는 연구 개발 과정에서의 판단이 있었다"고 말했다.

마치 사람의 뇌를 본떠놓은 듯한 '뉴럴 네트워크(인공 신경망)'에 방대한 양의 데이터를 학습시켜 그 결과물로 높은 정확도와 문맥에 맞는 자연스러운 번역이 가능해졌다고 그는 설명했다.

그는 "당시 굉장히 정교한 인공 신경망 구조 관련 기술이 빠르게 발전하는 것을 지켜보며 언어 문제를 풀 실마리로 봤다"면서 "AI라는 기술 자체를 발전시키는 데 주목하기보다는 빠르게 고도화하는 AI를 번역이라는 영역에 대입한 것이 주효했다"고 덧붙였다. 그 결과 딥엘은 창업 6년 만인 2023년 유니콘(기업가치 10억 달러 돌파) 반열에 올랐다.

그는 "전 세계 공용어로 영어가 쓰이고 있지만 의외로 많은 기업 단위에서 겪고 있는 최대 문제 가운데 하나로 언어가 꼽히고 있다"면서 "딥엘은 그러한 언어 소통의 문제를 기술로 해결하고자 노력하는 기업으로, 얼마나 실용적인 솔루션을 만드느냐가 우리의 핵심 DNA"라고 설명했다.

딥엘이 2024년 6월 기업·기관 전용 AI 번역 솔루션 '딥엘 포 엔터프라이즈'를 내놓은 것도 시장의 높은 수요에서 비롯됐다. 쿠틸로브스키 창업자는 "이제는 한 국가, 한 지역에만 머무르는 기업은 거의 없을 것"이라며 "미국에서 세일즈를 하며 한국에서 연구개발을 하는 등 구성원이 다국적화 기업에 일반화되는 추세이므로 그만큼 현업에서 서로 다른 언어를 극복해야 하는 것은 매우 중요한 일"이라고 강조했다.

그러면서 "새로운 시장에 진출할 때 현지 직원을 고용하거나 본인이 직접 현지 언어를 배우지 않는다면 사업을 진척하기 힘들 것"이라며 "반대로 그렇게 하더라도 수반되는 비용이 많다는 점에서 AI 번역은 더 많은 기업과 개인에게 많은 능력을 더해주고, 자신감을 가지고 세계로 뻗어갈 원동력을 주는 기회"라고 설명했다. 이어 "기술을 개발하는 사람으로서 우리 기술이 사람들의 실생활을 유용하게 할 수 있도록 돕는다는 것에 큰 기쁨을 느낀다"고 덧붙였다.

한편 쿠틸로브스키 창업자는 오픈AI의 챗GPT처럼 범용화된 AI 모델과 견줘 딥엘의 경쟁력으로 '언어에 특화된 전문 AI'라는 점을 꼽았다. 그는 "GPT는 다양한 일을 해내는 AI 모델이지만, 특정 영역에 맞춰 훈련된 AI와 비교해서는 과연 이보다 더 우수한 품질의 결과물을 내놓느냐는 또 다른 문제"라며 "이유는 번역에 특화된 모델은 언어 그 자체에 집중적으로 훈련을 해 범용 모델이 따라올 수 없는 구조"라고 전했다.

법률 문서라면 용어 사용의 일관성과 법률의 언어적 표현을 정확하게 번역해야 하는데, 이것은 특화 모델이 아니라면 오류의 늪에 빠질 가능성이 있다는 것이 그의 설명이다. 특히 그는 딥엘이 인간 통역사를 대체할 수 있다는 목소리에 대해서는 잘못된 견해라고 일축했다.

그는 "AI는 우리가 일하는 방식을 바꿔놓고 있고, 그런 관점에서 번역뿐 아니라 AI는 엔지니어가 남낭하던 코딩 영역도 일부 도맡아 수행하고 있다"면서 "이 지점에서 우리는 새 기술을 받아들이고 각자 영역에서 AI로 보완할 대목은 무엇이 있을지를 빠르게 파악해 기술과 함께 발전해가는 모습을 그릴 필요가 있다"고 강조했다.

이와 함께 그는 AI 시대를 대비하는 기업에 대한 주문으로 "AI를 모든 상황에 적용하고 모든 문제를 해결할 수 있는 전지전능한 존재로 착각해서는 안 된다"면서 "일단 각 기업의 가장 시급한 문제가 무엇인지를 정확히 정의한 다음 이것을 AI로 개선할 수 있을지 판단해야 한다"고 말했다.

또 "투자 대비 수익률을 어느 정도로 얻을 것인가 역시 기업에 중요한 지점일 것"이라며 "많은 기업이 솔루션 중심으로 접근해야 한다고 주문하는 것도 이 때문"이라고 덧붙였다.

아울러 그는 "AI 기업에 5년 후는 굉장히 긴 시간"이라며 "딥엘이 지금까지 보여온 7년의 여정보다 더 빠르게 정확도를 높여가고 있고, (머지않은 시기에) 우리는 구두 대화에서도 AI를 통해 동시통역이 가능한 상황을 기대하고 있다"고 강조했다.

찰스 캔터와 서머 킴이 들려주는
AI 창업 스토리

찰스 캔터 | H컴퍼니 CEO
서머 킴 | 스트랫마인즈 UX 파트너

찰스 캔터

글로벌 기반 모델·에이전틱 AI 회사인 H컴퍼니 CEO다. H는 최근 프랑스 파리에서 최고 수준의 기업, 학계 연구소·스케일업 기업 출신의 AI 엔지니어와 과학자로 구성한 설립 멤버 25명과 함께 출범했다. 2023년 말 H를 설립하기 전에는 스탠퍼드대학에 있었다.

"대형액션모델(LAM)은 LLM을 뛰어넘을 완전한 AGI입니다. 한국에서도 LAM을 기반으로 한 새로운 AI 스타트업 창업 바람이 불 겁니다."

찰스 캔터 H 창업자 겸 CEO는 제25회 세계지식포럼에서 이와 같이 밝혔다. 2024년 초 설립한 H는 프랑스 AI 스타트업이다. 5월에 시드 투자로만 2억 2,000만 달러(약 2,967억 원)를 조달해 전 세계 테크 업계에

● 찰스 캔터 H컴퍼니 CEO(사진 오른쪽)와 서머 킴 스트랫마인즈 UX 파트너(사진 왼쪽)가 제 25회 세계지식포럼에서 대화를 나누고 있다.

화제를 불러 모았다.

시드 투자는 미국 벤처캐피털(VC)인 액셀이 이끌었고, 베르나르 아르노(Bernard Arnault) LVMH 회장과 프랑스 억만장자 그자비에 니엘(Xavier Niel), 에릭 슈밋(Eric Schmidt) 전 구글 CEO 등이 합류했다. 삼성과 아마존도 투자 라운드에 참여했다.

캔터 창업자는 세계지식포럼 '찰스 캔터와 서머 킴이 들려주는 AI 창업 스토리' 세션에서 발표자로 나섰다. 그는 실리콘밸리에서 오랫동안 제품 개발과 사용자 연구에 전문성을 쌓아온 서머 킴과 함께 앞으로 세상을 바꿀 AI 제품·서비스에 관해 소개했다.

캔터 창업자는 LAM에 주목해야 한다고 강조했다. LAM은 사용자 행동 패턴을 학습해 웹과 앱을 직접 작동시키는 AI다. 영화 〈아이언맨〉에 나오는 자비스가 여기에 해당한다. 자비스는 주인공 토니 스타크의 행동 패턴을 학습해 집 안에 있는 모든 전자제품을 조정한다. LLM은 문장과 그림, 비디오 등의 생성에 특화돼 있고, LAM은 단순히 무언가를 생성하는 것을 떠나 직접 작업을 수행한다. 실제 인간을 대신할 AI인 셈이다.

캔터 창업자는 "LAM은 다양한 애플리케이션, 외부 시스템과의 통합을 통해 현실 세계와 상호작용이 가능하다"며 "이 다양한 범용 요소를 연결해 일종의 도서관을 만드는 것과 같다"고 설명했다. 이어 "LLM은 현실 세계를 완벽히 이해하지 못한다"며 "추론이나 계획도 불가해 LAM의 우위는 명확하다"고 말했다.

또 LAM은 방대한 데이터 세트를 처리하고 분석하는 데 능하다. 광범위한 데이터 해석이 필요한 어플리케이션에도 유용하다. LAM은 의사결정 과정을 자동화한다. 더 복잡한 작업을 효과적으로 실행할 수 있도록 지원하는 것이다. 캔터 창업자는 "LAM이 가져올 혁신의 폭은 매우 넓다"며 "컴퓨터 등과 인간이 상호작용하는 방식이 달라질 것"이라고 말했다.

캔터 창업자는 LAM과 관련된 상품과 사업 모델이 늘어날 것이라고 예측했다. 휴먼 컴퓨터 인터페이스(HCI)나 챗봇 등 여러 영역에서 쓰일 수 있다는 것이다. 그는 "새로운 스타트업이 LAM을 활용해 많은 기회를 얻을 수 있을 것"이라며 "한국도 이런 움직임에서 예외가 아닐 것으로 새로운 창업 바람이 불게 될 것"이라고 말했다.

그는 한국의 창업가들에게 조언을 남겼다. 스타트업을 창업할 때는 특히 초기 인력을 구성하는 데 공을 들여야 한다는 것이다. 미국 스탠퍼드대학 연구원 출신인 캔터 창업자는 파리에서 최고 수준의 기업, 학계 연구소와 스케일업 기업 출신의 AI 엔지니어와 과학자로 구성된 25명의 설립 멤버와 함께 H를 설립했다.

이 중에는 구글 딥마인드의 초기 연구 방향을 수립하는 데 중추 역할을 한 단 위에스트라(Daan Wierstra) 최고과학자와 딥마인드에서 생성형 AI와 심층신경망 분야 여러 주요 연구 프로젝트를 이끈 로랑 시프레(Laurant Sifre) 최고기술책임자 등 딥마인드 출신 과학자 4명도 있다.

캔터 창업자는 창업할 때 인력을 구성하는 데 공을 들였다고 설명했다. 그는 "창업에는 서로 간 공유하는 강력한 가치를 기반으로 한 문화가 중요하다"며 "1+1이 2가 아닐 때가 있다. 스타트업은 1명에 의해 회사 분위기가 완전히 달라질 수 있다"고 강조했다.

H는 이번 초기 자금을 핵심 연구 인재를 육성하는 등에 사용할 계획이다. 캔터 CEO는 "최고의 인재를 끌어들이는 인재 풀을 만들 것"이라며 "AI 시스템들이 상호작용하는 프로세스인 새로운 다중 에이전트를 개발하는 데도 자금을 활용할 것"이라고 말했다.

차세대 AI
데카콘을 찾아서

토마 르 디우롱 | 임펄스 파트너스 창립자 겸 매니징 파트너
이갈 에를리히 | 요즈마그룹 창립자 겸 회장
마이클 전 | 솔라스타벤처스 매니징 파트너
리처드 장 | 스트랫마인즈 CEO
미키 김 | 액트투벤처스 대표

토마 르 디우롱

기업가 정신이 새로운 경제와 사회의 미래를 형성하는 주요 동력이라는 신념으로
임펄스 파트너스(Impulse Partners)를 설립했다. 임펄스 파트너스는 건조 환경의 환경
및 디지털 전환을 전문으로 하는 유럽의 선도적인 스타트업 액셀러레이터로, 스타트
업 3,000개와 기업 그룹 200개와 협력하고 있다.

이갈 에를리히

이스라엘 벤처캐피털회사 요즈마그룹 설립자이자 회장이다. 오늘날 이스라엘을 창
업 국가로 만드는 데 크게 기여했고, 이스라엘 벤처의 아버지라 불리며 이스라엘의
혁신 기술 부문의 핵심 인물로 꼽힌다.

리처드 장

응용 인공지능에 중점을 둔 샌프란시스코 기반 벤처캐피털 기업인 스트랫마인즈 최

고경영자다. 스트랫마인즈는 전 세계 20억 명 이상의 사용자 성장에 총체적으로 기여한 저명한 기술 산업 내부자들로 이뤄진 팀으로 구성돼 있다.

미키 김(김현유)

개인 법인인 액트투벤처스를 운영하며 다양한 활동을 하고 있다. 스타트업 회사의 엔젤 투자자로 세 번 엑시트를 했으며, 몇 기업의 자문과 이사회 멤버. 유튜버로 미키피디아 채널을 운영 중이고, 탐구생활 채널에서 MMM 코너를 진행 중이다.

천문학적 자금이 투자된 AI 산업에 대한 '거품론'이 커지고 있다. AI 기업들이 수익성을 증명하지 못하면서 전문가들은 잇따라 경고 목소리를 냈다. 투자 업계도 본격적인 '옥석 가리기'에 들어갔다.

이스라엘 국부펀드로 알려진 글로벌 벤처투자기업 요즈마그룹의 창립자 이갈 에를리히 회장은 '차세대 AI 데카콘을 찾아서' 세션에서 "AI가 기대치를 충족시키지 못한 다른 신기술처럼 되기를 바라지 않지만, 아직 기대치에 달하지 못하고 있다"며 이와 같이 밝혔다.

에를리히 회장은 기술이 발전하는 단계를 설명하는 가트너의 '하이프 사이클'를 통해 AI 기술의 미래에 대해 묘사했다. 연구에 따르면, 혁신 기술은 5단계를 거친다. 기술 촉발 → 과도한 기대의 정점 → 환멸의 골짜기 → 깨달음의 단계 → 생산성의 안정기 순이다.

에를리히 회장은 2019년에 시작했던 많은 신흥 기술 가운데 자율주행 자동차처럼 정점에 도달하기도 전에 투자 심리가 냉각된 경우가 있었다고 경고했다.

그는 "현재 AI 기술에 대한 기대치는 매우 높다"면서도 "기대치처럼 기술이 실제로 실현되고 있지 않고 일부 AI 기술은 상용화됐지만 기대치를 다 실현하지 못하기도 했다"고 설명했다.

아주IB투자의 미국 자회사인 솔라스타벤처스에서 실리콘밸리를 개척하고 있는 마이클 전 지점장도 "AI를 투자자 관점에서 보면 어떤 모델을 만들어서 어떻게 현금 흐름을 만들 것인지 고민해야 하는데 언제 수익을 실현할 수 있을지 물음표가 남아 있다"고 동의했다.

예컨대 혁신적인 기술로 여겨진 생성형 AI 챗GPT조차 기술적으로 봤을 때 놀라운 제품이고 범용성이 있는 데다가 기술이 작동한다는 것은 입증했지만, 운영하는 데 비용이 너무 많이 든다는 것이다.

반면 AI에 전문 투자하는 벤처캐피털(VC) '스트랫마인즈'를 이끄는 리처드 장 대표는 "인류가 불을 발견하고 불로 금속 무기를 만들 때까지 오랜 세월 동안 큰 변화가 없었다"며 "AI는 현재 여러 혁신이 동시다발적으로 일어나고 있다. AI가 2040년이나 2050년에 부상할 것이라고 생각했는데 2030년에도 가능할 수 있을 것 같다"고 반박했다.

장 대표는 AI 코딩을 통해 100만 배 이상의 효율을 얻은 회사를 예시로 들었다.

그는 "100만이라는 숫자는 AI로 문명화된 인류와 그렇지 않은 인류 간에 큰 격차가 될 수 있다"며 "AI가 모든 것을 완벽하게 바꾸는 날이 올 것"이라고 전망했다.

연사들은 유망한 AI 스타트업을 소개하기도 했다. 마이클 전 지점장은 코히어(Cohere)라는 B2B 기업에 투자하고 있다. 코히어는 LLM을 기반으로 기업들이 다양한 목적으로 사용할 생성 AI 기술을 개발하고 있는데, 엔비디아를 비롯한 세일즈포스 벤처스 등이 참여한 투자자로부터 4억 5,000만 달러(약 6,000억 원) 규모의 자금을 투자받았다. 전 지점장은 "실제로 AI 기술이 가치를 창출하려면 코히어 같은 기업용 솔루션이 필요하다"고 말했다.

디지털 전환을 전문으로 하는 유럽의 선도적인 스타트업 액셀러레이터의 창립자인 토마 르 디우롱 임펄스 파트너스 대표는 건설 현장을 자동화하는 데 관심을 기울이고 있다.

AI는 사람보다 더 빨리 실수 없이 건물을 설계할 수 있고, 현재 캐나다나 노르웨이 회사들이 해당 기술을 선도하고 있다는 주장이다. 디우롱 대표는 "이 회사들의 가치는 1,000만 달러 정도"라며 "많은 기업이 여전히 AI를 탐색하는 과정에 있다"고 말했다.

에를리히 회장은 "AI를 많이 활용할 분야는 의료라고 생각한다"며 "AI를 통해 데이터를 분석하면 더 빠르고 정확하게 결과를 얻을 것"이라고 말했다.

다만 "의료 관련 AI 기업들의 현재 가치를 추산하기 쉽지 않고 투자자들도 투자를 주저하고 있다"고 덧붙였다.

성공적인 AI 투자에 대한 조언도 잇따랐다. 장 대표는 투자에 앞서 비즈니스를 먼저 고민하고 나서 기술을 선택하라는 조언을 했다. 그는 "기술에 먼저 투자했다가 산업이 급전환할 때 쓰레기가 돼버리는 경우가 많다"고 말했다.

정부의 적극적인 지원도 필요하다. 디우롱 대표는 "미국으로부터 AI 독립성을 갖는 것이 중요하다"며 "그러려면 슈퍼컴퓨터에 대한 재정적

지원 등 정부의 강력한 지원이 필요하다"고 강조했다. 원자력 발전소를 운영할 때 미국 기반 회사의 AI를 썼다가 데이터 소유 문제나 기밀 누출 등 정치적 문제가 발생할 수 있다는 설명이다.

PART 4

공존을 위한 혁신

끊임없이 혁신하라

혁신의 환상: 열심히 일해도
성과가 거의 없는 이유

프레드리크 에릭손 | ECIPE 공동창립자 겸 디렉터

"25년 전 혁신 기업이었던 노키아와 에릭슨은 지금 삼성전자보다 훨씬 낮은 기업 평가를 받고 있다. 기존 기술과 제품이 잠식될까 봐 새로운 혁신을 꺼렸기 때문이다."

프레드리크 에릭손 ECIPE 공동창립자 겸 디렉터는 세계지식포럼 '혁신의 환상: 열심히 일해도 성과가 거의 없는 이유' 세션에서 "혁신은 기존의 것을 어디까지 포기하고 얼마나 많은 변화를 수용할 수 있는지에 달렸다"고 강조했다.

에릭손 공동창립자는 최근 생성형 AI와 자율주행차 등 기술이 발전하는 데도 불구하고 혁신의 속도는 예전보다 훨씬 느려졌다고 진단했다. 그는 "우리는 혁신의 환상 속에 살고 있다"며 "새로운 아이디어를

● 프레드리크 에릭손 ECIPE 공동창립자 겸 디렉터가 제25회 세계지식포럼에서 발표하고 있다.

만드는 비용은 더 비싸지고 각종 규제로 산업 경쟁력이 저하되고 있다"고 말했다. 열심히 일하는 기업 문화와 많은 연구개발(R&D) 투자에도 불구하고 생산성은 더욱 떨어지고 있다는 분석이다.

새로운 아이디어를 실현하는 비용이 과거에 비해 훨씬 높아진 점을 혁신을 저해하는 원인으로 꼽았다. 에릭손 공동창립자는 "1930년대부터 2000년대까지 연구원 숫자는 늘어나는데 연구 생산성은 떨어졌다"며 "반도체 집적회로의 성능을 개선하려고 투입하는 투자 금액과 자원 규모도 예전과 비교도 못할 정도로 커졌다"고 설명했다.

또 규제가 복잡해 기술을 보유한 인재들이 다른 국가나 지역으로 이동하는 일이 어려워졌다는 것이 그의 시각이다. 지역별로 일관성 없는 규제가 인적 자원뿐 아니라 생성형 AI 같은 최첨단 분야의 발전도 저해한다는 것을 문제로 언급했다.

그는 "많은 것이 더 복잡하고 어려워지고 까다로워졌다"며 "각종 직업 라이선스 제도가 많아지면서 여러 분야나 지역을 넘어서 기술을 결합하기 어려운 환경"이라고 밝혔다.

이어 "유럽에서 GMO와 AI 규제를 도입하는 데도 기술에 대한 정의부터 합의를 하지 못했고 정부, 규제기관, 사법부 간의 책임 범위도 명확하지 않은 문제가 있다"며 "자율주행차로 사망 사고가 난다면 소프트웨어, 자동차 제조사, 알고리즘 등 어떤 주체가 법적 책임을 질지 방향성이 불분명하다"고 했다.

에릭슨 공동창립자는 혁신의 불씨를 다시 살리려면 대기업들이 먼저 '창조적 파괴'에 나서야 한다고 주장했다. 기존 기술과 제품의 경쟁력 저하를 감수하면서도 새로운 기술 혁신을 향해 도전해야 한다는 얘기다. 그는 "애플 창업자인 고(故) 스티브 잡스(Steve Jobs)는 자사 제품을 잠식하지 않으면 누군가 할 것이라는 말을 남겼다"며 "기업들이 새로운 것을 하기 위해 하던 것을 멈추는 킬러 본능이 없으면 살아남기 힘들 것"이라고 말했다.

그러면서 "몸집이 큰 기업들이 먼저 변해야 한다"고 덧붙였다. 또 주요 기업들의 최대 주주인 연기금과 기관들이 기업의 위험 부담을 꺼려하고 안정적인 매출을 선호해 혁신을 저해한다고도 꼬집었다.

에릭슨 공동창립자는 "기관들은 특정 업종의 상위 5개 기업에 투자하는 등 개별 기업의 특성보다는 매출이 큰 기업에 집중하고 있다"며 "기업 입장에서는 매출이 높은 기존 제품을 엎고 새 제품을 개발하고

자 하는 동기부여가 부족하다"고 말했다.

하지만 "최근 10년간 시장과 섹터를 흔들었던 신생 기업은 창업가적인 마인드를 바탕으로 혁신에 성공한 스타트업들"이라며 "대기업들이 과거대로 기존 기술에만 안주한다면 창업가적인 역동성은 더는 자리를 찾지 못할 것"이라고 경고했다. 특히 프랑스·이탈리아 등 여러 유럽 국가가 혁신 동력을 잃고 있다고 봤다.

아울러 그는 "특정 사업이나 국가 향방이 궁금하다면 '나는 얼마나 많은 변화를 감내할 준비가 됐는가'를 스스로 물어보길 바란다"며 "긍정적인 답변이 떠오르지 않는다면 자신이 속한 경제 시스템에서 전반적인 혁신이 부족하다는 것"이라고 했다.

죽은 CEO의
살아 있는 아이디어

토드 부크홀츠 | 전 백악관 경제정책 자문위원

토드 부크홀츠

경제정책과 글로벌 트렌드를 전망하는 저명한 경제학자로, 동시대 최고의 경제학자 중 한 명으로 인정받고 있다. 백악관 경제정책 자문위원과 타이거 투자 펀드 경영이사를 역임한 그는 경제 전략을 수립하는 데 크게 기여했다는 평가를 받는다. 하버드 대학 경영학 교수 등을 맡으며 복잡한 경제 개념을 대중에게 쉽게 전달한 《죽은 경제학자의 살아 있는 아이디어》를 비롯한 여러 책의 저자로도 활동하고 있다.

"좋은 리더는 기업의 어떠한 강점을 통해 기업 가치를 더할 수 있는지 알고 있다. 많은 CEO가 실패하는 이유는 새로운 것에 도전하기 두려워하기 때문이다."

경제학자이자 전 백악관 경제정책 자문위원을 맡았던 토드 부크홀츠는 세계지식포럼 '죽은 CEO의 살아 있는 아이디어' 세션에서 이와

● 토드 부크홀츠 전 백악관 경제정책 자문위원이 제25회 세계지식포럼 '죽은 CEO의 살아 있는 아이디어' 세션에서 발표하고 있다.

같이 밝혔다. 부크홀츠는 오늘날의 애플, 맥도날드, 소니, 에스티로더 같은 글로벌 기업이 경쟁사보다 뛰어난 성과를 거두고 업계를 어떻게 변화시켰는지 설명하면서 비즈니스 리더들의 철학과 지혜를 배워야 한다고 조언했다.

부크홀츠는 애플과 코닥 사례를 들며 기업 혁신의 중요성을 설파했다. 애플은 아이팟 이후 아이폰, 아이패드, 에어팟, 애플워치 등을 내놓으며 21세기 최대 글로벌 IT 기업으로 한때 시가총액 3조 달러를 돌파하기도 했다.

가장 위대한 기업가로 꼽혔던 스티븐 잡스는 휴대용 음악 재생 기기인 아이팟의 성공으로 안주할 수 있었지만, 아이폰을 개발했다. 부크홀츠는 "그는 아이팟으로 음악 산업을 바꿔 아이팟을 스스로 그만두고 새로운 것을 만들어야 한다고 생각했다"며 "그렇지 않으면 다른 사람이 아이폰 같은 기기를 만들었을 것이기 때문"이라고 말했다.

반면 과거 필름 카메라의 대명사로 통했던 코닥은 디지털 시대에 빠르게 대응하지 못하면서 2012년 파산보호 신청 사태를 맞았다. 그는 "코닥은 필름 카메라 시장이 지속될 것이라고 생각했지만, 한순간에 사라졌다"고 지적했다.

기업들이 자신의 제품이나 서비스가 다른 제품과 서비스와 차별화할 점이 없을 때 크게 경쟁력이 없다고 그는 지적했다. 부크홀츠는 "고객들이 기업의 제품과 서비스가 더 신뢰할 수 있고, 혁신적이라면 높은 가격을 받을 수 있다"며 "경쟁력이 없을 때 장기적으로 수익성이 없게 되고 기업은 결국 어려움에 부닥치게 된다"고 지적했다.

글로벌 투자은행(IB)인 뱅크오브아메리카(BoA) 창업자인 아마데오 피터 지아니니(Amadeo Giannini)는 '금융의 글래디에이터'라고 소개했다. 지아니니는 일찍이 금융업에서 미래를 발견하고, 샌프란시스코에서 BoA 전신인 '뱅크오브이탈리아'를 설립해 당시 은행에서는 잘 받아주지 않았던 고객인 서민과 자영업자, 중소기업에도 문을 열었다. 다른 은행과 달리 부두에서 일하는 이탈리아어, 러시아어, 폴란드어 등 다양한 언어를 사용하는 외국인도 받아주고, 영업시간도 저녁까지 운영하는 등 늘 고객의 편에 섰다.

부크홀츠는 "지아니니는 금융업 관점에서 고객을 어떻게 확보할 수 있는지 항상 고민했다"고 말했다. 지아니니가 은퇴하면서 "누구라도 거물들의 비위를 맞추느라 일반 고객을 망각한다는 소문이 들리면 나는 언제든 돌아와 싸울 것"이라는 말은 널리 회자됐다고 설명했다.

데이비드 사노프(David Sarnoff)는 1912년 4월 미국 무선회사 마르코니에서 근무하던 중 초호화 여객선인 타이타닉호가 빙산에 부딪혀 침몰한 SOS 신호를 듣고 현장에 구조대를 급파하는 데 기여했다. 이 무선을 이용해 라디오와 컬러텔레비전 등 방송 기술을 개발한 공로를 인정받는다.

부크홀츠는 "어떻게 하면 많은 사람에게 소리를 전달할 수 있는지에 대한 고민이 있었다"며 "1950년대 이후 필수 기술로 잡은 컬러텔레비전이 자리 잡을 것이라는 미래를 본 것"이라고 칭찬했다.

이외에도 다양한 기업인의 사례를 소개했다. 부크홀츠는 "스타벅스 창업자인 하워드 슐츠(Howard Schultz)는 커피나 커피숍을 만든 것이 아니다"라며 "그는 '스타벅스'라는 경험을 만든 것"이라고 말했다.

미국 유명 화장품 기업인 에스티로더 사례도 소개했다. 부크홀츠는 "창업자인 에스티로더 부인은 부엌에서 화장품을 만들고, 부유한 사람들에게 아름다워지는 것을 말하며 자신의 화장품을 끊임없이 홍보했다"며 "미국에서 유명한 백화점마다 직접 문을 두드려 화장품을 팔게 해달라고 노력했다"고 설명했다.

블루오션을 향한 항해

이승훈 | 더투에이치 대표

이동헌 | 에이슬립 대표

이영우 | 엠비트로 대표

박철수 | 아워박스 대표

이장원 | 콘텐츠테크놀로지스 창업자

제니 주 | 코리아콘퍼런스 회장

마크 켈슨 | 그린버그 트라우리그 글로벌 기업자문팀 의장

___
이승훈

실감형 콘텐츠 개발사인 ㈜더투에이치 대표이사다. 더투에이치는 시청각 경험에 공간 경험을 추가한 게임을 개발하는 회사다. 글로벌 AAA 게임 개발이 주력이며, 그 IP를 확장한 실감형 콘텐츠도 개발 중이다.

___
이동헌

국내 선도 수면 AI 기업인 에이슬립을 2020년에 설립해 현재까지 누적 250억 원에 가까운 투자 유치를 이끌었다. 아시아 젊은 혁신가에게 주어지는 〈포브스〉가 선정한 '30세 이하 아시아 30인(30 under 30 Asia)'에 지명된 바 있다.

___
이영우

일본 게이오대학 전기공학과에서 레이저·광공학 분야의 박사학위를 취득했다. 이후 독일 막스플랑크연구소에서 연구를 진행하며 국제적인 연구 경험을 쌓았다. 현재는 홈케어 의료기기 연구개발 기업인 ㈜엠비트로 대표로서 혁신적인 의료기기 개발을 선도하고 있다.

박철수

아워박스 창업자 겸 CGO(Chief Global Officer)다. 안호이저인베브 등 글로벌 컴퍼니에서 고위직 임원을 역임한 시니어 창업가이기도 하다. 글로벌 비즈니스 경험을 바탕으로 새로운 커머스 세상을 열기 위해 창업을 선택했으며 짧은 기간에 아워박스를 이커머스 솔루션을 제공하는 강소기업의 반열에 올려놓았다.

이장원

음악과 테크놀로지 분야에서 10년 이상의 연쇄 창업 경험을 토대로 콘텐츠테크놀로지스와 비욘드뮤직을 창업해 합계 약 4,000억 원의 투자 유치를 끌어내며 아시아 최대 규모의 음원 IP 인프라 기업으로 성장시켰다.

제니 주

코리아콘퍼런스 창립자로 초고액 자산가를 대상으로 투자를 비롯한 다양한 경험을 제공하는 보어스클럽(Boars Club)의 글로벌 투자 부문을 이끌고 있다.

마크 켈슨

그린버그 트라우리그(Greenberg Traurig LLP) 글로벌 기업 실무의 공동대표다. 인수합병, 기업 담보 차입 매수, 주식·부채의 사모와 공모, 전략적 협업, 합작 투자 등 복잡한 국내외 거래에서 여러 분야의 거래 팀을 이끌고 있다.

"체중계가 발명되면서 사람들이 체중을 신경 썼다면, 수면을 보여주는 기술로 관련 시장을 개척해 나가겠다."

이동헌 에이슬립 대표는 제25회 세계지식포럼에서 "수면 측정의 허들을 낮추겠다"고 포부를 전했다. 에이슬럽은 스마트폰 앱에서 사람의 호흡 소리를 AI로 분석하는 기술을 보유하고 있다. 특별한 기기 없이 수면의 질을 측정할 수 있으며 SK텔레콤 등 기업에 고객의 수면 데이터를 제공하는 비즈니스 모델을 구축했다.

현재 비용이 크게 들고 시간이 상당히 걸리는 병원 진단 정확도의 94%에 달하며 효율적인 것이 장점이다. 이외에도 여러 기업이 수면 기술을 도입했으며, 수면과 연동해 보험료를 절감해주는 상품 등을 개발하고 있다.

코리아콘퍼런스는 제니 주 코리아콘퍼런스 회장이 2022년 출범한 행사로, 한국 스타트업의 미국 진출을 지원하고 있다. 세계지식포럼에서는 코리아콘퍼런스가 선발한 주목할 만한 스타트업 창업자들이 발표를 진행했다.

박철수 아워박스(OurBox) 대표는 전자상거래(이커머스) 분야에서 여러 기업의 통관·배송·통합 물류(풀필먼트) 서비스를 도와주는 사업을 펼치고 있다. 아워박스는 삼성물산, 신세계푸드, 네이버, 오뚜기 등 국내 여러 기업을 도와주고 있다. 박 대표는 "네이버의 '도착보장' 프로그램이 대표적"이라며 "이를 통해 소비자들의 구매 결정이 2~3배 늘어나는 등 효과가 있었다"고 설명했다.

이승훈 더투에이치 대표는 35년간 〈스타워즈〉, 〈인디아나 존스〉, 〈아바타〉, 〈어벤져스〉와 같은 블록버스터 영화 제작에 참여하는 등 오랜 경력을 바탕으로 실감형 콘텐츠를 개발하고 있다고 밝혔다.

이 대표는 "게임 시장과 가상현실(VR), 증강현실(AR), 혼합현실(MR)

등의 몰입형 기술을 IP를 통해 진화를 주도할 것"이라고 말했다. 이를 위해 고대 역사와 문명을 모티브로 하는 캐릭터 등을 바탕으로 하는 게임을 제작하고 있다.

이영우 엠비트로 대표는 일본 게이오대학에서 레이저 분야 박사학위를 취득했다. 이 대표는 극소형 레이저 장치를 만들고 혈당을 측정할 장비를 제조하고 있다. 이 대표는 "한국을 비롯해 전 세계적으로 당뇨 환자가 늘어나는 추세"라며 "무통형 레이저 장치를 통해 젊은 층의 채혈 과정을 지원해줄 것"이라고 말했다.

기업의
지속가능성 전략

로버트 에끌레스 | 옥스퍼드대학 사이드경영대 경영실무 객원 교수

제니퍼 모틀레스 스비길스키 | 필립모리스 인터내셔널 최고지속가능책임자

이한상 | 한국회계기준원 원장

인소영 | KAIST 건설및환경공학과 교수

로버트 에끌레스

기업·투자 커뮤니티에서 ESG, 지속가능성, 지속가능한 투자에 관한 선도적인 권위
자다. 정치 스펙트럼의 온건파를 아우르는 공통점을 찾는 데 초점을 맞춘 '공화당
아웃리치 캠페인'에 참여하고 있다. 기후 변화는 이 캠페인의 주요한 메시지 중 하
나다.

제니퍼 모틀레스 스비길스키

2020년 10월 필립모리스 인터내셔널(PMI)의 첫 여성 최고지속가능책임자(CSO)로
임명됐다. 선한 변화를 위한 비전과 단계적 담배 퇴출 등 회사의 지속가능성 의제를
조율하고 있다. 또 회사의 재무와 비재무 성과 통합을 주도하고 있다.

인소영

KAIST 건설및환경공학과 조교수다. 연구 분야는 에너지 인프라 개발과 투자, 기후

리스크, 기후 변화에 따른 자산가치 평가와 경제성 분석, 탄소중립 관련 공시 제도와 기업 데이터 분석이다.

"미국에서 ESG(환경·책임·투명경영) 화두는 끝났다."

로버트 에끌레스 지속가능성 회계기준위원회(SASB) 초대 이사회 의장이자 옥스퍼드대학 경영학 교수는 제25회 세계지식포럼 '기업의 지속가능성 전략' 세션에서 이와 같이 밝혔다. ESG에 대한 피로감으로 생산성 있는 논의가 이뤄지지 않기 때문이다.

에끌레스 의장은 ESG 대신 '책임 있는 비즈니스가 무엇인지'라는 새로운 화두를 던져야 한다고 주장했다.

ESG 인기가 시들해진 원인으로 AI 급부상이 꼽혔다. 에끌레스 의장은 "빅테크 기업들이 넷제로(Net Zero)를 약속했는데 AI는 에너지를 엄청나게 소비하다 보니 고민에 빠졌다"고 말했다.

시시때때로 바뀌는 정부 정책도 기업 입장에서는 문제다. 특히 EU는 '그린딜(Green Deal)'에 모든 것을 걸고 규제를 밀어붙이고 있다는 지적이다.

그린딜은 EU 집행위원회가 2023년 미국의 IRA 등에 대응해 발표한 방안으로, EU 기업에 친환경 보조금 지급을 강화하고 세액 공제 혜택을 제공하는 내용 등을 핵심으로 한다. 이에 대해 에끌레스 의장은 "ESG가 가치관 대립 전쟁으로 빠지고 있다"고 꼬집었다.

미국에서 ESG라는 용어 자체가 합리적 토론 대상이 되고 있지 않다는 주장이 나왔다.

에끌레스 의장은 "이번 대선에서 카멀라 해리스 민주당 후보와 도널드 트럼프 후보가 ESG를 두고 강하게 충돌하기도 한 만큼 이 세션 주제는 매우 시의적절하다"며 "미국 보수주의자들이 ESG가 민주당식 좌파적 정책이라고 공격하기 시작하면서 ESG를 둘러싼 문화 전쟁이 벌어지고 있다"고 말했다.

한국 역시 ESG를 두고 정치적 분열이 발생하고 있다. 이한상 한국회계기준원장은 "한국에서 ESG를 반대하는 측은 철강이나 자동차, 조선 등 화석연료를 많이 사용하는 산업의 종사자들이 아니었다"며 "단순히 미국 보수주의자들의 주장을 카피캣처럼 따라 말하는 사람들이었다"고 한숨을 내쉬었다. ESG는 이명박 정부 시절 주창됐다는 지적이다.

ESG를 두고 이해관계자들의 충돌이 오랫동안 지속되고 있는 가운데 최소한 ESG 공시 기준에 대한 명확한 합의 기준이 필요하다는 지적이 제기됐다.

제니퍼 모틀레스 스비길스키 필립모리스 CSO는 "비재무적 정보를 통해서도 의사결정을 내릴 수 있도록 하려면 재무 정보처럼 공시해야 한다"면서도 "ESG 성격상 공시 제도를 만들기 매우 어렵다"고 말했다.

이어 "보기에 예쁜 그림은 많을 수 있지만 내용이 부실한 것을 추구하는 사회로 가면 안 된다"며 "기준에 대한 명확한 합의를 해야 한다"고 덧붙였다.

이에 대해 에끌레스 의장도 "지속가능성 보고 기준을 만드는 것만으로 세계 모든 문제가 해결될 것이라고 믿는다면 미친 것"이라고 목소리를 높였다.

이 원장은 ESG 공시 기준을 만들 때 반영해야 하는 요소와 관련해 "사업적 전환이 필요하고 정부가 신뢰할 수 있어야 하고 생명 다양성에도 기여해야 한다"면서도 "일반적인 공시가 아니라 목표한 바에 명령을 따를 수 있고 신뢰할 수 있는 공시여야 한다"고 주장했다.

한국 기업들은 글로벌 기업들과 비교할 때 유독 ESG 측면에서 뒤처져 있다는 지적을 받는다. 제니퍼 CSO는 "아직까지는 많은 한국 기업이 ESG가 긍정적이든 부정적이든 어떤 영향을 주는지 이해하지 못하고 있다"고 꼬집었다.

한 원장은 "한국은 ESG 측면에서 꼬리가 몸통을 흔들고 있다"며 "선진국에서는 지속가능성 전략이 위에서 아래로 내려오는데 한국은 반대의 경우가 많다"고 말했다.

탄소중립법이 최근 헌법재판소에서 위헌 판결을 받는 것이 대표적인 사례다. 이런 경우 ESG 관련 기준을 세우지 못해 산업계 전반에 부정적 영향을 미칠 수 있다는 주장이다.

그는 "CEO나 대통령이 ESG에 관심을 가지고 목표를 명확하게 세워줘야 한다"고 조언했다. 다만 에끌레스 의장은 "SK 그룹의 〈지속가능경영보고서〉를 봤는데 굉장히 훌륭했다"며 "부정적 외부 효과를 정확하게 인지하고 있었다"고 칭찬했다.

WORLD KNOWLEDGE FORUM

핀테크와 블록체인은 어떻게
글로벌 결제 시스템을 바꿔놓았나

브루스 터크먼 | 뉴욕대학 스턴경영대학원 교수

브루스 터크먼

뉴욕대학 스턴경영대학원 금융학 교수다. 학부생, MBA와 경영학 MBA에 고정 소득, 파생상품, 트레이딩, 유동성 위험 과정을 가르쳤다. 현재 고정 소득과 파생상품 시장, 관련 공공정책 이슈, 금융 시장과 그 규제의 역사에 초점을 맞춘 연구를 하고 있다. 2017년 가을부터 2020년 여름까지 미국 상품선물거래위원회(CFTC) 수석 이코노미스트로 근무했다. 스턴경영대학원에서 경력을 시작했지만, 월스트리트에서도 근무했다. 1994년 살로몬 브라더스(Salomon Brothers)를 시작으로, 2010년 리먼 브라더스의 프라임 서비스 부서에 몸담았다.

"아직 토큰 결제 등 블록체인 기술에 대한 여러 우려가 있다. 하지만 전통적인 방식의 금융 거래보다는 빠르고, 접근성이 높고, 편리하다는

● 브루스 터크먼 뉴욕대학 스턴경영대학원 교수가 제25회 세계지식포럼 '핀테크와 블록체인은 어떻게 글로벌 결제 시스템을 바꿔놓았나' 세션에서 발표하고 있다.

점에서 이점이 훨씬 많을 것이다."

브루스 터크먼 뉴욕대학 스턴경영대학원 교수는 세계지식포럼 '핀테크와 블록체인은 어떻게 글로벌 결제 시스템을 바꿔놓았나' 세션에서 "최근 금융 시스템 흐름은 블록체인의 발전에서 매우 중요한 단계"라고 강조했다.

터크먼 교수에 따르면, 핀테크 기술을 통해 국경을 넘어선 국가 간 결제가 간편해지고 보편화됐다. 인도와 케냐 등 금융 참여도가 낮았던 국가에서는 핀테크를 통해 더 많은 국민이 금융 거래에 참여할 수 있게 됐다.

터크먼 교수는 "인도의 통합 결제 인터페이스(UPI)는 전화번호와 연동한 계좌와 QR코드로 편의성을 개선하고, 케냐는 이동통신사 엠페사(M-Pesa)가 모든 휴대폰에 E머니 등 금융 서비스를 제공해 접근성을 높였다"며 핀테크의 긍정적인 사례를 소개했다.

인도의 UPI는 인도 정부와 국립결제공사(NPCI)가 2016년 개발한 디지털 결제 수단으로, 스마트폰 앱을 통해 계좌 간 즉시 송금과 결제가 가능해졌다.

이 시스템을 도입한 이후 인도 사회는 현금 없이 QR코드로 전자 결제를 하는 것이 보편화됐다.

NPCI에 따르면, 2023년 기준 인도의 연간 UPI 거래액은 2조 2,000억 달러로 2022년 대비 45.1% 상승했다. 인도 정부는 2023년 UPI 거래 건수가 1,000억 건을 돌파했으며, 2030년까지 하루 20억 건 거래를 목표로 하고 있다고 밝혔다.

저소득층이 많은 케냐는 은행 계좌 대신 휴대전화를 활용한 모바일 결제 플랫폼 '엠페사'가 주요 송금 시스템으로 자리 잡았다. 2007년에 출시한 이후 현재 케냐 인구 대부분이 사용하고 있을 정도다.

또 터크먼 교수는 전통적인 금융 시스템에 참여도가 낮았던 인도·바레인·태국·아르헨티나·나이지리아 등에서 실시간 결제 수요가 높았다고 설명했다.

그는 "전통적인 금융 결제 방식으로는 시간이 오래 걸리고 개발도상국에서는 계좌가 없어 금융 거래를 하지 못하는 사람들도 많았다"며 "핀테크 혁신이 성공하면서 실시간 결제가 가능해지고 더 많은 사람이 결제 시스템에 참여하게 됐다"고 했다.

금융 거래가 더욱 쉬워지면서 불법적인 활동과 테러 등에 악용되는 것을 막기 위한 규제가 생겨나고 있지만 여전히 핀테크로의 변화가 긍정적이라고 봤다.

그는 "이전보다 쉽게 만들 수 있는 계좌는 악용 우려로 서비스를 덜 제공하지만, 많은 사람이 거래에 접근할 수 있게 했다는 점에서 충분히 개선됐다"고 밝혔다.

또 단순히 돈을 이체하는 것을 넘어서 핀테크 계좌를 통해 일매출을 추적하고 분석하는 소프트웨어가 발전하고, 담보가 없는 사람도 대출받을 수 있게 되는 등 순기능도 언급했다.

터크먼 교수는 "소프트웨어가 발전하면서 온라인 결제가 보편화되고 이를 기반으로 한 전자상거래(이커머스) 산업도 발전할 수 있었다"고 했다.

여기에 더해 2009년에 도입된 블록체인 기술은 중개자 없이 저비용으로 실시간 결제를 가능하게 했다.

최근까지 핀테크 기술이 국경을 초월한 결제를 더욱 빠르게 만들고 편의성·접근성을 크게 높여왔다면, 블록체인 기술을 활용한 결제는 이제 본격적으로 시작되고 있다.

대표적으로 리플(Ripple)과 다양한 스테이블코인 등이 블록체인 기술을 통해 더 업그레이드되고 있다.

터크먼 교수는 "세계적인 은행인 JP모건이 고객들을 위한 JMP 토큰을 내는 등 앞으로 블록체인을 통한 지급 결제가 더욱 효율화될 것"이라고 전망했다.

한편 2019년 페이스북이 시작한 자체 가상자산 프로젝트 '리브라(Libra)'가 실패한 것에 대해서는 "미국 규제 당국과 대화를 충분히 하

지 않은 데다가 대중적인 인기를 얻기 위한 충분한 준비도 없이 진행
했기 때문"이라고 분석했다.

2

공존의 시대,
리더의 덕목

고객의 마음을 움직이는 '공감'의 기술

루시아 에헤아 | IE 경영대학원 부학장

루시아 에헤아

IE 경영대학원 부학장이다. 에듀테크, 금융, 경영전략, 스타트업 분야에서 경영자 레벨의 국제적인 경험을 보유하고 있다. 가치 사슬 전반에서 중동·중남미·유럽·미국 등 여러 지역에서 경험을 쌓았다. 자문이사회 멤버 및 비즈니스 파트너이자 IE 교수진인 그는 현재 다양한 이니셔티브(지속가능한 기업 개발, 국제 과제, 지속가능성 프로젝트)에 참여하고 있다.

"공감은 우리 모두가 이미 갖고 있는 능력입니다. 세계를 더 나은 곳으로 만드는 데 공감은 매우 중요합니다."

"왜 너는 공감 못 해?" 한국에서 몇 년째 이어지고 있는 MBTI 열풍과 함께 유행처럼 생겨난 말이다. 서로 다른 성격 유형에서 발생하는 차이를 유머처럼 다루며 사용하는 '공감'이라는 단어지만, 루시아 에

● 루시아 에헤아 IE 경영대학원 부학장이 제25회 세계지식포럼 '고객의 마음을 움직이는 '공감'의 기술' 세션에서 발표하고 있다.

헤아 스페인 IE대학 학장은 세계지식포럼 강연에서 공감의 기능과 역할에 대해 깊이 있게 설명했다. 루시아 학장은 특히 공감은 다가오는 AI 시대에 인간만의 본질적인 능력이며, 분절화된 세계를 더 나은 세계로 만들 방법이라고 강조했다.

루시아 학장은 청중에게 공감이 자신의 삶을 어떻게 이끌어왔는지 개인 경험을 설명했다. 16살에 스스로에게 약속한 '최대한 많은 나라를 여행하겠다'라는 다짐을 실천한 결과, 70여 개국을 방문하며 다른 문화와 사람들과의 교류 속에서 공감의 중요성을 몸소 체험했다고 했다. 공감이 "단순히 다른 사람의 감정을 이해하는 것뿐 아니라 그들의 상황과 관점을 존중하는 것"이라며 공감이란 감정을 통해 세계 곳곳에서 새로운 관계를 맺고, 나아갈 방향을 찾을 수 있었다고 강조했다.

루시아 학장은 공감이 글로벌 차원에서 필수적인 자산이라고 강조하며 현재의 세계가 "분열되고 불확실성으로 가득 차 있다"고 지적했다. 루시아 학장은 "이런 상황에서 공감은 '사회를 하나로 묶는 접착제' 역할을 하며, 글로벌 도전 과제를 해결하는 데 중요한 역할을 한다"고 주장했다.

그녀는 특히 "지도자들은 의견을 교환하고 대화를 나눔으로써 공동의 해결책을 찾아야 한다"고 강조하며, 공감이 "사회 불평등 같은 문제를 해결하는 데 핵심 도구"라고 말했다.

강연의 핵심에서 그녀는 공감이 단순한 감정적 연결이 아니라 행동을 끌어내는 힘이라고 설명했다. "행동이 수반되지 않는 공감은 무용지물"이라는 그녀의 말은 청중에게 큰 울림을 주었다. 그녀는 공감의 5단계를 소개하며, 이를 통해 우리가 다른 사람의 고통을 인지하고, 이를 해결하기 위한 행동으로 이어질 수 있다고 설명했다.

1단계는 상대방의 감정을 인지하는 것, 2단계는 그 감정을 이해하는 거울 뉴런의 활성화, 3단계는 공감에 따른 감정적 반응, 4단계는 상황의 맥락을 이해하는 인지적 과정, 5단계는 상대방을 돕기 위한 행동 단계라고 했다. 5단계를 구체적으로 설명하며, 이것이 공감의 메커니즘을 잘 보여준다고 말했다.

또 루시아 학장은 리더십 측면에서 공감의 역할을 강조했다. 공감력 있는 리더는 직원들의 참여를 유도하고, 조직 내 혁신을 촉진할 수 있다. 그녀는 "공감력 있는 리더는 직원들이 새로운 아이디어를 제시하고, 실험하고, 가치를 창출할 환경을 만들어준다"고 설명했다. 이를 통해 공감은 단순한 감정적 연결을 넘어서 조직의 성과와 혁신을 촉진하는 중요한 역량이라는 것을 강조했다.

공감이 경쟁이 치열한 사회에서 어떻게 작용하는지도 언급했다. 그녀는 "경쟁과 공감은 상호 배타적이지 않다"며, 공감이 경쟁 속에서도 긍정적인 결과를 끌어낼 수 있음을 강조했다.

스포츠에서의 공감 사례를 들며 "경쟁 속에서도 상대방에 대한 존중과 공감을 바탕으로 더 나은 성과를 끌어낼 수 있다"는 점을 설명했다. 또 여성 리더십의 강점 가운데 하나로 공감 능력을 꼽으며, "포용적 리더십이 팀워크와 협업을 촉진하고, 이를 통해 조직이 더 나은 성과를 낼 수 있다"고 말했다.

루시아 학장은 AI 시대에 공감의 가치에 대해 강조했다. 그녀는 "인간이 슬픔을 표현했을 때, AI는 가장 위로가 되는 답변을 줄 수 있을지 모른다"고 말했다. 하지만 "이는 단순히 감정을 분석해 최적의 답변을 내놓은 것일 뿐 진정한 공감이라 할 수 없다"며 공감 능력이 인간만의 능력임을 다시 한번 상기시켰다. 그녀는 "공감은 인간만의 고유한 능력이며, 이는 우리가 세상을 더 나은 곳으로 만드는 데 필수적인 요소"라고 주장했다.

마지막으로 공감을 실천하는 방법에 대해 논하며, "공감은 우리가 이미 가지고 있는 능력이지만, 이를 갈고닦아 더 자주, 더 깊게 사용해야 한다"고 강조했다. 그녀는 경쟁이 치열한 현대 사회에서 공감이 협력과 성공을 이끄는 핵심 요소라고 말하며, 이를 통해 우리는 모두 더 나은 세상을 만들 수 있다는 메시지를 남겼다.

"우리는 안락한 구역을 벗어나 성장해야 하며, 공감을 통해 서로 다른 사람들의 필요를 이해하고, 함께 더 나은 세상을 만들어야 한다"는 그녀의 말은 강연의 마무리를 장식했다.

강연 후 한 청중이 "공감은 이성적인 판단이라기보다 감성적인 판단으로 보이는데, 감성적인 판단보다 이성적인 판단이 더 올바른 판단일 가능성이 높지 않냐?"고 물었다. 이 질문에 루시아 학장은 "이성과 공감은 반대되는 것이 아니라 상호 보완적인 것"이라며 "이성적 관점을 기반으로 하되 그 토대 위에 공감을 바탕으로 하는 기준도 필요하다"고 답했다.

전략적 의사결정: 리더처럼 생각하라

앤 소피 샤셀 | HEC 파리 교수

앤 소피 샤셀

HEC 파리의 마케팅 부교수로, 연구 방향은 소비자의 의사결정에 초점을 맞추고 있다. 마케팅과학연구소가 그녀를 2019년 '젊은 학자(Young Scholar)'로 선정하는 등 수많은 인정을 받았다. 현재 HEC에서 마케팅 MBA와 마케팅 교육 프로그램을 가르치고 있다.

"모든 인간은 편향이 있을 수밖에 없습니다. 우리는 모두 편향이 있다고 생각하고, 의사결정을 할 때 신중해야 한다는 것을 명심하기를 바랍니다."

전략적 의사결정을 위한 실수를 피할 방법을 15년 동안 연구해온 앤 소피 샤셀 HEC 파리 교수는 세계지식포럼에서 이와 같이 말했다.

샤셀 교수는 2010 남아프리카공화국 월드컵 경기 결과를 매우 높은 확률로 맞춘 독일 문어 '파울(Paul)'을 언급하며 "결과만으로 좋은 결정인지 아닌지 판단할 수 없다"며 "의사결정 과정을 제대로 세우고 구조화해서 통제해야 한다"고 강조했다.

그는 전략적 의사결정에서 4가지 편향을 조심해야 한다고 주장했다. 샤셀 교수는 첫 번째로 "'프레이밍 효과'가 중요하다"며 "우리 뇌는 모든 정보를 취합해 처리할 수 없으므로 단순하게 바라볼 수밖에 없다. 개인이 어떠한 문제를 바라볼 때 총체적으로 보지 않고, 본인 관점에서만 바라보므로 경영진은 모든 프레임을 포괄할 능력을 키워야 한다"고 했다.

이어 "다양한 분야의, 다양한 관점의 사람이 모여서 모두의 관점을 이해해야 한다"며 "높은 연령층과의 미팅이 있을 때 그들의 관점이 무엇인지를 생각해야 제대로 논의할 수 있다"고 덧붙였다. 그는 자세한 내용이 필요하다면 리처드 탈러(Richard H. Thaler)의 책《넛지》를 읽어보라고 추천하기도 했다.

샤셀 교수는 두 번째로 "특히 '정보 수집을 할 때 편향'이 많이 발생한다"며 "지식이 늘어나면서 스스로 전문가가 됐다고, 충분히 의사결정을 내릴 수 있다고 생각한다. 지나친 자신감이 편향으로 이어질 수 있다"고 지적했다.

그는 "리더는 '내가 자신감을 보이지 않는다면 팀원들이 나를 따르지 않을 것'이라고 생각할 텐데, 여전히 스스로 모르는 것이 있다는 것을 인정하고, 데이터를 충분히 확보하고 의구심을 가지는 과정을 거쳐야 결정을 제대로 내릴 수 있는 자신감을 가질 수 있다"고 당부했다.

샤셀 교수는 조심해야 할 세 번째 편향으로 '확증편향'을 꼽았다. 그는 "본인이 주장하는 것을 확실하게 증명할 수 있고, 근거로 댈 수 있는 정보만 찾는다"며 "주장을 입증할 정보만 찾으면 제대로 된 결정을 할 수 없다"고 힘주어 말했다. 이어 "매우 어려운 전략적 결정을 내리거나, 많은 사람에게 영향을 미칠 결정을 내려야 한다면 '내 주장이 잘못됐다'고 하는 정보도 반드시 살펴봐야 한다"고 덧붙였다.

샤셀 교수는 실리콘밸리 스타로 떠올랐다가 사기꾼으로 전락한 여성 기업인 엘리자베스 홈즈(Elizabeth Holmes) 사례를 언급했다. 홈즈는 손가락 끝에서 채취한 혈액 몇 방울로 질병을 진단할 수 있다고 주장하며 투자를 받았지만, 허위 기술이었다.

샤셀 교수는 "홈즈가 기소됐는데 본인 결정에 대해 방어한 방식이 흥미롭다. 그는 '아무도 제게 질문하지 않았으니 제 잘못이 아니다. 투자자 가운데 증거를 요청한 사람이 없었다'고 했다"고 전했다.

샤셀 교수는 '직감(직관)'을 조심해야 할 네 번째 편향이라고 제시했다. 그는 "직감을 제6의 감각과 같다고 주장하는 사람이 있다. 직감은 '별안간 생겨난 것'이라고 보면 안 된다"며 "직감은 연구 분야에서 '시스템 1'이라고 하는데, 자동적이고 빨라서"라고 말했다.

이어 "여러분이 무엇을 하든 자동으로 생각이 떠오르는 것이 직감이고 시스템 1"이라며 "길을 건널 때, 차가 오지 않으면 건너야겠다고 생각하는 것은 어릴 때부터 배워서 자동으로 생각나는 것"이라고 덧붙였다.

샤셀 교수는 "전략적 결정을 할 때는 시스템 1만으로 충분하지 않다. 시스템 1은 감정을 기반으로 하는 경우가 많다"며 "자동으로 떠오르는 것을 선택하는 것은 좋지 않다. 시스템 1은 자동화된 기술이나 일정한 환경일 때 사용한다"고 설명했다.

그는 "여러분의 직감에 의구심을 제기해야 한다. 의문을 가지고 다시 생각해봐야 한다"면서 "주변에 같은 학교를 졸업했거나 생각이 동일한 사람이 있다면 유사하게 생각하게 된다. 다양한 사람들이 함께 있어야 한다"고도 주장했다.

이어 "실패한 결과가 나왔을 때 '누가 책임져야 하느냐', '누가 탓이냐'가 아니라 '왜 실패했느냐'가 중요하다"며 "리더는 실패를 용인할 수 있어야 하고, 사람들의 생각을 바꿀 수 있어야 하고, 다음에는 다르게 시도해야겠다는 유연성이 있어야 한다"고 당부했다.

샤셀 교수는 "중요하고 큰 규모의 전략적 의사결정을 할 때는 어느 정도 겸손이 필요하다"며 "의심하고, 호기심을 가지고 문제가 무엇인지 찾아야 한다. 다른 사람의 관점은 어떤지 고려하고 결정해야 다른 사람들과 공존할 수 있다"고 재차 강조하며 강연을 마무리했다.

WORLD KNOWLEDGE FORUM

C 레벨을 위한
평생교육

마크 소스나 | IESE 학습혁신부서 총괄디렉터

마크 소스나

독일 필립스대학에서 경영학 석사, 미국 위스콘신대학에서 국제경영학을 전공했다. 독일철도청 근무 경력을 시작으로 글로벌 기업에서 경영 컨설팅 업무를 맡았고 2020년에는 스페인 바르셀로나에서 컨설팅업체 '노바츄리아'를 창업하기도 했다. 2020년 9월부터는 경영전문대학원 IESE에서 교육혁신부서 수장을 맡고 있다. IESE는 〈파이낸셜 타임스〉가 선정한 세계 경영대학 순위에서 10위를 차지한 경영교육의 명문 대학이다. 그는 IESE 학습혁신부서의 총괄디렉터로서 기업가 정신과 전략에 집중하고 있다. 《기업가의 길잡이(Entrepreneurial Icebreakers)》(2015) 공동 저자이며, 주요 전략 저널에서 성장 전략과 비즈니스 모델 혁신에 대한 주제의 실천가이자 학계의 공동 저자다.

"AI 시대의 교육은 개인화와 평생교육 2가지로 압축됩니다", "AI와 LLM에 의존하지 않고 차별화된 창의성을 기를 수 있는 새로운 학습 능력을 개발할 필요가 있습니다."

챗GPT의 등장과 함께 교육의 패러다임도 바뀌고 있다. 챗GPT를 활용해 대학 논문을 작성하는 사례뿐 아니라 소셜미디어에는 수학 문제를 챗봇 형태로 답을 알려주는 사이트도 등장했다. 자기소개서를 LLM을 활용해 작성하는 사례로 인해 대학과 기업에서 골머리를 앓고 있다는 기사를 심심치 않게 접할 수 있다.

LLM을 실제 업무에 적용하는 사례도 점점 늘어나고 있다. 미국 방송사 CNBC가 월튼패밀리재단(Walton Family Foundation)의 임팩트 리서치가 한 설문조사를 인용한 사례를 보면, 미국 교사와 학생의 75~80%가 챗GPT에 익숙했다. 이는 2023년 실시한 조사에 비해 2배 가까이 늘어난 수치다.

LLM 활용도가 높아지면서 나타나는 대표적인 부작용 가운데 하나는 창의성과 다양성의 감소다. 'C 레벨을 위한 평생교육'을 주제로 연단에 선 마크 소스나 IESE 학습혁신부서 총괄디렉터는 이 같은 문제점을 지적하면서, 특히 C 레벨을 중심으로 "AI를 발판 삼되 그 이상을 자체적으로 학습하는 능력이 중요하다"고 강조했다.

소스나 디렉터는 LLM 등장에 따른 교육의 변화로 경쟁우위의 실종을 가장 먼저 짚었다.

그는 "최근 호주에서 3년 정도 교육을 받은 사람이 AI를 활용한 배설계로 아메리칸 세일링 컵에서 우승했다"면서 "AI 등장은 모든 사람의 교육 수준을 상향 평준화할 것"이라고 분석했다.

이 같은 특징은 '공부는 학교에서, 실전은 직장에서'라는 기존의 관넘을 깰 것이라는 게 소스나 디렉터의 분석이다. 평생교육이 필요하다는 주장이다.

그는 "오늘날 태어나는 아이 중 일부는 과장을 조금 보태면 1,000세까지 살 수 있다"면서 "20대까지 배운 것들이 1,000년 뒤에도 유용할 것이라는 보장은 없다"고 강조했다.

상향 평준화된 교육 수준을 뛰어넘어 경쟁력을 갖춘 평생교육을 받으려면 AI에 기반한 학습을 최대한 활용하되, 인간만의 창의성을 길러야 한다는 것이 소스나 디렉터의 주장이다.

그는 AI에 의존하는 학습 습관을 "운전대를 잡고 잠드는 것"과 같다면서 "자율주행이 아무리 발전해도 결국 가야 할 목적지를 정하는 것은 인간"이라고 말했다.

소스나 디렉터가 강연 말미에 던진 질문은 이날 행사장에 모인 청중에게 좋은 호응을 얻었다. 그는 "어떤 회사가 앞으로 전기차 시대의 주유소 역할을 하겠느냐"라는 질문에 대한 답을 물었다.

여기에 소스나 디렉터가 내놓은 답은 스타벅스였다. 그는 "충전 시간이 10분 정도 필요한 전기차 충전 영역에서 주유소 역할은 그 시간을 기분 좋게 머무를 장소가 대신할 수 있다"고 답했다. 그는 "이런 답을 내놓을 수 있는 주체는 AI가 아니라 당신"이라면서 "인간의 본질인 창의성을 기르는 학습 능력을 갖추라"고 조언했다.

한편 소스나 디렉터는 AI 활용 교육에서 가짜뉴스의 위험성을 경계해야 한다고 주문했다.

그는 "AI는 빅데이터를 통해 자체 학습을 진행하는데, 이 과정에서 가짜뉴스나 딥페이크로 만들어진 가짜 사진에 노출되는 경우도 잦다"면서 "AI를 활용한 학습을 진행할 때는 자체적으로 '가짜 사실'을 거르는 능력을 갖추는 것 역시 필요하다"고 했다.

3

위기를 기회로 바꾸는
기업 생존 전략

M&A를 통한
기업 성장 전략

다니엘라 파보치아 | 헹겔러 뮐러 파트너 변호사

한인섭 | 삼일PwC 파트너

이순열 | 김앤장 법률사무소 외국변호사

강형구 | 한양대학교 파이낸스경영학과 교수

다니엘라 파보치아

1993년 독일의 로펌 헹겔러 뮐러(Hengeler Mueller)에 입사해 1999년부터 파트너로 일하고 있다. 기업법과 M&A 거래의 모든 영역에서 기업과 경영진, 비상임기관, 주주에게 관련 자문을 제공한다. 2010년부터 2014년까지는 공동 매니징 파트너로 재직했으며, 현재 헹겔러 뮐러의 인도 데스크 일원이다. 독일 기업지배구조위원회 위원도 맡고 있다.

한인섭

삼일PwC 딜그룹(Deals Group) 소속 파트너로, 그중에서도 한국의 대기업 그룹사 및 사모펀드(Private Equity Fund) 자문을 담당하는 그룹서비스프로그램(Group Service Program)에 소속되어 있다.

이순열

김앤장 법률사무소 외국변호사로, 기업인수·합병 및 부동산그룹에서 크로스보더
(Cross-border) M&A, 부동산 거래 분야에 특화된 자문을 제공한다. 또 컴플라이언
스그룹에서 국내외 기업과 금융기관 등에 경제제재, 자금세탁방지 관련 자문도 제
공하고 있다.

강형구

현재 한양대학교 경영대학 파이낸스경영학과 교수이며 2024년 한국재무관리학회
회장이다. 머신러닝 기반 테크핀(TechFin) 기업 한다파트너스를 창업하고 엑시트를
한 사업가이기도 하다.

독일 M&A 전문 로펌인 헹겔러 뮐러의 다니엘라 파보치아 파트
너 변호사는 세계지식포럼 'M&A를 통한 기업 성장 전략' 세션에서
"M&A를 통해 기업을 성장시키려면 자본, 전문성, 혁신, 시간 등 4가
지 요소에 집중해야 한다"고 말했다.

파보치아 파트너 변호사는 "유럽에서는 기업이 사모펀드와 같이 파
트너십을 구축하는데 이는 '자본' 측면에서 '윈윈 전략'이 될 수 있다"
며 "과거에는 사모펀드가 100% 지분을 인수했다면 최근에는 20% 정
도 소액 지분 투자부터 시작해 조금씩 지분을 늘리는 것이 트렌드"라
고 설명했다.

그러면서 다른 요소에 대해서는 "AI 기술을 다루려면 높은 '전문
성'과 '혁신'이 요구된다"며 "우량 자산과 부채를 선별적으로 넘기는
자산부채이전(P&A) 방식은 '시간'을 효율적으로 사용하는 좋은 방법"
이라고 덧붙였다.

● 이순열 김앤장 법률사무소 외국변호사(사진 오른쪽) 등 연사들이 제25회 세계지식포럼
'M&A를 통한 기업 성장 전략' 세션에서 대화를 나누고 있다.

파보치아 변호사는 "과거보다 면밀하게 M&A를 준비해야 한다"며 "재무적·법률적 부분과 경제 상황을 파악하고 관련 당국과 거래해야 한다"고 밝혔다. 해당 거래의 성공 확률을 상세히 파악해야 하며, 관련된 로비 활동이 중요해질 것이라고 봤다.

국내 기업이 M&A를 한다면 "외국 기업과 협상을 진행할 때 관련 기업이 회사의 전략적 방향과 맞는지 확인하고 현지인들한테 어떤 반응을 받을 수 있을지도 현지 로펌과 금융인과 이야기하면 좋다"고 조언했다.

그는 "회사가 굉장히 매력적이라 생각해 투자를 결정했을 때 변호사를 통해 회사 관련자를 만나면 경영진에 접근할 수 있다"고 말했다. 유럽 등 지역과 비즈니스 파트너와 일할 때는 "유럽인들은 직설적으로 말하는 경향이 있어 아시아 문화에서는 무례하다고 느껴질 수 있다"며 "외교적 수사를 잘 활용하는 사람이 유리하다"고 조언했다.

이순열 김앤장 법률사무소 외국변호사는 "3~4년 전만 해도 금리 인상이 없던 시기로 일본은 제로금리를 통해 인수 자금을 저렴하게 확보하는 것이 가능했다"며 "최근에는 비용이 올라가면서 투자가 어려워졌는데 투자 시기가 중요하다고 볼 수 있다"고 말했다.

글로벌 M&A 시장이 미국을 제외하면 성장이 둔화했다는 점을 최근 주목할 만한 점으로 꼽았다. 이 변호사는 "한국의 M&A 시장은 2~3년 전보다 속도가 둔화한 것이 맞다"며 "구조 조정과 관련된 한국 대기업의 움직임 등 자금을 조달하는 측면에서 불확실성이 커졌다"고 지적했다.

한인섭 삼일PwC 파트너는 "기업의 자금 역량에 영향을 줄 조세와 관련된 부분을 상당히 잘 준비해야 한다"며 "해외로 사업을 확장한다면 이중과세법 체결 문제를 살펴보고, 세금 관련 전문가 혹은 회계법인과 전문 로펌 등이 합류해야 한다"고 조언했다.

파보치아 변호사는 최근 기후 변화가 주요 트렌드로 떠오르고 있다며 "이제는 이사회가 단순히 핵심성과지표(KPI)에 따라 보상받지 않는다"며 "이사회 임원들이 ESG 경영의 부정적 요소를 줄였는지 평가받는다"고 밝혔다.

그는 "독일 생명과학 기업 '바이엘(Bayer AG)'도 이사회 의결 안건으로 가져가겠다고 발표했다"고 밝혔다. 이와 같이 최근 경영 환경에서 M&A와 기업 지배구조 관련 변화가 감지되고 있다고 분석했다.

파보치아 변호사는 독일의 화학회사인 바스프(BASF SE) 사례를 들며 "이 회사는 전문적인 M&A팀을 사내에 두고 있으며, JP모건과 골드

만삭스 등에서 일했던 변호사 경력 등이 있는 전문가가 330명에 달한
다"며 "이러한 외부 전문가는 여러 감독 당국과 대화하는 등에 도움이
될 것"이라고 설명했다.

기후 변화 시대
기업들의 생존 전략

옌스 오르펠트 | RWE 리뉴어블즈 해상풍력 아시아태평양 대표

김효은 | 전 외교부 기후변화대사

아담 본스타인 | HIP 노르웨이 혁신 금융 전문가 평가자

옌스 오르펠트

덴마크 출신으로 2021년부터 RWE 리뉴어블즈 아시아태평양 총괄 사장직을 맡고 있다. 2018년부터 3년간 녹색에너지 개발·투자 전문기업 그린인베스트먼트그룹 (Green Investment Group, GIG) 커머셜 디렉터로 활동한 바 있으며 2014년부터 2016년까지는 덴마크 해상풍력회사 오스테드(Orsted)에서 변호사로 근무했다.

김효은

연세대학교 정치외교학과를 졸업하고, 미국 시애틀 소재 워싱턴대학에서 국제관계학 석사를 받았다. 1992년 외무고시를 통해 외교부에 입부했다. 주유엔 대표부, 주루마니아 대사관 및 주OECD 대표부에서 근무했고, 2005년 부산 APEC 정상회의 실무를 총괄했다. 외교통상부(현 외교부) 세계무역기구과 과장과 기후변화환경과 과장으로, DDA 다자무역협상과 유엔 기후변화협상에서 한국을 대표했다.

아담 본스타인

녹색기후기금(Green Climate Fund)에서 재무 분석과 혁신 사무소를 이끌며 고위 관리팀 일원으로 활동했다. 25년 이상의 투자·운영 경험을 바탕으로 GCF에서 기후 투자 평가, 혁신 이니셔티브, 트렌드 분석을 감독했다. 또 노르웨이 혁신 프로그램(Innovation Norway's Humanitarian Innovation Program)의 혁신 금융 전문가 평가자로 활동했다.

"한국 정부가 해상풍력 사업자들에게 확신을 줘야 한다. 관련 부처가 해상풍력 프로젝트를 입찰에 부칠 때 중장기적인 일정이나 규모가 명확해야 한다."(옌스 오르펠트 RWE 리뉴어블즈 해상풍력 아시아태평양 대표)

"산업의 탈탄소화는 아예 새로운 가치 사슬과 인프라가 필요하다. 호의적인 생태계를 만들려면 정부가 노력을 많이 해야 한다."(김효은 전 외교부 기후변화대사)

기후 변화 관련 민관 전문가가 '탄소중립 2050'을 달성하기 위해 보다 적극적인 정부의 역할을 주문하고 나섰다. 총체적인 전환이 필요한데 초기 생태계는 정부가 주도적으로 만들어야 해서다.

옌스 오르펠트 RWE 리뉴어블즈 해상풍력 아시아태평양 대표는 정부가 기업이 충분히 대비할 수 있도록 사업자에게 확신을 줘야 한다고 말했다. 일본은 매년 입찰을 계획하다 보니 기업이 충분히 대비할 수 있고, 투자도 확신을 가질 수 있다.

정책 측면에서 해상풍력 특별법을 가장 먼저 선행해야 한다. 특별법이 통과되면 중앙정부가 전략적으로 산업을 추진할 기반이 마련될 뿐

● 옌스 오르펠트 RWE 리뉴어블즈 해상풍력 아시아태평양 대표(사진 가운데) 등 연사들이 제25회 세계지식포럼 '기후 변화 시대 기업들의 생존 전략' 세션에서 대화를 나누고 있다.

아니라 계통 인프라스트럭처, 이해관계자를 조율 관리하는 문제를 중앙정부가 좀 더 주도적으로 관리할 수 있다.

RWE는 1898년 처음 설립돼 석탄과 갈탄 위주의 발전을 해오다 최근 재생에너지 발전을 선도하는 기업이 됐다. 독일 기반의 글로벌 기업으로 현재 전 세계에서 총 44.4기가와트 규모의 발전설비를 운영 중이다. 2030년까지 전 세계에 550억 유로(80조 원)를 투자해 해상풍력을 비롯한 육상풍력, 태양광, 그린수소 등 친환경 사업을 육성할 계획이다. 이 중 35%에 해당하는 192억 유로(28조 원)를 해상풍력에 집중적으로 투자한다.

한국에서는 2023년 3월 충청남도 태안군 인근 앞바다에서 495메가와트 규모 서해해상풍력사업의 발전 사업 허가를 취득하며 첫 성과를 올렸다. 이번 허가는 RWE가 2023년 12월 일본 북부 니가타현에 해상 풍력단지 개발권을 획득한 이후 아시아 지역에서 두 번째 결실을 맺은 것이다. RWE는 한국과 일본을 중심으로 아시아태평양 지역 재생에너지 사업을 확장한다는 방침이다.

오르펠트 대표는 "한국은 해상풍력으로 수출 시장을 확대할 최적의 입지다"며 "2050년까지 넷제로를 달성하겠다는 한국의 목표를 지지한다. 20년간 해상풍력 단지를 건설한 경험을 토대로 한국의 해상풍력 시장을 성장하도록 돕겠다"고 말했다.

신재생에너지는 최근 인플레이션 등으로 세계적으로 추진 동력이 다소 약해진 것도 사실이다. 오르펠트 대표는 "러시아–우크라이나 전쟁 이후 탄소중립뿐 아니라 에너지 안보가 중요해졌다. 동시에 공급망 가격이 30% 넘게 껑충 오르면서 사업에 부담을 주고 있다"면서도 "에너지 업계의 무게중심이 유럽 시장으로 옮겨가고 있는데, 한국은 유럽을 참고하면 시행착오를 최소화할 수 있다"고 말했다.

김효은 전 대사는 "산업 활동은 온실가스의 3분의 1을 차지하고 있고 계속 증가하고 있다"며 "산업의 온실가스 배출을 줄이려면 시민단체, 금융회사, 정부 등 모든 이해관계자가 참여해야 한다"고 말했다.

이어 "막대한 투자와 돌파적인 기술이 필요한 만큼 단일 기업이나 업종의 노력만으로는 불가능하다"며 "특히 철강과 시멘트 화학은 많은 일자리를 만들므로 이들에게만 탄소중립을 강요해서는 안 된다"고 말했다.

김 전 대사는 단기적인 목표를 세우고 행동강령을 세워야 한다고 강조했다. 그는 "많은 기업이 '탄소중립 2050' 행동강령을 발표했는데 2050년까지는 다소 먼 감이 있다"며 "2030년, 2035년까지 중간 목표와 이에 맞는 행동강령이 필요하다"고 말했다.

여성 건강,
10억 달러 시장을 노려라

루시 페레즈 | 맥킨지앤드컴퍼니 보스턴사무소 시니어 파트너

미셸 윌리엄스 | 하버드대학 T. H. 챈 보건대학원 교수

이용진 | 맥킨지앤드컴퍼니 시니어 파트너

루시 페레즈

맥킨지앤드컴퍼니 보스턴사무소 시니어 파트너로 제약·바이오·생명공학 분야 글로벌 기업들에 성장 전략, 혁신, 지속가능성, 변혁적 조직관리에 대해 15년 이상 자문해오고 있다. 맥킨지건강연구소(MHI) 공동대표이기도 한 그는 건강 형평성에 초점을 맞추고 있다.

미셸 윌리엄스

역학자이자 교육자다. 미국 하버드대학 공중보건대학원(Harvard T. H. Chan School of Public Health) 학장으로서 7년간 임기를 마치고 현재 스탠퍼드대학에서 초빙 교수로 안식년을 보내고 있다.

이용진

1997년 맥킨지에 입사한 뒤 보스턴, 실리콘밸리사무소를 거쳐 2003년 서울사무소

에 합류했다. 한국 TMT(Technology, Media and Telecom) 부문 리더로 활동 중이다.

여성과 남성 간의 건강 격차를 해소하는 것이 전 세계 경제에서 매년 1조 달러 이상의 경제적 효과를 창출할 수 있다는 진단이 나왔다. 여성이 남성에 비해 건강의 질이 후퇴돼 있다는 점에서 여성 건강에 1달러를 투자하면 그 3배인 3달러의 경제적 가치가 발생할 수 있나는 분석이다. 신체적·정신적으로 삶의 질이 개선된 여성들이 노동 전선에 적극적으로 참여할 수 있다는 배경에서다.

루시 페레즈 맥킨지앤드컴퍼니 보스턴사무소 시니어 파트너 겸 MHI 공동대표는 세계지식포럼에서 "여성은 남성에 비해 평균적으로 더 오래 살지만, 오히려 건강하지 못한 기간은 여성이 길며 남성보다 25% 더 많은 시간을 고통 속에서 살고 있다"고 전했다.

MHI는 글로벌 컨설팅 전문 기업인 맥킨지앤드컴퍼니의 비영리 연구 기관으로, 2024년 초 WFF와 협력해 여성 건강에 투자함으로써 얻을 수 있는 보건·경제적 효과를 발표한 바 있다.

이날 '여성 건강, 10억 달러 시장을 노려라'라는 주제로 무대에 오른 페레즈 대표는 "여성의 건강 격차를 해소하면 전 세계적으로 매년 여성들이 7일 더 (경제 생산성을 높일 수 있는) 건강한 삶을 살 수 있고, 2024년까지 1조 달러 이상의 경제적 효과를 창출할 수 있다"며 여성 건강에 대한 투자의 중요성을 강조했다. 이는 곧 1억 3,700만 여성이 정규직 일자리를 얻는 효과에 해당한다는 설명이다.

그러면서 그는 "여성 건강에 대한 문제는 단순히 생식기 건강에만

● 미셸 윌리엄스 하버드대학 T. H. 챈 보건대학원 교수(사진 가운데)가 제25회 세계지식포럼 '여성 건강, 10억 달러 시장을 노려라' 세션에서 발언하고 있다.

국한된 것이 아니"라면서 "심혈관 질환이나 면역 질환처럼 여성에게 더 큰 영향을 미치는 질환들이 있으므로 성별에 따른 생물학적 차이를 고려한 맞춤형 의료가 필요하다"고 덧붙였다.

즉 의료 연구와 치료 개발에서 성별 차이에 대한 이해 부족과 많은 사회에서 여성의 건강 문제로 출산 문제 외의 질환에 관해 관심이 부족하다는 것, 일부 지역과 대상군에서 여성들의 의료 접근성이 열악하다는 점 등이 성별 건강 불평등의 원인으로 꼽히는 만큼 개선이 필요하다는 지적이다.

미셸 윌리엄스 하버드대학 T. H. 챈 보건대학원 교수(역사학자)도 "여성 건강에 대한 투자는 사회 전체의 건강과 경제적 성과를 증진하는 가장 중요한 투자"라고 강조했다.

이어 그는 "(투자 관점에서) 최신 연구 결과에 따르면, 남성의 생식기 질환 관련 시장이 약 21억 달러 규모를 형성하고 있는 반면 여성의 자궁 내막증 관련 시장은 2,000~3,000억 달러 규모로 잠재력이 크다"면서 "단순히 여성의 건강 측면만 바라볼 것이 아니라 이러한 시장의 잠재력을 바탕으로 사회적인 발전과도 연계할 수 있다는 맥락을 함께 읽어야 한다"고 덧붙였다.

한편 이날 현장에서는 성별 건강 격차에 따라 축적되는 데이터 역시 편향성이 짙어지고 있다는 청중의 지적이 나왔다.

이에 대해 윌리엄스 교수도 "현재 건강 관련 데이터에서 편견이 많이 발견되고 있다"면서 "이러한 데이터로 구축된 AI 모델은 심각한 실수를 범할 수 있다"고 우려했다. 페레즈 대표는 "데이터를 수집하는 단계에서 정확성을 확보할 양질의 데이터를 축적하기 위한 선제적인 투자가 필요한 지점"이라고 의견을 냈다.

또 여성의 보건 문제와 그에 따른 투자 관점에서 기업의 연구개발 자유도와 규제 간의 균형 지점에 대한 질의가 나왔다. 이에 대해 윌리엄스 교수는 "공공 부문은 규제 생태계를 개선하는 것에 대한 책임감을, 민간은 혁신을 위한 다양한 자산을 보유한 만큼 지속가능성에 대한 의지가 각각 필요하다"면서 "기업은 지속가능성을 위한 리더십 역시 중요할 것"이라고 말했다.

금융 비밀은
어떻게 다뤄야 하나

잉고 월터 | 뉴욕대학 스턴경영대학원 명예교수

잉고 월터

미국 펜실베이니아주에 있는 리하이대학, 뉴욕대학에서 국제무역, 국제은행과 다국
적 기업 운영 등을 전공한 다국적 기업 경영 관련 전문가다. 뉴욕대학 스턴경영대학
원의 금융, 기업경영구조와 윤리학 명예교수이기도 하다. 주된 연구 분야는 국제은
행, 자본 시장, 기업경영구조, 리스크 관리 등이다. 이 분야의 전문 학술지 대부분에
논문을 저술하거나 공동 저술한 경험이 있으며, 저서 27권을 공동 집필, 단독 집필
하거나 편집했다. 최근에 《월스트리트 조정(Regulating Wall Street)》을 발간했다.

"다국적 기업들이 늘면서 기업이 비즈니스를 하는 국가들에서 해결
해야 할 금융 리스크가 늘어나고 있다"."이와 같은 리스크를 줄이려
면 '금융 비밀' 유지에 유리한 국가들을 잘 선별해야 한다."

　　스위스 은행 예금 유치, 파나마로의 자산 이전 등은 조세 피난처, 범

죄 자산 은닉 등의 수식어로 이어지면서 국내에서는 부정적인 행위로 주로 인식된다.

하지만 잉고 월터 뉴욕대학 스턴경영대학원 명예교수는 범죄, 음지 영역이라고만 여겨졌던 해외로의 금융 비밀(Financial Secrety) 영역이 다국적 기업들의 출현으로 하나의 합법적인 비즈니스로 성장하고 있다고 분석했다. 단순히 조세 피난의 목적이 아니라 정치적 리스크를 줄이고 자금을 안전하게 보관한다는 측면에서 금융 비밀 영역은 기업들에 필수적인 영역이 됐다는 것이다.

월터 교수가 기업들이 민감한 금융 정보나 자산을 시중은행에 맡겼다가 해킹 등의 이유로 큰 피해를 보는 상황을 목격하면서부터 다국적 기업들의 금융 비밀에 관심을 두게 됐다. 그는 "선진국의 시중은행은 이런 문제가 잘 일어나지 않지만, 신흥국 은행은 이런 '대리인 문제'가 자주 발생한다"고 지적했다.

월터 교수가 바라보는 금융 비밀 산업은 조세 회피, 탈세 등 불법적인 영역에 대한 보안이 아니라 금융 비용으로 인한 리스크 측면이다. 그는 "다국적 기업들은 악의적인 집단 소송, 정치적 불안정성 등 상당히 많은 리스크에 직면하고 있다"고 분석했다.

여러 나라에서 비즈니스를 한다면 해당 국가에 쿠데타 등의 정치적 이슈가 발생할 수 있을뿐더러 그 나라의 화폐 가치가 크게 하락하는 경우, 외국 기업에 대한 과도한 과세 등이 금융 비용으로 작용할 수 있다는 것이다. 이처럼 합법적인 이유로 해외로 자산을 이전해 금융 비밀을 지키려고 하지만, 지금까지 금융 비밀이라는 개념이 익숙지 않아 조세 피난처로 활용하는 국가에 자산을 이전했다는 것이 월터 교수의 주장이다.

하지만 파나마 페이퍼 사건 등 불법 조세 은닉처를 밝히려는 언론과 시민단체 등의 노력으로 조세 은닉처의 정보가 공개되면서 이들 기업의 금융 비밀도 함께 공개돼 피해를 보는 사례가 많았다는 주장이다.

이 같은 상황에서 월터 교수는 스위스, 리히텐슈타인, 룩셈부르크 등의 국가를 합법적인 자산 이전처로 제시했다. 이 국가들은 금융에 대한 정보 보안이 강력하다는 점에서는 파나마 등 범죄 수익 은닉 국가들과 비슷하지만, 정치적 상황의 안정과 환율 안정성 등이 유리하다는 분석이다.

스위스와 리히텐슈타인은 유럽 중심부에 있는 만큼 기업들이 직접 찾아가서 자금이 잘 보관되고 있는지를 확인하기에도 유리하다고 강조했다. 그는 이외에도 아시아에서는 싱가포르와 홍콩 등을 추천했다.

한편 영국에 본부를 둔 조세정의네트워크(TJN)가 2022년 발표한 금융비밀지수에 따르면, 미국은 금융 비밀이 가장 잘 지켜지는 국가로 선정됐다. 2위는 스위스, 3위와 4위는 싱가포르와 홍콩이 차지했다. 일본과 독일은 각각 6위와 7위, 한국은 16위를 기록했다. 한국은 기업 지분구조, 법인세 공개 등에서는 투명성이 높았지만 은행 거래 투명성 측면에서는 평균보다 점수가 낮았다.

토트넘 홋스퍼는
어떻게 최고 명문 구단이 됐나

라이언 노리스 | 토트넘 홋스퍼 FC 최고수익책임자

전한석 | 스파크바이오랩 상무

라이언 노리스

현재 토트넘 홋스퍼 축구 클럽의 최고수익책임자로 회장에게 직접 보고하고 있다. 스폰서십, 미디어 판매, 디지털 콘텐츠 수익화, 프리미엄 호스피털리티, 이벤트와 어트랙션, 소비자 마케팅, 투어와 친선 경기 등 수익과 관련 있는 상업 부서를 감독하는 업무를 담당하고 있다.

전한석

현 요즈마그룹코리아 최고사업개발책임자(CBDO)이자 사업개발본부 상무다. 2008년부터 블룸버그통신 홍콩에서 재직했으며 3년간 정보 분석&세일즈(Analytics & Sales) 부문을 담당했다.

세계지식포럼의 '토트넘 홋스퍼는 어떻게 최고 명문 구단으로 자리 매김했는가' 세션은 시작 30분 전부터 맛집 대기 줄보다 더 긴 줄이 꼬

● 라이언 노리스 토트넘 홋스퍼 FC 최고수익책임자(CRO)가 제25회 세계지식포럼 '토트넘 홋스퍼는 어떻게 최고 명문 구단이 됐나' 세션에서 발표하고 있다.

리를 이었다. 방청객은 한국 축구의 자존심으로 통하는 토트넘 소속 손흥민 선수의 인기를 보여주기라도 하듯 성별과 나이를 가리지 않고 몰려 북새통이었다.

토트넘을 '세계 축구의 심장부' 잉글랜드 프리미어리그(EPL)의 다크호스로 키워낸 라이언 노리스 CRO는 이날 세션에서 스포츠 비즈니스가 성공하려면 리더십과 스폰서십이 중요하다고 강조했다. 한국 스포츠가 팬 층이 확대된 데도 불구하고 한국축구협회 국가대표팀 감독 선임 문제와 한국배드민턴협회 스폰서십 규정 논란 등으로 떠들썩했다는 점에서 눈길을 끄는 대목이다.

노리스 CRO는 토트넘 구단 수입을 책임지는 인물이다. 앞서 미국 야구 메이저리그의 LA다저스와 뉴욕 양키스, 내셔널 풋볼 리그(NFL)

의 마이애미 돌핀스, 축구클럽지주회사 시티풋볼그룹을 비롯해 이탈리아 세리에A의 AS로마 등 다양한 스포츠 구단이 상업적 흥행을 거두는 데 기여한 것으로도 유명하다.

토트넘이 최근 약 10년간 우승컵 하나 없이도 전 세계에서 가장 가치 있는 구단 8위에 오른 것에 대해 노리스 CRO는 "축구를 잘하는 것도 중요하지만 제대로 된 팀을 꾸리고, 지속가능한 성공을 할 수 있는 환경을 만드는 작업이 더 우선"이라고 강조했다.

그는 "과거와 달라지려면 조직을 완전히 다시 만드는 식의 작업(리빌딩)이 중요하다"면서 "과정을 제대로 밟지 않으면 결과적으로 봤을 때 성공할 수 없다는 것이 내 지론"이라고 힘주어 말했다.

이어 그는 "지도자 역할이 핵심인데, 해야 할 일은 기꺼이 하되 팬들과 공감대를 만들 줄 알아야 한다"고 했다. 스포츠 구단은 승리가 중요하지만, 구단을 제대로 운영하려면 두터운 팬 층과 고정적인 수입이 중요하다는 점에서 지도자도 관객의 선호를 의식해야 한다는 얘기다.

스포츠 구단이 지속가능한 성장 환경을 만들려면 스폰서십도 중요하다. 노리스 CRO는 "토트넘은 EPL 구단 중에서 유일하게 외국인이 아닌 영국인 구단주를 두고 있다"면서 "런던 연고지를 둔 구단으로서의 역사를 유지하면서 자금을 끌어모으려면 경기 관람권 매출에만 의지하지 않고 든든한 스폰서를 구하는 일이 함께여야 한다"고 언급했다.

토트넘은 최근 튀르키예 기업인 게티르(Getir)와의 스폰서 계약을 끝냈지만, 영국 석유 대기업 캐스트롤을 비롯해 또 다른 석유 대기업 브리티시 페트롤리움(BP)이 세운 전기차 기업 BP 풀스와 손잡았고 경기장 명명권 판매 계획도 있는 것으로 알려졌다. 업계에서는 두 기업과의 새 스폰서십 규모가 총 1,000만 파운드(약 175억 원)에 달할 것으로 추산한다.

한편 노리스 CRO는 지속가능한 성장을 하려면 스포츠 구단이 경기장을 거점 삼아 콘텐츠 플랫폼으로 거듭나야 한다고 강조했다. 그는 "경기가 없을 때도 사람들이 찾아오도록 하는 콘텐츠가 관건"이라면서 "우리가 스페인 레알 마드리드나 영국 맨체스터 유나이티드 등을 8~10년 앞섰다고 평가받는 이유는 자체 경기장을 두고 그곳에서 레이디 가가나 비욘세 같은 유명 가수들의 공연, F1 경기나 NFL 경기 관련 행사를 열어 꾸준히 관심을 끌고 매출을 올리기 때문"이라고 했다.

스포츠비즈니스 확장 잠재력이 큰 시장으로 노리스 CRO는 중국보다는 한국과 일본을 주목했다. 그는 "단연 아시아 지역을 눈여겨본다"면서 "한국을 비롯해 일본과 동남아를 염두에 두고 있으며 선수 영입뿐 아니라 팬들의 소비 여력까지 감안할 때 최우선 순위 지역"이라고 밝혔다. 토트넘은 2024년 여름, 한국 강원FC 소속 양민혁을 2025년 1월 경기에 합류하는 조건으로 약 340만 파운드(약 60억 원)에 영입했다.

축구행정전문단체 '페어 게임'이 2024년 8월 발표한 바에 따르면, 토트넘은 EPL에서 지배 구조가 가장 건전하고 지속가능한 경영 방식을 보여준 잉글랜드 구단으로 평가받았다. 팬들과의 소통을 비롯해 지속가능성, 지역 사회 기여도 측면이 높은 점수를 받았다. 앞서 5월 〈포브스〉는 전 세계 구단 가치 상위 10곳을 공개하면서 토트넘이 8위(구단 가치 32억 달러, 약 4조 3,792억 원)라고 밝혔다.

PART 5

호모 심비우스-
공생하는 인류

1

출산율 반등의 비밀

헝가리 인구
대역전 비결

노바크 커털린 | 전 헝가리 대통령
케빈 알리 | 오가논 CEO
나경원 | 국민의힘 국회의원
이철희 | 서울대학교 경제학부 교수

노바크 커털린

헝가리의 독특한 가족 정책 모델을 만든 사람 중 한 명이다. 2014년부터 2022년까지 재임하는 동안 포괄적인 친가족 정책을 추진했고, 그 결과 헝가리는 인구 감소에 맞서 싸우는 국제적인 기준점이 되는 놀라운 변화를 겪었다.

케빈 알리

여성 건강 증진에 주력하는 글로벌 헬스케어 기업인 오가논(Organon) CEO이자 이사회 이사를 역임하고 있다. 그의 리더십하에 현재 오가논은 직원 약 1만 명과 함께 총 60여 개국에서 비즈니스를 이어가며 세계 최고의 여성 건강 헬스케어 기업으로 자리매김하고 있다.

나경원

제17, 18, 19, 20대 국회의원을 지냈으며 현재 제22대 국회의원으로 활동 중이다. 또

사단법인 '인구와 기후 그리고 내일(PACT)' 회장을 역임하고 있다. 2022년 세계경제포럼(WEF) 연차총회에 대통령 특사 자격으로 방문해 외교 활동을 펼친 바 있다.

___

이철희

서울대학교 경제학부 교수다. 대통령 직속 저출산고령사회위원회, 인구정책기획단 등 다양한 정부 위원회 위원으로 활동한 바 있다. 현재 서울대학교 국가미래전략원 인구클러스터를 이끌고 있다.

"한때 헝가리 출산율은 1.27명으로 '인구 재앙' 같은 상황이었다. 한국도 지금 스스로 죽음을 맞이하는 사회로 진입하는 단계다."

2000년대 초만 해도 저출산국으로 알려져 있었으나 과감하게 결혼 장려·출산 정책을 펴면서 출산율을 크게 올린 헝가리의 노바크 커털린 전 대통령(2022~2024년 재임)은 세계지식포럼에서 "우리 미래의 가장 큰 도전은 저출생으로, 세계 전체가 위기를 겪고 있지만 특히 한국은 더 거센 위험에 처했다"며 이같이 경고했다.

노바크 전 대통령은 "윤석열 대통령이 인구 국가비상사태를 선포한 것은 고무적"이라며 "아이가 없는 국가는 죽어가는 나라로, 이는 죽어가는 세상을 뜻한다"고 말했다.

저출생 국가로 알려진 헝가리와 한국 합계출산율은 2010년대만 해도 수준이 비슷했다. 헝가리와 한국 통계청에 따르면, 헝가리는 2011년 합계출산율이 1.23명을 기록했으나 저출생 지원 정책을 통해 꾸준히 증가하면서 2021년 1.59명까지 올랐다. 한국은 같은 기간 1.24명에서 0.81명까지 떨어졌으며 2023년에는 0.72명까지 추락했다.

● 노바크 커털린 전 헝가리 대통령(사진 오른쪽) 등 연사들이 제25회 세계지식포럼 '헝가리 인구 대역전 비결' 세션에서 대화를 나누고 있다.

헝가리가 저출생 문제를 극복한 이유는 산학연·언론이 저출생 위기를 인지하고 이를 극복하는 데 한마음을 모아서라고 강조했다. 노바크 전 대통령은 "가족 친화적 정책을 수립하고 아이들에게 적극 투자해야 한다"며 "과감한 재정 지원과 세제 절감, 학자금, 주택담보대출 상환을 감면하는 혜택 등을 줬다"고 설명했다. 그는 자녀를 4명 이상 출산하면 평생 소득세를 면제하는 혜택과 양육자들을 위한 대출 프로그램 도입 등을 예로 들었다.

저출산고령사회위원회 부위원장을 역임하며 저출생 정책과 관련해 '헝가리 모델' 도입을 주장해왔던 나경원 국민의힘 의원은 "한국은 출산의 어려움 가운데 주택 문제가 가장 큰데 헝가리 정책을 기본으로 한 법안을 발의했다"며 "변화하는 인구 문제에서 외국인 노동자 고용 촉진 정책도 필요하다"고 말했다.

나 의원은 신혼부부가 2억 원 이하 주택자금을 연 1% 이내 초저금리로 대출받을 수 있게 하고, 출산 시 자녀 수에 따라 대출금 이자와 원금을 지원하는 내용의 법안을 내놓았다. 그는 2023년 1월 헝가리식 '대출 탕감' 방안을 거론했다가 대통령실로부터 이례적으로 '정책 기조와 다르다'는 질책을 받아 임명 석 달 만에 자진 사퇴한 바 있다.

나 의원은 재택근무와 탄력근무, 유연근무를 확대해야 하며 육아가 남녀 공동 부담이라는 인식을 정립해야 한다고 밝혔다. 이와 함께 20·30대 남녀가 취업하는 데 유리하도록 점수를 주는 군가산점과 출산가산점을 동시에 도입하자고 제안했다.

이철희 교수가 "한국 여성이 경력단절 우려로 출산을 꺼리는 등 출산율과 여성 취업률이 상호보완적이지 않다"는 지적에 대해 노바크 전 대통령은 "헝가리의 친가족 정책으로 기혼자 수가 2배 이상 늘고, 출신율과 여성 취업률도 많이 상승했다"며 "여성들이 커리어로 인해 자녀를 포기하지 않는 환경을 만들어야 한다"고 말했다.

이를 위해 재계가 같이 협력해 출산 장려 환경을 조성할 것을 조언했다. 노바크 전 대통령은 "어린 시절에 좋은 엄마가 되고 싶다는 생각으로 세 자녀의 자랑스러운 엄마가 됐다"며 "경제학자와 국회의원, 국가를 대표하는 자리까지 올랐고, 엄마가 됐던 것처럼 꿈을 위한 커리어도 가졌다"고 밝혔다.

노바크 전 대통령은 최근 출산 연령이 늦어지는 것을 지적하며 "젊은이들이 출산을 늦추면 힘들어지고 여파가 있다는 점을 알아야 한다"며 "과학적 기반을 갖춘 정보를 들어야 하며 불임 치료도 중요하지만, 이것으로는 한계가 있다"고 강조했다.

난임·불임 치료제 등 여성 건강 증진에 주력하는 글로벌 헬스케어 기업인 오가논 케빈 알리(Kevin Ali) CEO는 "글로벌 R&D 비용 중 4%는 여성에 쓰는 데 더 많은 투자가 필요하다"며 "우리 회사는 직원·경영진은 50%, 이사회는 70%를 여성으로 구성해 공정한 채용 기회를 거치는데 더 많은 기업이 이 같은 기준을 도입해야 한다"고 강조했다.

오드리 탕이 이야기하는
집단지성의 힘

오드리 탕 | 전 대만 디지털 장관

오드리 탕

전 대만 초대 디지털 담당 정무위원(장관)이자 유명 프로그래머다. 2016년 대만 사상 최연소인 35세 나이로 정무위원에 임명됐다. 정규 교육 과정을 수료하지 않은 최연소 고위직 공무원으로 큰 관심을 받으며 ICT를 활용해 정부와 시민 간의 소통을 돕는 채널을 구축함으로써 국민 참여형 공공정책을 펼치는 데 중요한 역할을 했다. 2023년 〈타임〉지의 '가장 영향력 있는 인물 100인' 중 한 명으로 선정되며 디지털 민주주의에 대한 선구적인 노력을 인정받은 바 있다.

"시민들이 참여하는 공유 데이터베이스를 구축하라. 시민들의 집단지성으로 가짜뉴스와 딥페이크를 몰아낼 수 있다."

소셜미디어를 통해 무분별하게 퍼지는 가짜뉴스와 이로 인한 사회적 양극화가 심화하는 가운데 오드리 탕 전 대만 디지털 장관은 한국

● 오드리 탕 전 대만 디지털 장관이 제25회 세계지식포럼 '오드리 탕이 이야기하는 집단 지성의 힘' 세션에서 발표하고 있다.

에서도 시민들이 주도하는 새로운 플랫폼을 만들어 효과적으로 대응할 수 있다고 조언했다.

탕 전 장관은 세계지식포럼 '오드리 탕이 이야기하는 집단지성의 힘' 세션에서 "대만은 시민들이 주도하는 팩트 체크 시스템으로 가짜 정보를 이겨내고 있다"고 밝혔다. IT 강국으로 꼽히는 대만은 디지털 혁신을 위해 2022년 디지털부를 신설하고 오드리 탕을 초대 장관으로 임명했다.

대만 사회는 디지털 역량의 중요성에 대한 공감대가 형성돼 있을 뿐 아니라 시민들이 자발적으로 가짜뉴스를 검증하는 데 적극적으로 나서는 분위기다.

탕 전 장관은 "소셜미디어가 보편화되면서 정보 공유는 빨라졌지만, 양극화라는 문제가 생겼다"며 "텔레그램부터 라인, 와츠앱(WhatsApp) 등 여러 소셜미디어에서 정보가 비균형적이고 편파적으로 퍼지기 시작했다"고 지적했다.

그는 사회적 양극화를 해결하기 위한 팩트 체크 챗봇 서비스인 '코 팩츠(Cofacts)'를 소개하며 집단지성의 필요성을 강조했다. 2016년 오픈소스로 시작된 코팩츠는 여러 소셜미디어에 광범위하게 적용할 수 있는 챗봇 서비스로, 시민들이 자발적으로 모여 허위 정보를 제보하고 검증한다.

탕 전 장관은 "2,400만 명에 달하는 대만 국민 대부분이 코팩츠를 활용한 생태계에 참여하고 있으며 태국 등으로도 확산하는 추세"고 "모든 사람이 협력해 사실을 확인할 수 있는 친사회적인 소셜미디어가 만들어진 것"이라고 설명했다.

이어 "10년간 구축해온 오픈소스 인프라를 활용해 코로나 팬데믹 때도 빠르게 마스크 지도, 개인정보 보호 접촉 추적 시스템을 고안해 냈다"며 "봉쇄 없이 낮은 사망률을 기록한 배경"이라고 했다.

탕 전 장관에 따르면, 대만은 사회에서 일어나는 갈등과 분열을 민주적으로 해결하는 데도 AI 기술을 적극 도입하고 있다. 딥페이크 규제와 인터넷 자유를 두고 다양한 의견을 공유하는 과정에서도 AI가 공통 아이디어를 요약하게끔 활용하는 식이다.

또 공무원, 민간, 시민 사회가 힘을 합쳐 지역 문제를 해결하는 '총통배 국제 해커톤 대회' 역시 참여민주주의의 성공적인 사례로 꼽힌다. 2019년 시작한 이 대회는 오픈 데이터를 활용해 여러 사회 문제를 해결하는 것을 목표로 한다.

탕 전 장관은 "공무원, 민간 부문, 시민 사회 출신 인사가 모여 팀을 이루고 지역에 효과적인 방안을 집단지성으로 제안하는 방식"이라며 "원격 의료와 대기 오염 등 다양한 주제를 다룬 프로젝트를 매년 200개씩 웹사이트에서 확인할 수 있다"고 설명했다.

그는 "사람들과 민주 기관 사이의 신뢰가 약화한 것이 우리 시대의 문제"라며 "여러 집단지성 시스템을 제도화한 후 정부와 국민 관계가 긍정적으로 바뀌기 시작했다"고 했다.

이어 "정부가 국민을 근본적으로 신뢰하면 국민도 정부를 신뢰하게 될 것"이라고 강조했다.

또 극심한 양극화로 사회 균열을 겪는 한국에서도 대만식 디지털 민주주의 모델을 참고할 수 있다고 조언했다.

탕 전 장관은 "한국에서도 가짜뉴스와 소셜미디어에서의 양극화 등 대만과 비슷한 문제를 겪는 것으로 안다"며 "대만의 코팩츠 같은 공유 데이터베이스를 구축하고 시민 사회를 참여하게 한다면 효과를 볼 수 있을 것"이라고 조언했다.

또 학생들의 미디어 역량을 키우는 교육도 하나의 방법이 될 수 있다고 봤다. 그는 "미디어 리터러시를 넘어 미디어에서 정보를 생산할 때 사실 확인을 거칠 수 있도록 해야 한다"고 했다.

이날 세션의 발표가 끝난 후에도 집단지성 플랫폼의 활용법 등에 대한 질문 열기가 뜨거웠다. 탕 전 장관과 인사를 하거나 사진을 남기기 위한 청중이 무대 앞으로 모여들기도 했다. 또 AI를 활용한 동시통역을 세계지식포럼 세션 중 처음 선보여 발표에 대한 집중도를 높였다.

사람들은
왜 음모론에 빠져들까

마이클 셔머 | 〈스켑틱〉 매거진 발행인

마이클 셔머

〈스켑틱(Skeptics)〉 매거진 발행인이자 팟캐스트 '마이클 셔머 쇼'의 진행자다. 18년 동안 〈사이언티픽 아메리칸〉 월간 칼럼니스트로도 활동했다. 그는 〈뉴욕 타임스〉 베스트셀러인 《왜 사람들은 이상한 것을 믿는가》를 비롯해 《왜 다윈이 중요한가》, 《도덕의 궤적》, 《무신예찬》, 《믿음의 탄생》 등 다양한 책을 집필했다.

"현대 사회는 음모론의 천국입니다. 유튜브 등 미디어의 발달과 딥페이크 등 기술 발전에 힘입어 어느 때보다 다양하고 그럴듯해 보이는 거짓 선동들이 눈과 귀를 사로잡고 있습니다."

《믿음의 탄생》, 《도덕의 궤적》 등을 집필한 미국의 작가이자 월간 교양 과학 잡지 〈스켑틱〉의 에디터인 마이클 셔머는 제25회 세계지식포럼에서 "현대인들은 자신도 모르는 사이 누구나 음모론을 신봉하고

● 마이클 셔머 〈스켑틱〉 매거진 발행인이 제25회 세계지식포럼 '사람들은 왜 음모론에 빠져들까' 세션에서 발표하고 있다.

있다"고 말했다.

'사람들은 왜 음모론에 빠져들까?'라는 주제로 개최된 세션에서 그는 "연구 결과 대부분이 하나 이상의 음모론을 믿고 있다는 결과가 나왔다"며 "음모론을 믿는 사람들을 비상식적이고 어리석은 사람 취급을 하는 것은 올바른 접근법이 아니"라고 말했다.

셔머 에디터에 따르면, 음모론을 믿는 성향은 인간의 유전자 깊숙한 곳에 새겨져 있는 '생존 본능'이다. 이해할 수 없는 상황을 맞닥뜨렸을 때 그 뒤에 숨어 있는 패턴을 파악해 안전한 대응책을 찾으려고 가동되는 보호 기제란 것이다.

그렇다고 그가 음모론을 어쩔 수 없는 것으로 받아들이거나 음모론을 찬양하는 것은 아니다. 마이클 에디터는 "음모론은 세상을 왜곡해 바라보게 하고 다른 사람들에게 해를 입히기도 한다"며 "진실이 아닌 것을 믿는 태도는 위험하다"고 강조했다.

　그는 음모론에서 언급되는 음모란 '2인이나 그 이상의 사람들이 비밀리에 담합을 해서 다른 사람이나 본인에게 해를 가하거나 이용하려고 하는 것'이라고 정의했다. 또 음모론이란 '사건 원인에 음모가 있을 수 있다고 믿는 일련의 구조화된 믿음 체계'라고 정의했다. 어떤 음모론이 사실인지 그렇지 않은지가 아니라 그것이 하나의 인지 체계로서 기능하는 것이 중요하다.

　셔머 에디터는 "세상에는 정말 다양한 음모론이 있다"며 다양한 음모론을 언급했다. 그는 비행기가 지나다니면서 사람들의 생각을 조종할 수 있는 화학 물질을 뿌린다는 음모론인 '켐트레일(Chemtrails) 음모론', 시온의정서를 바탕으로 홀로코스트는 실제로 존재하지 않았다고 주장하는 '반유대주의 음모론', 9·11 테러는 부시 행정부가 기획하고 만든 사건이라는 '9·11 테러 배후 조작설' 등을 소개했다.

　그는 "특히 유명한 사람이 예기치 않은 죽음을 맞이했을 때 이와 관련한 음모론이 자주 등장한다"며 존 F. 케네디, 마틴 루터 킹, 다이애나 스펜서 등이 사망했을 때 떠돌았던 음모론을 예시로 들었다.

　셔머 에디터는 사람들이 음모론을 믿는 이유를 3가지 언급했다. 역사적으로 큰 영향을 끼친 사건이 사소한 이유에서 발생했다는 인과관계를 납득하기 어려운 데서 발생하는 '인지부조화', 불행한 일이 발생했을 때 그것이 더 큰 조직 때문에 일어났다고 생각하는 '경향성', 음모론이 사실로 밝혀지기도 하니 차라리 음모론을 믿는 것이 현명하다고 생각하는 '행위자성(Agenticity)' 등이 그것이다.

셔머 에디터는 "코로나19 때도 전염병 그 자체보다 관련한 음모론으로 전염병에 대응하는 사람들이 큰 어려움을 겪었다"며 "미디어가 발달하고 수많은 정보를 접할 수 있는 현대 사회에서 음모론에 대응하는 일은 점점 더 어려워지고 있다"고 말했다.

그는 음모론을 막으려면 '교육'과 '투명성'이 중요하다고 말했다. 셔머 에디터는 "더 높은 교육을 받은 사람들이 음모론에 덜 취약하고 교육 수준이 낮을수록 음모론에 깊이 빠져든다는 연구 결과가 있다"며 "투명성을 통해 민주주의 제도에 대한 신뢰를 쌓고 견제와 균형을 이루는 것이 잘못된 음모론의 확산을 막는 데 도움이 된다"고 말했다.

강연이 끝난 뒤 그에게 "수많은 음모론을 접할 수밖에 없는 세상에서 개인이 음모론에 휘말리지 않고 살아가기 위한 조언을 줄 수 있느냐"고 물었다. 셔머 에디터는 "의심하는 자세를 가져라(Be skeptical)"라고 답했다. 접하는 수많은 정보를 그대로 받아들이지 말고, 자신이 확실하다고 생각할 수 없는 대부분에 대해 '그것이 사실일까'라고 의심하는 태도를 가져보라는 조언이다.

인류의 영원한 적,
비만

존 비클 | 한국릴리 대표

알론 블루멘팰트 | 라지엘 CEO

시몬 엑하우스 | 에피토미 메디컬 공동설립자 겸 이사회 회장

사샤 세미엔추크 | 한국 노보 노디스크제약㈜ 대표이사

오상우 | 동국대학교일산병원 가정의학과 교수

존 비클

릴리코리아의 신임 총괄 매니저로, 일라이 릴리 앤드 컴퍼니(Eli Lilly and Company)에서 26년간의 리더십 경험을 보유하고 있다. 이전에는 일본 사업 부문을 강화하는 데 중요한 역할을 했으며 디지털화, 옴니채널 조정, 데이터 분석을 마케팅 의사결정에 적용하는 여러 이니셔티브를 주도했다.

알론 블루멘팰트

지방을 저장하는 지방세포를 지방을 연소시키는 세포로 전환하는 주사제를 개발한 라지엘 세러퓨틱스(Raziel Therapeutics) 최고경영자(CEO)다.

시몬 엑하우스

2021년 텔아비브 증권거래소에 상장한 체중 관리 기기를 공동 개발한 에피토미 메디컬(Epitomee Medical) 회장 겸 공동창립자다. 1992년 IPL(Intense Pulsed Light) 기술을 발명한 후 루메니스를 설립하고 나스닥에 상장해 10억 달러 이상의 기업 가치를 달성했다.

사샤 세미엔추크
노보 노디스크 스위스, 덴마크, 일본 등 본사와 지사에서 일해왔다. 노보 노디스크 본사의 첫 비만 질환 분야 사업 론칭을 주도했으며, 다양한 디지털 헬스 파트너십을 구축해왔다. 2018년부터 아시아 지역에서 근무했으며, 2022년 10월부터 한국 노보 노디스크제약㈜ 대표이사를 맡고 있다.

오상우
비만, 대사증후군, 암 예방, 생활 습관 교정, 빅데이터 분석, 의료 AI 분야에서 자타가 공인하는 대한민국 최고의 전문가다. 서울대학교 의과대학을 졸업하고 동 대학원에서 석사와 박사학위를 받았다.

제25회 세계지식포럼에서는 비만약 관련주 투자 돌풍을 일으킨 양대 기업, 노보 노디스크와 일라이 릴리 경영진이 '인류의 영원한 적, 비만' 세션을 진행해 참석자들 사이에서 인기를 끌었다. 세션에 나선 글로벌 제약사 관계자들은 한국에서 비만 인구가 빠르게 증가하고 있다는 점에 주목하면서 암보다 비만의 사회적 비용이 더 크다는 점에서 개인뿐 아니라 사회·정책적인 지원이 필요하다고 말했다.

사샤 세미엔추크 노보 노디스크 한국 대표는 "비만은 고독의 문제이기도 하다"고 말했다. 그는 "최근에 직원들과 한국 비만 환자들을 직접 만나봤는데 공통으로 제대로 된 요리를 할 줄 모르고 무릎이 안 좋아 운동도 하기 힘든 데다 주변으로부터 고립된 경우가 많았다"면서

● 존 비클 한국릴리 대표(사진 오른쪽) 등 연사들이 제25회 세계지식포럼 '인류의 영원한 적, 비만' 세션에서 인사를 나누고 있다.

"특히 한국은 고령화가 빠르게 진행되고 있는데 스스로를 돌보기 힘든 노인들이 혼자 혹은 단둘만 남겨지면 노인 비만과 합병증을 겪을 가능성이 크다"고 내다봤다.

세미엔추크 대표는 비만이 단순히 외모라든지 개인의 의지 문제가 아니라 유전이나 소득 수준에 따른 생활 습관 등의 문제라는 점에 주목했다. 그는 "최근 5~10년을 보면 한국은 비만 인구가 빠르게 늘어 전체 인구의 30%를 넘나드는 반면 전 세계적으로는 오히려 비만 증가율이 둔화하고 있다는 점을 눈여겨볼 만하다"면서 "한국 남성 절반을 비만으로 분류하는데, 비만에 따른 합병증이 200개가 넘는다는 점을 알아야 한다"고 강조했다.

존 비클 한국릴리 대표는 "사회가 불평등하거나 저소득층일수록 비만이 늘어난다는 점뿐 아니라 비만이 유전적이라는 점도 중요하다"면서 "개인 의지로 대응하기 힘든 비만을 '게으르다, 못생겼다'는 식으로 사회적 낙인이 따라붙는 것을 생각하면 비만에 대해 사회적으로 대응할 필요가 있다"고 말했다.

비클 대표는 비만이 암보다 사회적 비용이 크다고 분석했다. 그는 "2019년을 기준으로 추정해보면 암의 사회적 비용은 약 26조 원인데 비만은 29조 원"이라면서 "2030년에는 62조 원으로 늘어나고 2060년에는 550조 원으로 불어날 것으로 추정한다"고 밝혔다.

비만은 병이라는 점에 착안해 판정 기준을 통일할 필요가 있다는 의견도 나왔다. 비클 대표는 "한국에서 비만에 대한 국가 건강검진 기준과 의료기관의 판정 기준이 달라서 이를 조율해 통일하는 것이 효율적"이라면서 "한국은 비만 클리닉이 필요 없는 동네에 클리닉이 많고 필요한 동네에는 없는데 비만을 너무 미용 차원에서만 생각하지 않았으면 한다"고 조언했다.

한편 이날 비만약 대량 생산과 관련해 한국에 생산 공장을 둘 것인지를 묻는 질문도 좌중의 눈길을 끌었다. 이에 대해 세미엔추크 대표와 비클 대표는 "우리가 수요에 맞춰 공급 용량을 늘리고 있는 것은 맞지만 글로벌 공급망과 생산 기준 등 여러 복잡한 기준이 작용하므로 이 자리에서 말할 사안이 아니라는 점을 이해해달라"고 답했다.

세계지식포럼이 열린 후 9월 23일 노보 노디스크는 당뇨병 겸 비만 치료제인 '오젬픽(Ozempic, 성분 세마글루타이드)'을 1년 안에 미국 정부의 의약품 가격 협상 대상에 포함할 의사가 있다고 밝혔다. 이 치료제는 미국의 IRA에 따라 고령자와 장애인을 대상으로 한 공공보험

'메디케어'의 2027년 가격 협상 명단에 포함될 가능성이 크며, 해당 명단은 2025년 2월에 공개될 예정이다.

한편 일라이 릴리는 '글루카곤 유사 펩타이드-1(GLP-1)' 계열 비만약인 젭바운드를 정가보다 50% 저렴한 일회용 바이알(주사액) 제형으로 공급한다고 밝혔다. 공급 문제로 가격이 높아 접근성이 떨어진다는 점을 의식한 조치이기도 하다. 젭바운드는 '마운자로(성분명 터제파타이드)'의 미국 내 제품명이다. 한국에서는 마운자로로 통하는데 만성 체중 관리를 위한 보조제로 국내 식품의약품안전처 허가를 받았다.

마약 청정국은
없다

벤 웨스트호프 | 탐사보도 전문기자/《펜타닐》 저자
데보라 보넬로 | 인사이트 그라임 편집자 겸 기자
조병상 | 전 국가정보원 대테러국장
장용승 | 매일경제신문 전 디지털테크부장(현 국제부장)

벤 웨스트호프

탐사보도 언론인, 연사, 영화 제작자다. 《펜타닐》은 미국 역사상 최악의 약물 위기를 야기하고 있는 펜타닐을 파헤친 첫 책이다.

데보라 보넬로

2007년부터 멕시코시티에서 활동하고 있으며 범죄 조직과 시장, 특히 마약 거래뿐 아니라 범죄 세계와 관련된 폭력과 문화까지 광범위하게 조직 범죄를 보도하고 있다. VICE 뉴스 라틴 아메리카 지국장을 역임했다.

조병상

전 국가정보원 대테러국장으로 국가정보대학원 부교수, 국가정보원 대테러센터장과 국제범죄정보센터장을 역임했다.

―――――
장용승

매일경제신문 전 디지털테크부장(현 국제부장). 한양대학교 정치외교학과를 졸업했
으며 영국 리즈대학에서 국제 커뮤니케이션(International Communication)을 전공했
다. 1999년 매일경제신문에 입사해 아시아순회특파원과 뉴욕특파원 등을 역임
했다.

"마약 청정국으로 평가받던 한국의 지위도 흔들리고 있다. 한국이
마약의 중간 경유지가 된 지 오래며 대마와 필로폰 등 중독자들이 계
속 늘어나는 중이다."

제25회 세계지식포럼 '마약 청정국은 없다' 세션에서 마약 수사 전
문가인 조병상 전 국가정보원 대테러국장은 국내에서 젊은 세대를 중
심으로 신종 마약이 확산하는 것을 경계해야 한다고 강조했다.

조 전 국장에 따르면, 국내에서는 1960~1970년대 베트남전쟁 이후
마약 유입과 오남용이 본격화하기 시작해 대마초와 필로폰 제조법이
국내에서 확산하기도 했다. 1990년대 정부가 강력하게 단속해 마약 공
급책이 해외로 뿔뿔이 흩어졌지만, 여전히 동남아 등에 자리 잡은 마
약 조직이 신종 마약을 제조해 국내에 밀수·유통하고 있는 상황이다.

조 전 국장은 "중화권 마약 조직이 중국 당국의 단속을 피해 동남아
시아 골든 트라이앵글 지역으로 이동했다"며 "한국에서 유통되는 필
로폰 60%가 이 지역에서 밀수되고 있다"고 분석했다.

국내에서는 1020 젊은 세대를 중심으로 소셜미디어를 통해 마약을
쉽게 구매하고 중독에 이르는 경우가 늘어나 심각한 사회 문제로 떠오
르고 있다. 조 전 국장은 "최근 국제 마약 조직이 중남미 생산 마약을

호주나 유럽으로 공급하는 과정에서 한국을 마약 통관의 세탁 경유지로 활용하고 있다"며 "신종 향정신성 마약 물질이 유해 물질로 사용되고 익명성이 보장된 다크넷(Darknet)과 소셜미디어를 통한 마약 거래가 확산하고 있다"고 진단했다.

실제로 대검찰청이 발간한 〈마약류 범죄백서. 2023〉에 따르면, 2022년에 검거된 마약사범은 2만 7,611명으로 역대 최대치를 기록했다. 특히 1020 마약사범 비중이 약 35%에 달해 젊은 층의 마약 중독이 심각했다.

마약은 더는 특정 국가에 한정된 문제가 아니다. 청소년 마약 범죄는 전 세계적으로도 증가 추세다. 인터폴·유엔마약범죄사무소(UNODC)가 발간한 〈월드 드러그 리포트(World drug report) 2023〉에 따르면, 최근 1년 이내 마약을 사용한 15~64세 인구는 2020년 기준 2억 8,400만 명에 이른다. 10년 전보다 20% 증가한 수준이다.

미국에서는 값싼 마약성 진통제인 펜타닐이 급속도로 확산하면서 큰 사회적 문제가 되고 있다. '좀비 마약'으로 불리는 펜타닐은 암 환자 등에 치료용으로 쓰는 진통제지만, 헤로인이나 모르핀보다 중독성이 50~100배 이상 높고 환각 효과가 강력해 오·남용되는 일이 급증하는 추세다. 미국 주요 도시에서 펜타닐을 복용한 사람들이 몸이 굳은 채 길에 서 있거나 돌아다니는 모습이 소셜미디어를 통해 퍼지며 큰 충격을 주기도 했다.

벤 웨스트호프 탐사보도 전문기자는 "펜타닐은 중독성이 강력하고 가격이 저렴해 미국에서는 이미 헤로인을 대체했다"며 "펜타닐은 한

도스당 5달러 정도로 저렴하지만, 약효는 헤로인보다 강력해 마약 조직이 수익을 극대화하려고 많이 유통하고 있다"고 설명했다.

중남미 마약 카르텔들은 값싼 중국산 원료를 수입해 펜타닐을 만들어 미국에 유통한다는 혐의를 받고 있다. 데보라 보넬로 인사이트 크라임(Insight Crime) 편집자 겸 기자는 "멕시코 약국에서는 펜타닐이 들어 있는 약을 합법적인 것처럼 유통하고 있어 잘 모르는 관광객들이 사기도 해 주의가 필요하다"며 "사람들이 진통제에 중독돼 합법적인 펜타닐에서 헤로인으로 간 경우도 많다"고 경고했다.

웨스트호프는 펜타닐 중독을 도덕적으로 비난하기보다는 질환의 한 형태로 받아들이고 교육과 치료를 도와야 한다고 주장했다. 그는 "한국에서는 학생들 사이에서 펜타닐 패치 형태로 유통되고 있다"며 "학생들에게 교육해야 하고 중독자들은 치료받게 도와서 한국이 미국의 전철을 밟지 않기를 바란다"고 강조했다.

2

**인류 공존의 열쇠,
문화**

세계를 사로잡은
K-푸드

미셸 자우너 | 재패니즈 브랙퍼스트 음악가 겸 작가

이준 | 스와니예 레스토랑 수석 셰프 겸 오너

미키 김 | 액트투벤처스 대표

미셸 자우너

인디 록 밴드 재패니즈 브랙퍼스트의 보컬이자 기타리스트다. 가장 최신작인 정규 3집 〈주빌리(Jubilee)〉(2021)는 그래미 어워즈 2개 부문(최우수 신인상, 최우수 얼터너티브 음악 앨범상) 후보에 올랐다. 첫 책《H마트에서 울다》는 한국계 미국인으로서 겪은 성장기, 어머니를 잃은 슬픔, 자신의 정체성을 찾는 과정 등을 담은 회고록으로 〈뉴욕 타임스〉 베스트셀러 1위에 올랐다.

이준

2013년 겨울 '스토리텔링 파인다이닝'이라는 국내 유일 콘셉트 레스토랑 스와니예(SOIGNÉ)를 오픈했다. 이후 수제 생면 파스타 레스토랑인 '도우룸'과 유러피언 다이닝 '디어와일드'를 오픈해 스와니예 레스토랑 그룹을 확장시키고 있다.

"한국인 사이에서도 호불호가 갈리는 간장게장이 미국 청소년들 사

이에서 크게 유행하고 있다."

베스트셀러 《H마트에서 울다》의 작가 미셸 자우너는 세계지식포럼 '세계를 사로잡은 K-푸드' 세션에서 간장게장을 사례로 들어 미국 내 한식 열풍을 소개했다. 자우너는 "미국 청소년 사이에서 틱톡(TikTok)에 간장게장 '먹방' 영상을 올리는 것이 유행이었다"며 "간장게장은 미국에서 찾는 것도 쉽지 않고 맛도 강렬한데 10대가 즐겨 먹는 것을 보고 감명받았다"고 말했다.

미슐랭 2스타 스와니예의 이준 셰프도 "인도를 방문했을 때 떡볶이 레시피에 관한 질문을 많이 받았다"며 "전 세계 사람들이 한식을 사랑하는 시대에 살고 있다는 것을 느꼈다"고 맞장구를 쳤다.

한식 인기 요인에 대해서는 온라인에서 세계화가 급속하게 이뤄진 점이 꼽혔다. 자우너는 "플랫폼을 통해 전 세계 사람이 연결됐다"며 "30초짜리 짧은 영상으로 색다른 문화에 접근해서 이들의 식습관을 보고 따라 하는 속도가 굉장히 빨라졌다"고 말했다. 그는 "케이드라마를 통해 노출된 한식에 익숙해지거나 좋아하는 케이팝 아이돌이 먹는 한식을 따라 먹으면서 가깝게 느껴지는 요소들도 한식의 인기를 끌어올렸다"고 덧붙였다.

육류 요리, 해산물 요리, 채식 요리 등 다양한 음식이 발달한 점도 한식의 인기 요인이다. 이 셰프는 "한식은 유연하고 다면적"이라며 "한식은 백지와 같아서 누구나 각자의 취향에 맞는 요리를 찾을 수 있다"고 했다. 한식 종류가 많은 만큼 반드시 하나쯤은 입맛에 맞을 수밖에 없다는 설명이다.

● 미셸 자우너 재패니즈 브랙퍼스트 음악가 겸 작가가 제25회 세계지식포럼 '세계를 사로 잡은 K-푸드' 세션에서 발언하고 있다.

다만 아직까지 한식이 세계에서 주류 음식으로 받아들여지는 것은 아니라는 것이 중론이다. 한식을 다루는 유명한 패스트푸드 프랜차이즈도 아직 없다. 반면 중식을 다루는 판다익스프레스나 멕시코 음식을 내놓는 치폴레 같은 프랜차이즈는 미국 전역에 퍼져 있다.

자우너는 "아직은 한식보다 태국 음식이 주류에 더 가깝다"며 "텍사스주 엘패소에 거주하는 60대 노인이라면 한식을 전혀 모를 수도 있다"고 했다. 이 셰프는 "2024년 10개국 이상을 방문했는데 만났던 모든 사람이 한식을 먹어본 적은 없더라도 최소한 한식 이름은 알고 있었다"며 "이는 한식이 주류화하는 진입 단계라는 신호"라고 설명했다.

2024년 9월부터 넷플릭스에서 방영한 〈흑백요리사〉가 인기를 끌면서 한식 파인다이닝에 대한 사람들의 관심이 높아지고 있지만 여전히 시선이 곱지 않은 점은 걸림돌이라는 이야기도 있었다. 이 셰프는 "한국 드라마를 보면 밥을 먹는 장면이 자주 나온다"며 "전통적인 한식 파인다이닝이라고 한다면 식당에서 뇌물을 주고받는 등 나쁜 일이 일어나곤 한다"고 아쉬움을 토로했다.

한식이 문화 교류에 교두보 역할을 톡톡히 하고 있다는 주장도 나왔다. 이 셰프는 "원시 시대부터 사람들은 음식을 나눠 먹으면서 소속감을 느꼈다"며 "문화를 얘기를 할 때 건축 양식, 음악 등 많은 요소가 있지만 그중 음식이 가장 강력하다"고 말했다.

그는 "한국에 사는 외국인이 소맥을 즐기는 모습을 보면서 '한국 사람이 다 됐다'고 말하는 등 식습관으로 동질감을 느낀다"고 강조했다. 자우너는 "한류가 인기를 끌면서 한식이 인기가 많아지고 한식을 안다는 것을 멋지다고 인식하게 됐다"고 말했다.

퓨전 한식에 대해서는 자우너와 이 셰프의 생각이 갈렸다. 자우너는 자신을 '꼰대'라고 한국어로 부르며 "개인적으로 퓨전 음식을 긍정적으로 보지 않는다"고 말했다. 이때 방청석에서는 큰 웃음이 터져 나왔다.

반면 이 셰프는 "실수할 수도 있고 성공할 수도 있지만 계속 도전하는 것이 중요하다"며 "전통적인 맛을 새로운 레시피를 통해 현대적으로 변주할 수 있어야 한다. 이런 도전을 통해서 문화가 진화해왔기 때문"이라고 주장했다.

세션이 종료한 이후에는 자우너와 함께 사진을 찍고 책에 사인을 받으려는 청중의 줄이 길게 늘어섰다. 자우너는 1인 밴드 재패니즈 브랙퍼스트로 활동하고 있는데, 2021년에 발매한 음반 〈주빌리〉는 그해 빌보드 상반기 최고의 음반 50에 선정되기도 했다.

K-팝 성공의
놀라운 힘

파스칼 브라시에 | IAE 클레르몽 오베르뉴 부교수
오인규 | 간사이외국어대학 교수
서혜진 | 크레아스튜디오 대표
이장우 | 세계문화산업포럼 회장

파스칼 브라시에

협상, 영업 관리, 국제 마케팅·비즈니스를 전문으로 하는 경영학 박사다. 20년간 전임교수로 재직했으며, 이전에는 여러 중소기업과 다국적 기업에서 13년간 직접 판매, 비즈니스 관리와 영업 교육 분야에서 근무했다.

오인규

간사이외국어대학 교수다. 이전에는 고려대학교, 영국 브리스틀대학 경영대, 중동공과대학교, UC버클리, 리츠메이칸아시아태평양대학, 와이카토대학, 오리건대학 등에서 학생들을 가르쳤다.

서혜진

대한민국의 예능 PD다. 1997년 SBS 교양국에 입사했으며 2000년 예능국으로 전보됐다가 2018년 TV CHOSUN으로 이적했다. 2022년 TV CHOSUN을 퇴사하고 크레아스튜디오를 설립했다. 대표작으로는 〈놀라운 대회 스타킹〉, 〈동상이몽〉, 〈내일은 미스트롯〉, 〈내일은 미스터트롯〉 등이 있다.

___

이장우

현재 세계문화산업포럼(WCIF) 회장, 성공경제연구소 소장, 경북대학교 경영학부 명예교수로 활동하고 있다. 2014년부터 2015년까지 한국경영학회(KASBA) 회장과 한국국제교류재단 비상임이사를 역임했다. 2002년부터 한국문화산업포럼을 창립해 공동의장을 맡고 있다.

"케이팝이 세계적으로 성공할 수 있던 배경에는 혁신적인 프로듀서들이 국내 음악 시장의 위기를 극복하려고 전략적으로 움직였던 데 있다. 이와 함께 수요자 측면에서는 역동적인 팬덤(Fandom) 문화를 기반으로 한 커뮤니티가 형성되면서 세계적으로 확산할 수 있었다."

세계지식포럼 '케이팝의 힘' 세션에서 전문가들이 입을 모아 이와 같이 말했다. 이날 세션은 이장우 현재 WCIF 회장(경북대학교 경영학부 명예교수)이 좌장을 맡고 파스칼 브라시에 IAE 클레르몽 오베르뉴 부교수, 오인규 간사이외국어대학 교수, MBN에서 〈한일가왕전〉과 〈한일 톱텐쇼〉를 제작한 서혜진 크레아스튜디오 대표가 패널로 참석했다.

이 회장은 케이팝을 '해외에서 인기를 끌며 소비되는 아이돌 그룹의 음악'으로 정의하고, 이런 케이팝의 성공은 지속적인 혁신에 기인한다고 설명했다.

이 회장은 케이팝의 성공 배경에 대해 "디지털화 등으로 한국 음악 시장이 무너질 수 있었던 시기에 혁신적인 프로듀서들이 퍼스트 무버(First-Mover) 전략으로 위기를 기회로 만들었기 때문"이라며 "케이팝

아이돌 프로듀싱 시스템을 만들고 수익 모델을 다각화하는 한편 글로컬라이제이션(세계화·현지화를 동시 추구하는 것)에 성공했다"고 말했다.

이 회장은 혁신적인 프로듀서로 이수만 SM엔터테인먼트 전 총괄프로듀서, 고(故) 이호연 DSP미디어 대표, 박진영 JYP엔터테인먼트 대표, 양현석 YG엔터테인먼트 총괄프로듀서, 방시혁 하이브 의장 등을 꼽았다.

서 대표는 케이팝의 글로벌 시장에서 성공을 설명하는 단어로 '엘리트주의(Elitism)'와 '디지털'을 골랐다. 그는 "교육을 잘 받은 엘리트들이 새로운 전략으로 연예기획사를 운영하면서 팬덤을 어떻게 공략할지, 어떻게 상업적으로 이용할지 등을 공략했다"며 "디지털 콘텐츠 제작 시 초상권이나 IP 등을 공개한 부분이 유효했다"고 밝혔다. 이어 "로컬 시장이 좁아서 해외로 시장을 확대하려고 저작권을 공개했던 것 같다"고 덧붙였다.

파스칼 교수는 수요자 측면에서 케이팝의 성공 비결을 팬덤 문화를 기반으로 한 커뮤니티를 형성한 데 있다고 봤다. 그는 "케이팝의 팬덤은 하나의 커뮤니티"라며 "팬들끼리 전 세계적으로 역동적으로 소통하고 긴밀하게 연결돼 있다"고 말했다.

그는 "커뮤니티를 통해 전 세계 케이팝 소비자들이 경험을 공유하면서 브랜드의 미래에 영향을 미치고 참여하게 된다"며 "이러한 모델은 관광·하이테크·패션 산업 등 B2C 산업에 적용할 수 있다"고 설명했다. 소비자 평판이 기업 방향성에 영향을 주는 B2C 산업에서는 적극적인 고객이 의견을 공유할 수 있는 문화를 만드는 것이 중요하다는 설명이다.

오 교수는 케이팝의 성공 비결을 젠더 이슈로 분석했다. 그는 "활동하는 케이팝 팬들의 99%가 여성"이라며 "케이팝을 듣는 여성들은 케이팝을 통해 성차별, 사회적 억압 등을 극복하자는 생각을 보편적으로 공유하고 있다"고 말했다.

끝으로 정부 정책이 케이팝 성공의 핵심 요인이었는지 묻는 질문에 패널들은 그 영향은 제한적이라고 답변했다. 오 교수는 "이 질문이 특히 서양에서 케이팝에 대해 가장 많이 알려진 오해 같다"며 "정부 개입이 있었다고 해도 매우 미미하다"라고 밝혔다.

패널들은 정부의 정책에 아쉬움을 표하기도 했다. 문화체육관광부의 표준전속계약서에 따르면, 아이돌은 매니지먼트와 계약서를 작성할 때 국내외 활동 기간을 포함해 7년을 넘길 수 없는 상황이다.

서 대표는 "규제를 일괄적으로 만들다 보니 해당 기간에 투자할 대기업만 살아남고 있다"며 "중소형 기획사의 개성 있는 아이돌 그룹들은 없어져야 좋은지 생각해볼 시점"이라고 밝혔다.

인간을 행복하게 하는
도시 건축

이상림 | 공간그룹 대표
야마모토 리켄 | 야마모토 리켄 설계공장 건축가(2024 프리츠커상 수상자)
김세용 | 경기주택도시공사 사장

이상림

공간그룹 대표로, 한양대학교에서 건축공학 박사학위를 받은 저명한 건축공학자다. 인천광역시 총괄건축가와 서울시 공공건축가로 활동하며 한국 건축 분야에 큰 영향을 끼쳤다.

야마모토 리켄

일본 건축가이며 2024년 프리츠커 건축상 수상자다. 1968년 일본 니혼대학 건축학과를 졸업하고, 1971년 도쿄예술대학 대학원 미술연구과를 수료한 후 1973년 '야마모토 리켄 설계공장'을 설립했다.

김세용

경기주택도시공사(GH) 사장으로 컬럼비아대학 건축대학원(GSAPP) 교수, 하버드대학 풀브라이트 펠로(Fulbright Fellow)를 역임했다. 2006년 이후 고려대학교 건축학과 교수로 약 18년간 재직 중 GH 사장으로 취임했다.

"인간이 행복하려면 이웃과 소통할 수 있는 공간이 필요합니다."

'건축계의 노벨상'이라 불리는 프리츠커상을 2024년에 수상한 야마모토 리켄 건축가는 세계지식포럼 중 열린 '인간을 행복하게 하는 도시 건축' 세션에서 이와 같이 말했다. 세션에는 이상림 공간그룹 대표와 야마모토 리켄 건축가가 참여해 '어떤 건축이 사람을 행복하게 하는가'라는 주제로 발표를 진행했다.

이상림 공간그룹 대표는 공간그룹이 참여한 다양한 건축 프로젝트를 소개하며, 건축이 인간의 삶에 미치는 영향을 강조했다. 1967년 국립부여박물관을 시작으로 1970년대에 새마을운동과 더불어 도시와 농촌 간의 연결성을 강화하는 건축을 추진했으며, 공간그룹은 이 시기에 다양한 건축 프로젝트에 참여했다. 그는 건축이 단순한 공간 제공을 넘어서 사람들의 삶의 질을 높이는 중요한 역할을 한다며 건축의 미적·문화적 가치를 강조했다.

야마모토 리켄은 한국에 설계한 판교 월든힐스 2단지(2009)와 세곡동 공동임대주택단지(2014)를 설명하며 자신의 건축 철학을 소개했다. 야마모토 건축가는 건축이 단순히 개인의 사생활을 보호하는 공간이 아니라 이웃과 소통하고 협력할 수 있는 커뮤니티의 중심이 돼야 한다고 설명했다.

그가 설계한 판교 월든힐스 2단지는 주택 한 동을 총 3층으로 설계했다. 1층은 거실, 2층은 현관 홀이 있는 층, 3층은 자녀 방이나 침실로

● 야마모토 리켄 건축가(사진 오른쪽) 등 연사들이 제25회 세계지식포럼 '인간을 행복하게 하는 도시 건축' 세션에서 대화를 나누고 있다.

이용한다. 2층 현관 공간은 개방감 있게 통유리로 외부 공간과 소통할 수 있게 설계했으며, 같은 단지에 사는 모든 주택이 2층 공간에서 이어진 공용 공간을 통해 공유할 수 있다.

야마모토 건축가는 "공유 공간으로 설계한 2층을 보고 분양받은 사람들이 어항 같다며 처음에는 거부감을 보였"지만 "살기 시작하면서 점점 그 공간에서 만들 수 있는 커뮤니티의 가치를 발견하며 만족도가 매우 높아졌다"고 말했다.

야마모토 건축가는 "판교 주민들이 건축가인 나를 초대해서 함께 맛있는 음식을 먹고 술을 마시며 좋은 시간을 보냈다. 수많은 건축물을 지었는데 주민들의 초대를 받은 것은 최초였다"고 덧붙였다.

야마모토 건축가는 사생활을 보장하는 공간도 중요하지만, 이웃과 소통할 공간의 가치를 강조했다. 그는 "한국과 일본의 전통 주택에는 마당과 같이 이웃과 공유할 공간을 두고 서로 도움을 주고받으며 살아왔다"며 "사회가 발전할수록 한 가족이 단독으로는 살아가기 어려운 환경이 되어가는데, 이웃과 상부상조할 공간이 꼭 필요하다"고 강조했다.

그가 설계한 세곡동 공동임대주택단지도 목적이 같은 공용 공간을 만들었다. 저소득층을 위한 공공임대주택으로 지은 이 단지는 저층과 고층이 조화를 이루는 건물 배치가 특징이다. 특히 각 동 간의 공간이 주민들이 자연스럽게 교류하고 도움을 주고받을 수 있는 구조다.

야마모토 건축가는 세곡동 공동임대주택단지에서 촬영한 사진을 보여주며 "공간이 있으니 도시 안에서 작은 텃밭을 만들고 가꾸며 이웃과 소통할 기회가 생겨났다"고 설명했다.

야마모토 건축가는 건축가의 역할이 단순히 건물을 짓는 것에서 끝나는 것이 아니라 커뮤니티를 형성하고 상호작용을 촉진하는 공간을 만드는 것이라고 강조했다. 그는 설계한 주택들이 그 역할을 하고 있다는 점에 자부심을 느끼며, 앞으로도 이러한 철학을 바탕으로 건축 활동을 이어갈 것이라고 밝혔다.

발표가 끝난 뒤 이어진 질의응답에서 "기후 변화의 시대 속에서 건축도 이에 따라 변화할 필요가 있는데, 미를 추구하며 창문을 크게 뚫는 것은 기후 변화에 대한 대응의 측면에서 비효율적인 것이 아니냐"며 "기후 변화 시대에 건축은 어떻게 되어야 하느냐?"는 질문이 있었다.

야마모토는 이에 대해 "한국의 온돌은 기후에 적응하며 자연의 에너지를 이용한 좋은 예시"라며 "자연환경에 맞춰 사람들이 살아가는 환경을 쾌적하게 만드는 연구는 지속돼야 한다"고 했다.

그는 "건물을 쉽게 짓고 부수는 것이야말로 친환경적이지 않은 건축"이라며 "100년, 200년 이상 지속가능한 건축물을 잘 만드는 것이 필요하다"고 덧붙였다.

커피를 마시며
세계 여행

방기현 | 수카피나 한국 트레이더

라이스 팔레이로스 | 코카필 생산자 겸 트레이더

김나연 | 후성코퍼레이션㈜ 대표

방기현

한국을 기반으로 커피 산업에서 오랜 경력을 쌓아온 전문가다. 글로벌 커피 트레이더인 수카피나(Sucafina)에서 트레이더로 활동하며, B2B 커피 거래, 수입, 포트폴리오 관리와 커피 제품의 품질을 감독하고 있다.

라이스 팔레이로스

브라질 미나스 제라이스주 알타 모지아나 지역에 있는 커피 농장(Fazenda Nossa Senhora das Graças)의 생산자이자 코카필(Cocapil, Ibiraci 커피 재배자 및 농업 협동조합)에서 트레이더로 활동하고 있다.

김나연

후성코퍼레이션 대표다. 후성코퍼레이션 커피무역팀은 2019년에 출범했으며, 40여 년간 축적된 수출입 무역 전문성을 바탕으로 커피 산업의 공존과 지속가능한 동반

성장을 추구한다.

한국인의 일상에서 커피를 빼놓을 수 있을까. 아침에 잠 깨려고, 점심을 먹고 입가심으로 커피를 마시며 하루를 이어간다. 저녁에도 디카페인 커피로 불면의 걱정 없이 커피의 맛과 향을 즐기기도 한다.

그러나 커피 한 잔이 만들어지기까지 얼마나 많은 과정을 거치는지, 어떤 노력이 들어가는지 제대로 알고 있는 사람은 많지 않다. 최근 들어 커피 산업의 지속가능성에 관한 관심이 높아지면서 우리는 커피 한 잔을 통해 환경과 사회, 경제적 문제를 함께 고민해야 한다는 것을 깨닫고 있다.

'커피를 마시며 세계 여행' 세션은 커피 산업의 지속가능성을 생산자와 소비자가 함께 고민을 나누는 자리로 마련했다. 생산자, 트레이더, 소비자 등 다양한 이해관계자가 모여 커피 밸류체인(Coffee Value Chain)에서 지속가능성의 개념을 다각도로 탐구하는 자리였다.

커피 전문가들이 생산자, 수출업자, 로스터 등 각자의 역할에서 지속가능성이 무엇을 의미하는지 공유하고, 지속가능한 관행을 실천하는 과정에서 마주하는 주요 도전 과제들을 깊이 있게 논의하며 커피 산업의 현실과 미래를 짚어봤다.

지속가능한 커피는 단순히 유기농 커피를 넘어 환경 보호, 사회적 책임, 경제적 지속가능성을 모두 아우르는 개념이다. 커피 생산 과정에서 환경을 파괴하지 않고, 생산자에게 공정한 대가를 지불하며, 미래 세대를 위한 지속가능한 성장을 추구하는 것이다. 커피를 생산하는 과정에서 환경을 파괴하지 않고, 생산자에게 공정한 대가를 지불하며, 미래 세대를 위한 지속가능한 성장을 추구하는 것이다.

그러나 기후 변화나 생산량 변동, 투기 등 다양한 요인에 의해 커피 가격은 크게 변동한다. 가격이 불안정해 생산자들은 생계를 위협받고, 이는 커피의 지속가능한 생산을 어렵게 한다.

커피 산업에서 지속가능한 관행이 없다면 커피 산업에 어떤 영향을 미칠 수 있을까. 브라질의 커피 생산 업체인 코카필에서 커피 생산과 트레이더로 일하는 라이스 팔레이로스는 기후 변화로 커피 생산량이 감소하고 품질이 저하되는 현실적인 어려움을 토로했다.

유기농 재배, 탄소 배출량 감축 등 다양한 노력을 하고 있지만, 불안정한 가격과 급변하는 기후에 속수무책인 현실에 대한 고민을 털어놓았다. 그는 "기후 변화로 커피 생산량이 감소하고, 품질이 저하되는 어려움을 겪고 있다"며 "화학 물질 사용을 줄이기 시작했고 장기를 광물로 바꾸려고 누력하고 있다"고 말했다.

각 커피 산업 종사자들은 지속가능한 미래를 위해 어떻게 기여하고 있을까. 글로벌 커피 트레이딩 회사 스카피나의 방기현 대표는 공정 무역, 투명한 공급망 구축을 통해 지속가능한 커피 소싱을 위한 노력을 강조했다. 방 대표는 다양한 국가의 소규모 농가를 지원하고, 소비자들에게 지속가능한 커피 소비의 중요성을 알리는 데 앞장서고 있다. 이처럼 지속가능한 생산 방식으로 생산된 커피의 가치를 소비자에게 효과적으로 전달하고, 이를 통해 소비자의 구매를 유도하는 역할이 중요하다고 강조했다.

방 대표는 농부들이 지속가능한 경영을 완성하도록 도우려면 합리적인 비용 지불이 불가피하다고 지적했다. 소비자의 지속가능한 커피에 대한 인식을 높이고, 이를 구매하도록 유도하려면 효과적인 마케팅 전략이 필요하다고 강조했다.

방 대표는 "트레이딩이라는 영역이 그냥 무역하는 것을 넘어 이제 산지에서 생산하는 커피를 한국에 들여올 때 어떻게 소비자와 연결하는지가 굉장히 중요하다"며 "커피 벨트 내에 속한 국가들에서 소규모 농가를 지원하고 소비자들에게 지속가능한 커피 소비의 중요성을 알리는 데 앞장서고 있다"고 말했다.

커피 산업의 지속가능한 미래를 위해 소비자들은 어떤 선택을 해야 할까. 전문가들은 공정 무역, 유기농, 친환경 인증 등 지속가능성을 고려해 생산한 커피를 선택하는 것이 가장 쉬운 방법이라고 조언했다. 생산자에게 공정한 대가를 지불하고, 구매하는 행위만으로도 환경 보호에 기여하는 효과를 가져올 수 있기 때문이다.

저렴한 커피만 고집하기보다 지속가능한 생산 방식으로 만들어진 커피의 가치를 인정하고, 석정한 가격을 지불하려는 의지가 커피 산업을 지속하는 힘이 될 것이라고 강조했다.

박찬호와 함께하는
투 머치 토크

박찬호 | 팀육십일 대표

박찬호

한국인 최초로 아마추어에서 메이저리그로 직행한 야구선수로, 메이저리그 통산 124승을 달성했다. 이는 2024년 현재 아시아 출신 투수 중 최고 기록이다. LA 다저스, 텍사스 레인저스, 샌디에이고 파드리스, 뉴욕 양키스, 피츠버그 파이어리츠 등 MLB 유수의 구단들을 거쳐 NPB의 오릭스 버팔로스, KBO의 한화 이글스에서 선수 생활을 하고 2012년 은퇴했다.

"어머니께서 새벽에 제 유니폼을 빨고 계신 모습이 안쓰러워 열한 살 때 야구선수로 성공해야겠다고 마음먹었습니다. 첫 목표는 어머니께 '세탁기 사드리기'였습니다."

코리안 특급 메이저리거 박찬호가 제25회 세계지식포럼 '박찬호가 경험한 공존: 팀플레이와 리더십' 오픈 세션에서 강연에 나섰다. 한국

● 박찬호 팀육십일 대표가 제25회 세계지식포럼 '박찬호와 함께하는 투 머치 토크' 세션
에서 발표하고 있다.

최초의 메이저리거에서 124승의 역사를 쓰기까지의 과정 속에 있었
던 실패와 좌절, 극복과 성취 이야기를 진솔하게 펼쳐냈다.

아울러 19년간의 야구선수 생활을 마치고 방송인으로 새로운 삶을
나서며 사람들에게 웃음과 활기를 불어넣는 '투 머치 토커'로 변신하
기까지 이야기를 펼쳐냈다. 2024년에도 박찬호는 여전히 우리에게 희
망과 위로를 던지고 있다.

박찬호는 어렸을 때 본인이 야구를 시작하게 된 배경과 지금 위치까
지 오게 된 스토리를 전하며 청년들에게 희망을 던졌다. 또 그는 인복
이 많았다며 지난날에 대한 감사를 전했다. 박찬호는 강연장을 둘러보
며 40~50대 청중을 찾았다. "특히 40~50대는 저하고 같은 시대를 살
아오면서 청년 시절 IMF 외환위기를 겪은 동질감을 느낀다"고 말했다.

1990년대 말 혹독했던 외환위기 시절 한국인은 새벽에 전해졌던 코

리안 특급 메이저리거 박찬호의 승리 소식에 열광하며 하루를 살아낼 힘을 얻었다. 당시 박찬호에 열광했던 10~20대가 이제 40~50대 중년이 됐다. 박찬호가 세계지식포럼에서 자신을 가장 사랑했던 중년 세대에게 희망과 위로의 메시지를 전했다.

IMF 당시 미국에서 박찬호는 경기 후 한국인 유학생을 많이 만났고 한국인으로부터 무수한 편지를 받았다. 그는 "한국인 유학생들이 환율이 치솟아서 한국으로 돌아가기 전에 아버지께 드릴 사인 볼을 받으러 왔다"며 "그런 분에게 꼭 사인해줬는데 그때부터 투 머치 토커가 되어버렸다"고 웃으며 말했다.

또 박찬호는 "60~70대는 저를 만나면 승리 소식에 용기를 내고 희망을 얻어 일어설 수 있었다고 손잡고 이야기를 해주신다"며 "60~70대는 IMF 외환위기로부터 한국 경제를 일으키는 데 큰 역할을 했다"고 말했다.

이와 함께 박찬호는 "외적인 것에 집착하지 말고 내적인 것에 집중하는 삶을 살아라"며 다른 사람의 칭찬만 원하지 말고 자기 자신만의 도전을 통해 용기를 얻으라고 권했다. 그는 미국에서 선수 생활을 할 때 받은 인종 차별과 한국인의 질타로 괴로웠던 경험을 이야기했다.

그렇지만 박찬호는 명상이나 구단주에게 인사하기 같은 작은 도전 등을 계기로 자신에게 집중할 수 있었다고 밝혔다. 그로 인해 자신을 소중하게 여길 수 있었다고 덧붙였다. 자신에게 집중하면 끊임없이 꿈이 생기고, 그 꿈을 이루려고 끊임없이 노력하기 위해 성장할 것이라고 역설했다.

또한 그는 힘들었던 과거가 자신을 가장 많이 성장시켰다며 "힘들다고 생각할 때가 기회이며 정말 잘하고 있다고 생각해라. 실패에 주저하지 말고 나아가라"라고 충고했다. 자신을 관철하는 습관이 용기가 되어 돌아온다는 것이다.

3

뇌의 블랙박스가 열리다

뇌와 컴퓨터의 위대한 연결

킴 올드 | 이모티브 CCO

베츠 피터스 | 오리건보건과학대학 교수(BCI학회 이사)

킴 올드

이모티브(EMOTIV) CCO다. 미국 샌프란시스코에 본사를 두고 있는 이모티브는 뇌전도(EEG)를 사용해 인간의 뇌에 대한 이해를 증진하는 생물정보학 회사다. 이모티브의 미션은 뇌를 이해하고 세계적으로 뇌 연구를 가속화하도록 지원하는 것이다. 이모티브의 기술은 게임부터 대화형 텔레비전, 일상적인 컴퓨터 사용, 핸즈프리 제어 시스템, 스마트 적용 시스템, 시장 조사, 로봇 공학, 교통 안전, 국방·보안에 이르기까지 다양한 산업과 응용 분야에서 활용하고 있다.

베츠 피터스

언어병리학자이자 보조공학 전문가로, 중증 언어와 신체 장애를 가진 사람들의 의사소통을 지원하기 위한 뇌-컴퓨터 인터페이스에 관한 연구를 하고 있다.

"단지 생각만으로 컴퓨터나 휴대폰을 제어하는 것부터 자동차를

● 킴 올드 이모티브 CCO(오른쪽)가 제25회 세계지식포럼 '뇌와 컴퓨터의 위대한 연결' 세션에서 발표하고 있다.

운전하는 일은 이미 현실화됐다. 앞으로 인류는 뇌의 블랙박스를 열고 엄청난 경험을 하게 될 것이다."

킴 올드 이모티브 CCO는 제25회 세계지식포럼 '뇌와 컴퓨터의 위대한 연결' 세션에서 "포럼의 주제인 '공존을 향한 여정'처럼 뇌-컴퓨터 인터페이스(BCI) 기술로 인간과 기계가 공존하는 시대가 펼쳐질 것"이라고 전망했다.

BCI는 뇌와 외부 장치 사이에 직접적인 통신 링크를 만들어 생각만으로 기술을 제어할 수 있게 해주는 기술이다. 의학부터 로봇 공학, 국방과 보안 등 광범위한 분야에 활용할 수 있어 일론 머스크(Elon Musk) 테슬라 CEO, 젠슨 황(Jensen Huang) 엔비디아 CEO 등 글로벌 리더의 관심이 이어지고 있다.

올드 CCO는 "모든 사람이 학습 과정에서 BCI를 활용해 정보처리, 집중, 인지부조화 여부를 체크하는 등 도움받을 것"이라며 "치매를 앓거나 인지 능력이 떨어지는 노인도 획기적으로 뇌 기능을 높일 수 있다"고 밝혔다.

특히 몸을 움직이지 못하거나 의사소통에 어려움이 있는 장애인들에게 혁신적인 기술이 될 것으로 전망한다. 실제로 BCI 기술로 사지마비 환자의 근육 운동을 가능하게 하고, 시각 장애인이 시각 정보를 볼 수 있게 한 사례가 나오고 있다.

이날 세션에서 좌장으로 나선 베츠 피터스 오리건보건과학대학 교수는 "의사소통 능력이 없는 사람들도 특정 인터페이스를 사용해 뇌 활동만으로 원하는 발음을 표현할 수 있다"며 "스티븐 호킹(Stephen Hawking) 같은 많은 근위축성 측삭경화증(ALS) 환자가 센서가 있는 컴퓨터를 사용했다"고 설명했다. 이어 "전동 휠체어나 이동식 허브 팔을 제어하는 데 사용하거나 스마트 홈 기기로 조명을 켜고 끄거나 문을 열 수도 있다"고 덧붙였다.

해당 기술은 뇌 안에 직접 칩을 이식하거나 머리에 웨어러블 장비를 착용해 활용할 수 있다. 이날 세션에서는 이모티브의 BCI 기술을 직접 시연해 청중의 관심을 더욱 모았다.

한 의과대학생이 직접 무대에 올라 이모티브의 뇌파 분석 헤드셋을 착용한 후 생각만으로 디지털 화면 속의 큐브를 멀리 밀어내는 것에 성공하자 청중석에서 박수가 터져 나왔다.

킴 올드(Kim Old) CCO는 "인간의 뇌에는 하늘의 별보다 더 많은 신경으로 연결돼 있지만 아직 우리 안의 은하에 대해 많은 것을 알지 못한다"며 "앞으로 AI뿐 아니라 인간 지능의 발전도 함께 목격하게 될 것"이라고 전망했다.

게임체인저를 꿈꾸는
양자컴퓨터

이토 코헤이 | 게이오대학 총장

김명식 | 임페리얼칼리지런던 물리학과 교수 겸 양자테크놀리지센터 디렉터

파비오 도나티 | IBS 양자나노과학연구단 연구위원(이화여자대학교 물리학과 부교수)

김명식

양자컴퓨터와 양자정보 연구자로 임페리얼칼리지런던 물리학과 교수로 있으며, 2017년부터 2022년까지 같은 학교의 양자테크놀로지센터 초대 디렉터를 역임했다. 양자정보의 기초·응용에 관한 연구로 호암상(과학)을, 영국왕립학회로부터 울프슨상을 받았다. 2021년 독일 훔볼트재단으로부터 지멘스상을 받았다.

파비오 도나티

양자 나노과학 분야에서 선도적인 역할을 하고 있는 물리학자이자 연구자다. 현재 IBS 양자나노과학 연구단에서 연구위원으로, 이화여자대학교 물리학과에서 부교수로 재직 중이다. 연구 분야는 원자 수준의 양자 현상이다.

양자컴퓨터는 실현 가능성이 없는 '파랑새'인가, 인류의 기술 혁신을 이끌 '꿈의 컴퓨터'인가. 세계지식포럼 '게임체인저를 꿈꾸는 양자

컴퓨터' 세션에서 양자컴퓨터 연구자들은 양자컴퓨터 관련 기술이 아직 시장 기대에 못 미치는 점을 인식했다. 그러나 AI 기술과 맞물려 양자컴퓨터 개발이 폭발적으로 진보할 것이라는 관측이다.

27년간 양자컴퓨터를 연구한 글로벌 양자 석학인 이토 코헤이 일본 게이오대학 총장은 "지금의 양자컴퓨터는 삼성 휴대전화보다 성능이 낮은 것이 맞다"며 "상용화된 양자컴퓨터를 성인이라고 친다면 현재 양자컴퓨터는 막 유치원을 졸업한 초등학교 1학년 수준"이라고 평가했다. 하지만 그는 "현재 기술 투자 수준과 연구 수준을 종합해볼 때 5년 내 양자컴퓨터 기술이 폭발적으로 발전할 것"이라고 내다봤다.

양자컴퓨터는 이론상 기존 컴퓨터나 슈퍼컴퓨터보다 30조 배 빠른 연산 능력을 갖춰 '꿈의 컴퓨터'로 불린다. 1980년대에 그 개념이 처음 제시됐는데 40년 넘게 개발 중이다. 정보 연산 분야의 '게임체인저'가 될 것이라는 기대감에서다.

양자컴퓨터는 양자 중첩, 얽힘이라는 양자역학의 이론을 바탕으로 연산을 수행하는 장치다. 일반 컴퓨터는 정보 기본 단위로 0과 1로 표현하는 비트를 쓰는 반면 양자컴퓨터는 1과 0을 동시에 다량으로 처리해 연산 성능이 비약적으로 높다. 김명식 영국 임페리얼칼리지런던 물리학과 교수는 양자컴퓨터를 "더 적은 에너지를 쓰면서 더 빠르게 연산하는 컴퓨터"라고 소개했다.

그러나 회의론도 스멀스멀 등장한다. 양자컴퓨터의 능력이나 전망이 과장됐다는 것이다. 2024년 5월 과학 학술지 〈네이처〉는 "양자컴퓨터는 현시점에 아무런 쓸모가 없다. 최악"이라는 분석을 내놨다.

● 이토 코헤이 게이오대학 총장(사진 가운데) 등 연사들이 제25회 세계지식포럼 '게임체인
저를 꿈꾸는 양자컴퓨터' 세션에서 대화를 나누고 있다.

양자컴퓨터 상용화에서 난제 가운데 하나는 계산 오류를 줄이는 것
이다. 양자컴퓨터는 기본 정보 단위로 00 · 01 · 10 · 11을 동시에 표현하
는 큐비트(Qubit)를 사용한다. 큐비트가 1, 0 또는 둘 다의 상태가 동시
에 존재하는 것을 '양자 중첩' 상태라 하는데, 중첩 상태가 되면 오류
가 쉽게 발생한다.

큐비트를 공이라고 생각하면 진동하는 공에 옆의 공도 영향을 받는
개념이다. 이런 간섭으로 결괏값에 오류가 생긴다. 큐비트 숫자나 밀도
를 늘릴수록 오류는 늘어난다. 현존 최고의 양자컴퓨터인 IBM 오스프
리(Osprey)의 큐비트는 433개다. 최첨단 암호를 8시간 안에 해독하려
면 최소 2,000만 개의 큐비트가 필요하다. 더구나 양자컴퓨터 성능을
측정하는 기준에 대한 연구자들끼리의 합의도 없는 점 등 양자컴퓨터

가 상용 수준에 이르기에는 멀었다는 관측이다.

이토 총장은 이와 같은 〈네이처〉의 지적에 대해서는 강하게 반박했다. 그는 "신약 개발부터 기후 변화까지 다양한 문제를 해결하는 데 양자컴퓨터를 활용하는 양자 도약 시점(양자 티핑포인트)이 머지않았다"며 "이르면 5년 내, 늦어도 10년 안에 양자컴퓨터가 폭발적으로 발전하는 임계점에 도달할 것"이라고 주장했다.

근거는 현재 폭발적으로 늘고 있는 양자컴퓨터에 관한 연구와 투자다. 시장조사업체 마켓앤마케츠(MarketsandMarkets)에 따르면, 세계 양자컴퓨터 시장은 2024년 13억 달러(약 1조 7,400억 원)에서 2029년 53억 달러(약 7조 원)로 성장할 전망이다.

이토 총장은 "초전도 큐비트, 이온 트랩 큐비트, 실리콘 양자 큐비트, 위상 큐비트, 다이아몬드 큐비트 등 다양한 방식의 양자컴퓨터를 세계 유수의 연구기관과 기업들에서 개발하고 있다"며 "정확히 어떤 방식의 양자컴퓨터가 주류가 될지는 예측할 수는 없지만 슈퍼컴퓨터를 뛰어넘는 양자컴퓨터가 나올 것이란 점은 확실하다"고 말했다.

실제 투자가 늘어남에 따라 양자컴퓨터가 발전하는 속도도 빨라지고 있다고 설명했다. 이토 총장은 전체 주식 시장을 예측하는 양자컴퓨터 등을 이미 개발했다고 말했다.

AI 발전과 함께 양자컴퓨터 개발이 더 빨라질 것이라는 전망도 나온다. 김명식 교수는 "양자컴퓨터는 원자나 광자, 초전도체, 실리콘 등을 다 통제해야 하는 복잡한 역할을 맡게 된다"며 "모든 컨트롤이 가능하려면 좋은 프로세스가 필요한데, AI가 이에 도움이 될 것"이라고 말했다.

　다만 전문가들은 양자컴퓨터가 개인 컴퓨터화될 것이냐는 전망에는 선을 그었다. 이토 총장은 "비행기나 우주선을 개발했다고 해서 우리가 매일 이용하는 것은 아니다"며 "양자컴퓨터는 현재의 슈퍼컴퓨터가 풀지 못하는 문제를 풀기 위한 도구가 될 것"이라고 했다.

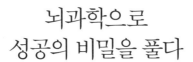

뇌과학으로
성공의 비밀을 풀다

애덤 가잘리 | 캘리포니아대학 샌프란시스코 캠퍼스 교수

폴 잭 | 클레어몬트대학원 신경경제학연구센터 창립 이사

장동선 | 궁금한뇌연구소 대표

애덤 가잘리

캘리포니아대학 샌프란시스코 캠퍼스의 신경학, 생리학 및 정신의학 데이비드 돌비 석좌교수이자 뇌 평가 및 두구 기순 개반과 기하 연구에 중시히는 신경과학 센터인 뉴로스케이프 설립자 겸 전무이사다.

폴 잭

전 세계에서 피인용 횟수가 상위 0.3%에 속하는 신경과학자이자 신경경제학 개척자다. 180편이 넘는 논문을 발표하고 1만 9,000회 이상 인용된 그의 연구는 펜타곤부터 〈포춘〉지 50대 기업 이사회, 심지어 파푸아뉴기니 열대우림까지 다양한 기관에 영향을 미치고 있다.

장동선

뇌과학자이자 궁금한뇌연구소 대표다. 독일 콘스탄츠대학과 미국 럿거스대학 인지

과학연구센터에서 석사를 마친 뒤 막스플랑크 바이오사이버네틱스연구소와 튀빙
겐대학에서 인간 인지 및 행동 연구로 사회인지신경과학 박사학위를 받았다. 현재
유튜브 채널 '장동선의 궁금한 뇌'에서 뇌와 과학 기술에 대한 흥미로운 이야기들
을 펼치고 있다.

60대 이상 노인들이 한 달 동안 자동차 경주 게임을 했더니 인지 기
능과 다중 작업 능력이 젊은이의 뇌 수준으로 향상됐다. 믿기 어려울
지 모르겠으나 국제 학술지인 〈네이처〉에 게재된 연구 결과다. 신경과
학자들은 게임을 통해 인지 능력을 획기적으로 높이는 치료법을 개발
하면서 뇌과학의 새로운 지평을 열고 있다.

애덤 가잘리 캘리포니아대학 샌프란시스코 캠퍼스 교수는 세계지
식포럼 '뇌과학으로 성공의 비밀을 풀다' 세션에서 "우리는 기억력·논
리력·상상력 등 정신적인 역량의 교육을 등한시하게 된 이후 큰 비용
을 치르고 있다"며 "전 세계 5억 명이 우울증, 불안 장애, 치매 등 인지
장애를 겪게 됐다"고 말했다.

가잘리 교수는 '경험'이 해법이 될 것이라고 봤다. 그는 "감염병이나
사고로 인한 고통과 사망은 줄어들었지만, 불안·우울·기억손실·자
살 등 정신건강으로 사망하는 사람은 늘어났다"며 "약물이 아닌 새로
운 패러다임의 치료제가 필요하다"고 말했다. 인간은 음악·예술·춤·
게임 등 경험을 통해서 정신건강을 개선하고 삶의 질을 높였다는 주장
이다. 고대 명상 같은 것도 고통에서 해방하는 대표 사례로 소개했다.

증강현실, 가상현실, 웨어러블 기기 등을 이용해 인지 능력 향상에
필요한 경험을 만들 수 있다는 것이 가잘리 교수의 시각이다. '뉴로레

이서(NeuroRacer)'를 한 달 동안 즐긴 노인들의 뇌가 비약적으로 향상됐다. 뉴로레이서는 단순 작업(Single Task Training, STT)과 다중 작업(Multi Task Training, MTT) 게임으로 나뉜다. STT는 도로를 벗어나지 않은 상태에서 운전하며, MTT는 운전하면서 초록색 신호등이 켜질 때 오른손으로 버튼을 누르는 작업을 동시에 한다.

아킬리 인터랙티브(Akili Interactive)는 뉴로레이서 논문을 기반으로 어린이 ADHD 치료용 비디오 게임을 만들었다. '인데버 알엑스(EndeavorRX)'는 호버 보트를 타고 함정을 피하며 달리는 일종의 레이싱 게임인데 2020년 FDA 승인을 받았다. 7년간의 임상 실험 결과 어린이 3명 중 1명이 주의력 결핍이 개선되는 효과를 봤다. 성인 ADHD 디지털 치료제도 아킬리 인터랙티브가 출시했다.

가잘리 교수는 "명상이나 춤을 활용해 몰입형 환경을 조성하면 약의 사용을 90%가량 감소시키면서 원하는 효과를 얻을 것"이라며 "실험적 치료법을 이용해서 신별직 자극을 가능하게 하는 치료법이 다양한 의료 상황에서 자리 잡게 될 것"이라고 전망했다.

방청석에서는 게임의 어떤 측면이 치료 효과가 있냐는 질문이 나왔다. 이에 대해 가잘리 교수는 "게임은 오락거리이자 치료제"라며 "즐거우면 치료 효과가 있다. 마법적인 요소가 있는 것은 아니다"고 답했다.

《트러스트 팩터》,《욕망의 뇌과학》등 베스트셀러 저자이자 TED 유명 인사인 폴 잭 클레어몬트대학원 교수는 행복이 성공에 미치는 영향에 관해 이야기했다. 잭 교수는 "코로나19 이후 사람들이 혼자 있는 시간이 길어지면서 고독감을 느껴 직업 능력과 성과가 떨어지게 됐다"

며 "감정이 뇌에 어떻게 동기부여를 해주는지 연구했다"고 말했다. 재택근무를 오래했을 때 성과가 떨어지는 것도 같은 이유에서다.

잭 교수는 건강하고 행복한 상태가 (뇌 발달이 지속되는) 뇌 가소성에 영향을 미친다고 보고 있다. 그는 '발렌타인 실험'을 예시로 들었다. 잭 교수는 "머릿속에 사랑하는 사람을 떠올려보라고 했고 그 사람에게 사랑을 고백해보라고 시켰다"며 "실제 채혈을 해보니 고백을 한 남성의 혈중 옥시토신 호르몬 양이 27.5% 증가해 긍정적인 영향을 미쳤다"고 강조했다. 옥시토신 호르몬은 사람에 대한 두려움을 없애주고 안정감을 준다.

그러나 한국에는 정신건강 측면에서 구조적인 문제가 있다는 진단을 내렸다. 한국의 저출생도 정신건강에 영향을 받았다는 주장이다. 정신적으로 건강하지 않으면 비만이나 대사질환 등 몸도 함께 건강을 잃게 된다.

잭 교수는 "한국에서 정신건강과 관련해 도움을 청하지 않는 것은 구조적인 차별이 있기 때문"이라며 "정신건강이 좋지 않은 사람들에게 낙인을 찍곤 한다"고 비판했다.

PART 6

지속가능한 세상,
인류의 미래

1

에너지 르네상스

에너지 게임체인저,
SMR

데이비드 데반니 | 토르콘 인터내셔널 CEO

이창선 | 과학기술정보통신부 공공융합연구정책관

제프리 밀러 | 테라파워 사업개발부 시니어 디렉터

정재훈 | 맥킨지앤드컴퍼니 파트너

데이비드 데반니

미국의 원전기업 토르콘 인터내셔널(Thorcon International) 최고경영자(CEO)다. 2012년 해사 문제를 전문으로 하는 컨설팅회사 마틴게일(Martingale)과 협력해 안전하고 깨끗하며 저렴한 에너지를 제공할 수 있는 새로운 용융염 원자로 설계 작업을 시작했으며, 2016년 토르콘이 이 기술에 대한 권리를 인수했다.

이창선

과학기술정보통신부 공공융합연구정책관으로 대한민국의 글로벌 과학기술 강국 도약을 위해 공공 융합 기술, 원자력 기술, 핵융합 기술, 탄소중립 미래에너지 기술 분야의 R&D 정책을 주도하고 있다.

제프리 밀러

테라파워(TerraPower) 사업 개발 담당 시니어 디렉터다. 20년 이상의 핵발전 업계와

정부 경험을 보유하고 있으며, 비즈니스 개발, 전략, 정책, 프로그램·프로젝트 관리
에서 활동해왔다.

———
정재훈

맥킨지앤드컴퍼니 한국 사무소의 파트너로서 에너지 및 지속가능성 프랙티스를 이
끌고 있다. 국내외 선도 기업들을 위한 탈탄소와 신사업 전략을 수립하는 데 풍부한
경험을 가지고 있다.

소형모듈원전(SMR)은 기존의 대형 원자력발전소보다 더 안전하고
경제적이며, 유연하게 용량을 확장할 수 있다는 평가를 받으며 에너지
시장의 '게임체인저'로 주목받고 있다.

세계지식포럼 '에너지 게임체인저, SMR' 세션에서는 에너지 산업
전문가들이 모여 SMR이 기후 위기 문제에 대응 가능하고, 차세대 에
너지원으로서의 가능성이 있는지 견해를 밝혔다.

미국의 4세대 SMR 개발사 데라파워의 사업개발부 시니어 디렉터
제프리 밀러는 SMR이 저비용과 비교적 적은 탄소발자국을 통해 전력
을 제공할 수 있다고 주장했다.

밀러는 "발생하는 탄소량이 적어 기후 변화에 대응할 수 있다"며
"글로벌 상용화가 되면 에너지 빈곤 문제에서도 구세주 역할을 할 것"
이라고 말했다.

그는 첨단 기술의 원전인 SMR 분야가 성장·발전하려면 필요한 요
건이 있다고 짚었다. 밀러는 "(원전) 설계가 더욱더 단순해져야 하고, 비
용이 적어야 하며, 유지가 쉬워야 한다"면서 "역동적이고 유연성 있는

● 데이비드 데반니 토르콘 인터내셔널 CEO(사진 왼쪽 두 번째) 등 연사들이 제25회 세계지
식포럼 '에너지 게임체인저, SMR' 세션에서 대화를 나누고 있다.

기술로 계속 복잡해지는 '그리드'에 맞아야 하며, 기후 변화로 인한 많
은 자연재해를 다 견딜 수 있어야 한다"고 강조했다.

또 밀러는 SMR이 안전성에서도 강점이 있다며 "사람들이 밀집한 곳
이나 산업단지 인근에 있을 수 있다"고 설명했다. 그러면서 "SMR은 탈
탄소화와 에너지 절감이 가능하다"고 재차 강조했다.

원전 기업 토르콘 인터내셔널 CEO 데이비드 데반니는 SMR은 '비
용'이 가장 중요할 것이라고 역설했다.

그는 "비용을 통해 정부의 SMR 지원 여부와 기술 발전 여부가 결정
될 것"이라고 말했다.

데반니는 SMR의 안전성에 대해서는 "4세대 SMR 기술은 더욱 안전
할 것"이라며 "원자력 자체는 안전한 에너지인데 안타깝게도 그런 인

식이 부족하다. 원자력 에너지가 가장 안전한 에너지 중 하나라고 할 수 있다"고 주장했다.

그는 "기본적인 물리 법칙만 이용해 원자로가 돌아가게 할 수 있다"며 "사람이 개입하거나 펌프를 구축할 필요가 없다. 중력이 있고, 열만 방출되는 곳이라면 SMR을 안전하게 운영할 수 있다"고 덧붙였다.

대한민국의 글로벌 과학기술 강국 도약을 위해 미래에너지 기술 분야의 R&D 정책을 주도하고 있는 이창선 과학기술정보통신부 공공융합연구정책관은 정부가 SMR 기술에 대해 어떤 노력을 기울이는지 설명했다.

이 정책관은 "AI와 데이터센터 등으로 에너지가 급격하게 필요해졌고, 글로벌 탄소중립에 대응하려면 다양한 분야의 에너지원이 필요하다"며 "SMR이 대형 원전 중심의 한국 원자력의 한계를 보완할 것이라고 생각해서 이 기술을 확보해야겠다는 범구체적인 방향을 가지고 있다"고 전했다.

이 정책관은 "SMR은 기존의 대형 원전과 달리 소형화돼 있어 많은 기업이 참여할 수 있으므로 민간 주도의 기술 개발을 추진하고 있다"며 "SMR에서 한국이 상당히 앞서가 있다"고 덧붙였다.

이어 "테라파워는 4세대 원자로라고 하는데 냉각기가 물이 아닌 액체 나트륨이므로 더 안전하다"며 "우리도 비경수 SMR을 신속하게 상용화할 수 있도록 민간 협력으로 기술 개발부터 실전화하는 '뉴클리어 개발 프로그램'을 기획하고 있다. 국제적인 협력도 고려하고 있다"고 강조했다.

밀러는 개발 중인 SMR의 초기 원자로 상용화 시기에 대해 '2030년대'라고 예상했다. 그는 훨씬 더 빠른 시기에 적용되기를 바란다면서도 2030년대 중반에 적정한 가격이 형성될 것이라고 했다.

데반니는 "인류가 직면한 현실을 보면 (기술 발전으로) 미래에는 현재 사용하는 전력량보다 2배, 3배 이상 더 필요할 것"이라며 저비용 에너지인 SMR을 꼭 상용화해야 한다는 취지로 발언했다.

이창선 과학기술정보통신부 정책관은 SMR을 위한 정부의 계획에 대해 "그동안 대형 원전이 정부 중심의, 공공 영역에서의 개발·건설 주도였다면 SMR은 시장 변화에 유연하고 신속하게 대응하기 위해 민간 기업과 함께 기획·개발하고 실전까지 지원하는 민관 협력의 방식을 취하려고 한다"고 밝혔다.

이어 "정부와 기업이 공동으로 자금·인력을 투입하고 실전까지 정부가 지원하는 방식으로 하고 공공연구기관에서 확보하고 축적한 기술도 민간에 이전하는 역할을 하려고 한다"고 부연했다.

그러면서 SMR 생태계를 완벽하게 갖추기 위해 "산학 협력의 연구조합 형태로 협력하는 체계를 갖추고, SMR에 특화된 인력센터를 원자력학과에 설치하고 있다"며 "법과 관련된 부분은 차세대 원자력에 대해 아직 확립된 규제, 인허가 체계가 갖춰져 있지 않아 규제 기관과 협력이 필요하다"고 말했다.

마지막으로 데반니는 "(한국은 SMR 기술에 대한) 규제 절차를 일원화하고 간소화해야 한다"고 조언하기도 했다.

해당 세션의 좌장을 맡은 정재훈 맥킨지앤드컴퍼니 파트너는 "SMR

이 에너지 전환의 게임체인저로 주목받고 있음을 다시 한번 확인한 시간이었다"며 "한국이 민관 협력을 통해 SMR을 에너지 전환의 선도적인 기회로 삼아야 한다"고 강조했다.

자원 전쟁:
핵심 광물 확보 전략

로비 다이아몬드 | 미래에너지안보 창업자 겸 CEO

와우터 기요트 | 유미코아 부회장

김진동 | 외교부 양자경제외교국장

신우진 | 넬슨 멀린스 선임 파트너

로비 다이아몬드

미래에너지안보(SAFE) 설립자 겸 최고경영자(CEO)다. SAFE는 혁신적인 운송·모빌리티 기술을 발전시키는 동시에 미국과 동맹국이 기술 공급망의 주요 측면을 확보할 수 있도록 보장함으로써 에너지 안보를 강화하고 미국 경제의 부활과 회복력을 지원한다.

와우터 기요트

벨기에 브뤼셀에 본사를 두고 있는 순환 소재 기술 그룹인 유미코아(UMICORE)의 대관 전략 업무를 이끌고 있다. 25년간 유미코아에서 R&D, 세일즈, 지속가능성, 규제 업무와 이해관계자 참여 등 다양한 직무를 담당해왔다.

김진동

2023년 6월부터 외교부에서 양자경제외교국장으로 재직 중이다. 2022년 7월부터

2023년 6월까지 국가안보실 부장관, 2022년 1월부터 7월까지 외교부 양자경제외교국 부국장을 역임했다.

———
신우진

미국 로펌 넬슨 멀린스(Nelson Mullins) 시니어 파트너로, 현재 워싱턴 D.C. 사무소에서 근무하고 있다. 회사의 경제개발실무와 산업그룹의 공동 의장이며 미국 국가 안보와도 관련된 수십억 달러 규모의 제조 프로젝트 수석 고문 역할을 자주 맡고 있다.

"한국은 2차 전지 공급망 관리에서 굉장히 중요한 글로벌 파트너다." 와우터 기요트 유미코아 부회장은 제25회 세계지식포럼에서 한국의 전략적 가치를 이와 같이 강조했다. 기요트 부회장은 벨기에 브뤼셀에 본사를 두고 있는 폐배터리 재활용 등 순환 소재 기술 그룹인 유미코아에서 대관 전략 업무를 맡고 있다.

윤석열 대통령은 2023년 프랑스 파리에서 2차 전지와 미래차, 첨단 소재 해상풍력 분야 등에서 기술력을 자랑하는 곳에 투자를 끌어낸 바 있는데 유미코아가 이 중 한곳이다. 유미코아는 충청남도 천안시에 연구개발(R&D)센터를 구축해 2차 전지 핵심 소재인 양극재를 생산하고 있으며, 추가 투자를 계획한 바 있다.

ESG 경영과 IRA 등 최근 경영의 트렌드와 관련 규제가 기업을 경영하는 데 중요 요소가 될 수 있다는 점을 강조했다. 기요트 부회장은 "ESG뿐 아니라 IRA 등을 기업이 준수할 수 있도록 노력해야 한다"며 "지금 준비해야 미래 (경영 환경을) 미리 대비할 수 있다"고 했다.

리튬, 코발트, 니켈, 희토류 등과 같은 중요 광물들은 전기 모터, 배터

● 로비 다이아몬드 SAFE 창업자 겸 CEO(사진 왼쪽 두 번째) 등 연사들이 제25회 세계지식
포럼 '자원 전쟁: 핵심 광물 확보 전략' 세션에서 대화를 나누고 있다.

리 등의 생산에 필수적이며, 이는 국가 안보와 경제 안정성에 중요하다
고 평가받는다. 이 광물의 글로벌 공급망은 지정학적 긴장, 환경 문제,
시장 변동성 등 많은 도전에 직면해 있다. 한국처럼 이 광물들에 의존
하면서도 국내 공급에 제약이 있는 국가들은 공급망 관리를 안정적으
로 하려면 국제적인 협력이 필수다.

　로비 다이아몬드 SAFE 창업자 겸 CEO는 중국을 '방 안의 코끼리'
라고 꼬집으며 "희토류를 차지한 중국으로 인해 전 세계 에너지와 군
사 시스템, 나아가 모든 분야에 필수적인 자원의 공급망 관리가 중요
해졌다"고 강조했다. 방 안의 코끼리는 위기임을 알면서도 누구도 손대
지 않으려는 사회 문제를 뜻한다.

SAFE는 미국과 동맹국들이 에너지와 공급망 안보를 동시에 확보할 수 있도록 돕는 단체다. 그는 "미국 IRA가 통과한 이후 한국은 미국에서 유력한 외국인 직접 투자 국가"라며 "한국 기업의 미국 내 고용 창출 능력이 상당해 미국 정치인도 이를 언급할 정도"라고 말했다. 또 "현대자동차는 포드와 GM을 합친 것보다 직원을 많이 고용하는 등 고용 창출 효과가 상당하다"고 설명했다.

김진동 외교부 양자경제외교국장은 핵심광물안보파트너십(MSP)을 언급하며 "한국과 G7 선진국 등 15개국이 참여하고 있다"며 "채굴과 개발 뒤 공정과 재활용까지 아우르고 있다"고 밝혔다.

MSP는 미국 국무부 주도로 2022년 6월 출범한 국제 협력 파트너십으로, 핵심 광물 공급망 안정과 다변화에 목적을 두고 있다. 김 국장은 "규제 협력과 민간 부문의 관여를 높이려고 노력하고 있다"며 "채굴과 정련, 재활용까지 포함한 강력하고 지속가능한 체제를 구축하고 있다"고 설명했다.

국내 핵심 광물 의존도를 낮추려고 첨단 소재의 재활용률을 2030년까지 크게 올린다는 계획이다. 김 국장은 "첨단 재활용 기술을 활용하면 큰 도움이 된다"며 "이를 위해 관련 센터와 클러스터도 조성할 것"이라고 밝혔다. 또 외교 관계도 필수적으로 구축해야 하는데 2024년 6월 열린 한국·아프리카 간 첫 정상회담 등을 통해 핵심 광물 협력을 더 증진할 것이라고 밝혔다.

포스코인터내셔널이 최근 아프리카 탄자니아 흑연 광산에 투자하려고 호주계 광산회사 블랙록마이닝(BRM)과 4,000만 달러 규모의 투자 계약을 체결했다. 이번 계약으로 전기 자동차, 태양광 패널 등에 쓰이는 천연 흑연의 글로벌 공급이 크게 확대될 것으로 기대하고 있다.

이에 대해 김 국장은 "2026년부터 포스코와 장기 구매 계약을 체결해 흑연을 생산할 예정"이라며 "성공한다면 흑연 공급망을 보유한 국가로부터 독립된 최초의 공급망 사슬을 구축하는 사례가 될 것"이라고 의의를 밝혔다.

혁신적 탄소중립, 에너지 대전환

캐서린 앳킨 | 스탠퍼드 CodeX 기후 데이터 정책 이니셔티브(CDPI) 회장

사무엘 모리용 | 지멘스에너지 아시아태평양 지역 부사장

마쌈바 초이 | UNFCCC 사무국(유엔기후변화글로벌혁신허브 임원)

오영훈 | 제주특별자치도 도지사

이상목 | 한국생산기술연구원 원장

이상협 | 국가녹색기술연구소 소장

이찬 | 한국에너지기후변화학회 학회장

조영준 | 대한상공회의소 지속가능경영원 원장

고윤성 | 제주특별자치도 혁신산업국 미래성장과장

박미정 | 경희대학교 교수

캐서린 앳킨

스탠퍼드대학 법대의 CodeX 프로젝트를 이끌며 기후 데이터 정책 개발을 위해 전문가, 정책 입안자, 기술자들과 협력하고 있다.

사무엘 모리용

지멘스에너지 아시아태평양 지역 임원으로 재직 중이며, 유럽과 아시아의 중공업·에너지 분야에서 25년간의 경험을 가지고 있다.

마쌈바 초이

유엔기후변화협약(UNFCCC) 사무국에서 기후 행동 영향 측정에 관한 규정, 기후 및 지속가능성 행동을 위한 인센티브 메커니즘 등의 개발을 주도하고 있다.

오영훈

2006년부터 2012년까지 제8·9대 제주특별자치도의원, 2016년부터 2022년까지 제20·21대 제주시을 국회의원에 당선돼 대한민국과 제주가 당면한 현안을 해결할 정책과 법률을 마련해왔다.

이상목

한국생산기술연구원장이다. 한국 제조업의 지역별 핵심 생태계 구축을 위한 '메가 프로젝트'를 시작으로 '제조 인공지능(AI)'과 '탄소·수소 통합 시스템'을 통해 생산 기술 전환에 주목하고 제조업이 가치를 창출하는 '밸류 팩처'로의 진화를 추진하고 있다.

이상협

국가녹색기술연구소장으로 국가 탄소중립 실현을 위한 향후 10년 구상을 준비하고, 국제 협력을 확대해 국가 12대 전략기술을 중심으로 선진국과의 공동 연구를 추진하고 있다.

이찬

한국에너지기후변화학회장으로 신재생 에너지·고효율 에너지의 전주기적인 이슈들에 대처할 융합적 솔루션을 도출하고자 하며, 에너지/기후변화 관련 정책의 융합·학제적 접근의 활성화를 추진하고 있다.

조영준

대한상공회의소 지속가능경영원장이다. 현재 서울특별시 지속가능발전위원회 환경분과 위원장을 맡고 있으며, 환경부 환경오염피해구제정책위원회 위원으로 활동하고 있다.

고윤성

제주특별자치도 미래성장과장이다. 그린수소 글로벌 허브 구축 계획, 재생에너지 기반 그린수소로의 에너지 전환 로드맵 수립, 에너지 대전환을 통한 2035 탄소중립 비전 등 제주 에너지 정책을 수립하고 실행하고 있다.

박미정

현재 경희대학교에서 학술연구교수로 재직 중이다. 유엔기후변화글로벌혁신허브 (UN Climate Change Global Innovation Hub)에서 기후 및 지속가능성 행동 전문가로 활동하고 있다.

제주특별자치도가 정부의 목표를 15년 앞당긴 '제주 2035 탄소중립'의 비전을 세계와 공유했다. 제주도는 세계지식포럼에 참여해 '혁신적 탄소중립, 에너지 대전환'을 주제로 세션을 진행했다.

탄소중립은 인간의 활동에 의한 온실가스 배출을 최대한 줄이고, 남은 온실가스는 산림 등을 통해 흡수하거나 제거해 실질적인 배출량이 '0'이 되는 개념이다. 우리나라는 2050년까지 탄소중립을 실현하기 위해 경제 구조 저탄소화, 저탄소 산업 생태계 조성, 탄소중립 사회로의 공정 전환 등을 추진하고 있다. 특히 탄소중립을 선도하고 있는 제주도는 자체적인 '에너지 대전환'을 통해 정부 목표를 15년 앞당긴 '2035 탄소중립'에 박차를 가하고 있다.

이날 세션에서 오 지사는 제주도의 에너지 대전환 시나리오를 소개했다. 2035년까지 7기가와트 이상의 재생 에너지를 확충해 발전 비율을 70% 이상으로 끌어올리고, 6만 톤 이상의 수소를 생산해 기저 전원을 청정 에너지로 전환하는 것이 에너지 대전환의 핵심이다.

● 캐서린 앳킨 스탠퍼드 CodeX 기후 데이터 정책 이니셔티브(CDPI) 회장(사진 오른쪽) 등 연사들이 제25회 세계지식포럼 '혁신적 탄소중립, 에너지 대전환' 세션에서 대화를 나누고 있다.

오 지사는 "제주도는 2023년 우리나라에서 처음으로 그린수소를 생산해 수소 버스를 운영하기 시작했다. 앞으로 그린수소 자동차, 그린수소 트램 등 모빌리티 분야 전반으로 그린수소 사용을 확대하고, 국토교통부와 함께 2030년까지 '그린수소에너지시티'도 조성할 것"이라고 말했다.

오 지사는 "제주는 대한민국에서 가장 먼저 탄소중립에 나섰고 성과와 경험을 많이 축적하고 있다. 제주의 에너지 대전환을 통한 2035 탄소중립 비전은 전 지구적 과제에 대한 하나의 해답이자 미래 세대를 위한 우리의 사명"이라고 피력했다.

고윤성 과장 역시 제주의 풍부한 재생에너지와 높은 주민 수용성,

국내 최초 그린수소 상용화 경험 등을 바탕으로 한 제주의 2035 탄소
중립 비전을 설명하면서 "기업들이 탄소중립 규제로부터 자유로운 환
경을 만들어 나가겠다"고 강조했다.

기댈 수 있는
재생 가능 에너지

최승호 | 퍼시피코에너지 해상풍력 개발 부문 아시아태평양 대표
마이클 스털링 | 스털링인프라스트럭처파트너스 CEO
데이비드 존스 | RWE 리뉴어블즈 코리아 지사장
엄우종 | 글로벌 에너지 얼라이언스 피플앤드플래닛 CEO
데이비드 강 | 블룸버그NEF 한국·일본 리서치 대표

최승호

퍼시피코에너지그룹(Pacifico Energy Group) 아시아태평양 지역 해상풍력 발전 책임
자이자 퍼시피코에너지코리아(Pacifico Energy Korea) 대표이사다. 아시아태평양 지
역에서 그룹의 해상풍력 발전 전반에 걸친 책임을 맡고 있으며, 특히 한국 사업을 총
괄하고 있다.

마이클 스털링

에너지, 인프라, 광업, 부동산, 첨단 기술 분야에서 자본 구조화에 전문성을 갖추고
있다. 25년 이상 기관 투자자, 다국적 기업, 정부 기관에 자문을 제공해왔다.

데이비드 존스

호주 출신으로 2022년부터 RWE 그룹 자회사인 RWE 리뉴어블즈코리아 지사장 겸
한국 해상풍력 개발팀 총괄을 맡고 있다. 2020년부터 2년간 RWE 대만 사무소의

첫 임원으로 선임돼 프로젝트를 수행한 바 있다.

엄우종

2024년 8월 1월부로 글로벌 에너지 얼라이언스 피플앤드플래닛(Global Energy Alliance for People and Planet, GEAPP) 최고경영자(CEO)를 맡고 있다.

데이비드 강

블룸버그NEF의 한일 연구 책임자로, 양국의 에너지 산업에 관한 연구와 분석을 이끌고 있다. 그의 팀은 에너지 탈탄소화, 에너지 시장 개혁의 영향, 전기화된 운송의 미래 등을 포함한 주제를 다루고 있다.

"RE100(재생에너지 100% 사용) 등이 한국 기업에 무역 장벽으로 작용할 것이다. 한국은 친환경적이고 지속가능한 해상풍력 발전량을 늘릴 필요가 있다."

세계지식포럼의 '기댈 수 있는 재생 가능 에너지'를 주제로 한 세션에서 전문가들이 이와 같이 조언했다. 해당 세션은 데이비드 강 블룸버그NEF 한국·일본 리서치 대표가 좌장을 맡아 진행했고, 최승호 퍼시피코에너지 해상풍력 개발 부문 아시아태평양 대표, 마이클 스털링 스털링인프라스트럭처파트너스 CEO, 엄우종 글로벌 에너지 얼라이언스 피플앤드플래닛 CEO, 데이비드 존스 RWE 리뉴어블즈 코리아 지사장이 패널로 참석했다.

최 대표는 "향후 RE100 등 환경 이니셔티브에 의해 한국 기업은 무역 장벽을 경험할 수 있다"며 "한국·일본·베트남 등은 각성해서 해상풍력 발전량을 늘려야 한다"고 말했다.

● 마이클 스털링 스털링인프라스트럭처파트너스 CEO(사진 가운데) 등 연사들이 제25회 세계지식포럼 '기댈 수 있는 재생 가능 에너지' 세션에서 대화를 나누고 있다.

RE100은 기업이 사용하는 전력 소비량을 2050년까지 100% 재생 에너지로 조달하는 자발적인 글로벌 이니셔티브를 말한다. 2024년 7월 기준으로 메타, 구글, 애플, 스타벅스 등 433개 글로벌 기업이 회원사로 가입했다. 한국도 삼성, 현대, LG 등 주요 대기업이 회원사로 참여 중이다.

최 대표는 "5~10년 후면 한국이 경쟁력이 있는 조선업·철강·스마트폰 등의 수출에서 제약이 생길 수 있다"며 "한국이 세계적으로 공급망이 뛰어나도 위급함을 느껴야 한다"고 말했다.

존스 지사장은 "유럽이나 미국 등은 재생 에너지 사용을 크게 고려하고 있다"며 "제품을 만들 때 책임 있는 환경에서 만들어야 한다고 강조한다"고 했다. 수출 의존도가 높은 한국이 글로벌 거래처로부터

RE100에 대한 이행 여부를 권고받을 수 있다는 것이다.

실제로 2024년 4월 한국무역협회 국제무역통상연구원이 설문조사를 한 결과, 국내 100만 달러 이상 수출 제조기업 610개 가운데 국내외 거래업체로부터 RE100 이행 요구를 받은 경험이 있는 업체가 103개(16.9%)에 달했다. 이 중 43개 기업이 2025년이나 2026년부터 RE100을 달성해야 했다.

전문가들은 지속가능한 에너지로써 해상풍력 발전의 가능성을 언급했다. 최 대표는 "한국은 해상풍력 발전의 초기 단계라 현재 글로벌 기준에서 보면 단위당 생산비용이 높지만 5~6년 안에 비용이 떨어질 것이라 생각한다"며 "한국은 빠른 속도로 해상풍력을 늘려가고 있고, 모노파일(해상풍력 지지구조대)·케이블·서브스테이션(변전소) 등을 모두 갖추고 있기 때문"이라고 말했다.

전문가들은 지속가능한 에너지를 활용할 수 있는 매력적인 시장의 조건도 설명했다. 존스 지사장은 "해상풍력 발전이 발전하려면 현실적으로 충분한 자본, 수급 안정, 저렴한 가격 등이 뒷받침돼야 한다"며 "정책 입안가들이 이런 부분을 고려해야 한다"고 했다.

스털링 최고경영자는 "통화가 안정적이고 성장 기회가 있으며 기관 투자자 등 여러 이해관계자가 활동하는 시장이 좋다"며 "에너지 자산을 통해 충분한 소득이 발생할 수 있는 시장이 매력적"이라고 말했다.

끝으로 재생 에너지를 보편적으로 사용하려면 빈곤한 국가에도 에너지 접근성을 확대해야 한다고 말했다. 엄 최고경영자는 "전 세계적으로 아직 수십억 명이 빈곤에 시달리고 있으므로 이들이 재생 에너지를 쓸 수 있도록 하고 화석연료를 태우지 않게 해야 한다"며 "또 어린 학생들을 대상으로 에너지 효율과 재생 에너지 등에 대한 교육도 확대해 재생 에너지에 대한 신뢰성도 높여야 한다"고 말했다.

2023년 발표된 정부의 '10차 전력수급기본계획'에 따르면, 국내 해상풍력 설치 용량을 124.5메가와트에서 2030년 14.3기가와트로 110배 이상 확대할 예정이다.

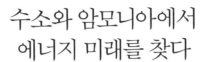
수소와 암모니아에서
에너지 미래를 찾다

이쿠시마 와타루 | 마루베니 신규에너지사업개발 부장
황민재 | 롯데케미칼 CTO(전무)
정철 | 한국경제연구원 원장

이쿠시마 와타루

1967년 일본 지바현에서 출생했다. 2023년부터 마루베니상사 신에너지사업개발부 부상을 맡아, 수소, 암모니아 공급망 개발 업무를 이끌고 있다. 해상풍력, 태양광, 수력, 바이오매스발전 등 다양한 신재생 에너지 프로젝트에 참여한 신재생 에너지 분야 전문가다.

황민재

롯데케미칼 기술전략본부장(CTO)은 2021년부터 롯데그룹 화학군의 종합기술원장 (현재 기초화학연구소)을 맡아 기초소재 사업의 고부가화를 위한 연구 개발 역량 집중과 시설의 현대화 등을 추진하고 있다. 또 미래 사업인 수소 사업과 전지소재 사업의 기술 개발, 글로벌 파트너사들과의 협력 관계 구축을 진행해왔다.

—
정철

한국경제인협회(FKI) 연구총괄대표 겸 한국경제연구원장으로 재직하고 있다. 주요 연구 분야인 국제 무역과 경제 통합에 관한 학술 논문과 정책 연구 보고서를 다수 집필했다.

최근 기후 위기 대응을 위한 탈탄소 해법으로 청정수소와 암모니아가 떠오르는 가운데 한국과 일본의 에너지 산업 전문가들은 "한일 양국이 힘을 합쳐 수소·암모니아 산업의 글로벌 표준을 마련해야 한다"고 입을 모았다. 세계지식포럼 '한일비즈니스포럼-한일 그린 에너지 협력' 세션에서는 한일 협력으로 청정 에너지 분야의 시너지를 발휘해야 한다는 주장이 나왔다.

한일 양국은 경기 침체, 저출산, 고령화, 지방 소도시 쇠퇴, 중소기업 인력난 등 비슷한 문제들에 직면해왔다. 광물이 부족해 기후 대응 과정에서도 유사한 어려움을 겪을 전망이다. 한일 산업계는 탄소중립 등 글로벌 현안과 통상 이슈에 대해 적극적으로 공조해 시너지를 발휘해야 하는 상황이다.

일본 5대 종합상사 가운데 하나인 마루베니의 이쿠시마 와타루 신에너지사업개발부 부장은 "한일 양국은 모두 천연자원이 없는 국가이니 서로 협조하는 것이 필요하다"며 "윤석열 정부에서 한일 관계가 이례적으로 개선된 것을 기회로 삼아 수소·암모니아 분야의 기업 협력도 늘려가자"고 말했다.

신재생 에너지를 기반으로 생산하는 그린수소와 암모니아는 탄소중립과 에너지 수급 불균형 문제를 모두 해결하기 위한 대안으로 꼽

한다. 수소는 구하기 쉽고 탄소를 배출하지 않을 뿐 아니라 기존 석탄·LNG 발전소 등 인프라를 활용해 에너지를 생산할 수 있어서다.

질소와 수소의 화합물인 암모니아는 영하 33도에서 액체가 되는 등 운반이 쉬워 '수소 운반책'으로 활용한다. 그래서 수소를 암모니아로 전환해 선박에 실어 옮기고 다시 수소로 분해해 활용하는 방식이 주목받고 있다.

한일 양국의 에너지 믹스(조합) 정책에서 수소와 암모니아의 비중이 높아질 것으로 예상되면서 한일 양국에서 수소, 암모니아 관련 수요가 가파르게 증가하고 있다.

황민재 롯데케미칼 CTO(전무)는 "태양광이나 풍력 같은 신재생 에너지원도 한국에서는 부족하므로 이를 암모니아 형태로 전환해 한국에 들여오는 것이 더 전략적"이라고 설명했다. 그는 수소·암모니아 기술을 긍정적으로 전망하는 이유를 "장거리 운송이 쉽고 대규모 에너지원 이동이 가능하면서 기술적 제약도 없다는 장점이 있다"고 설명했다.

황 CTO는 현재 그린수소가 상용화되지 않는 원인으로 높은 비용을 꼽았다. 그는 "2024년 한 해 동안 전기차가 1,600만 대 팔릴 때 수소차는 1만 5,000대에 그칠 것으로 예상한다"며 "전기차처럼 수소·암모니아 기술이 경제력을 갖출 수 있도록 정부 주도의 강력한 보조금 정책이 필요하다"고 주장했다.

또 일본 기업과 힘을 합쳐 수소·암모니아 개발에 필요한 비용을 획기적으로 감축할 수 있을 것으로 예상한다. 황 CTO는 "미주 지역에서

100만 톤 규모의 블루암모니아 시설에 투자하려면 약 3~5조 원이라는 큰 비용이 든다"며 "한일 기업이 함께 프로젝트 지분 투자를 해 공동 개발을 한다면 소싱 비용을 분담할 수 있다"고 제안했다. 이어 "여수나 부산 등 큰 항만에 암모니아 허브 터미널을 만들어 일본 각 지역에 소분해 공급한다면 물류비용도 줄일 수 있을 것"이라고 덧붙였다.

이쿠시마 부장은 "재생 가능 에너지부터 생산·수송·교역·마케팅·사용까지 연결되는 수소·암모니아 밸류체인(가치사슬)이 가장 중요하다"며 "하나만 하는 것도 쉽지 않으므로 한국과 협력해 모두 연결하는 것을 목표로 하고 있다"고 밝혔다.

그러면서 "국제 세미나 등에 열심히 참석해 발언력을 강화하고 한일 양국이 글로벌 기준을 이끌어가는 것도 필요하다"며 "한일 양국 기업이 수용할 만한 표준을 만들자"고 강조했다.

이 세션에서 좌장을 맡은 정철 한국경제연구원장은 "역대 가장 더운 여름을 겪으며 기후 변화에 대한 대응으로 신재생 에너지의 중요성이 갈수록 커지고 있다"며 "글로벌 수소거래소를 양국이 공동 설립하는 방안 등 인프라를 확장하는 데도 도움이 될 것"이라고 제안했다.

세상을 바꾸는
6가지 물질

에드 콘웨이 | 스카이뉴스 경제·데이터 기자

강영철 | KDI 국제정책대학원 조빙교수

에드 콘웨이

작가이자 방송인이다. 스카이뉴스 경제 전문기자이며, 〈더 타임스〉와 〈선데이 타임스〉 정기 칼럼니스트다 저널리즘 분야에서 기자상을 다수 수상했다.

강영철

KDI 국제정책대학원 초빙교수다. 매일경제신문사(1983~2003)에서 세계지식포럼 창설을 주도했으며, 대한민국의 미래 청사진을 제시하는 비전코리아 캠페인을 주도했다.

제25회 세계지식포럼이 열린 인천광역시 인스파이어 엔터테인먼트 리조트는 내부 곳곳에 설치된 휘황찬란한 초대형 발광다이오드(LED) 미디어월로 유명하다. '세상을 바꾸는 6가지 물질' 세션에 연사로 나

● 에드 콘웨이 스카이뉴스 경제·데이터 기자(사진 오른쪽)가 제25회 세계지식포럼에서 강영철 KDI 국제정책대학원 초빙교수(사진 왼쪽)와 대화를 나누고 있다.

선《물질의 세계》저자 에드 콘웨이는 이 LED를 보고 '탄소중립(넷제로)' 달성이 어려울 것이라는 어두운 전망을 내놨다. 전 세계가 탄소중립을 노력하고 있지만 기후 위기로 인류의 존망이 위협받는 상황이 계속될 것이라는 예측이다.

콘웨이는 리조트 LED를 보고 '제본스의 역설(Jevons's Paradox)'이 떠올랐다고 설명했다. 제본스의 역설은 19세기 영국의 경제학자 윌리엄 스탠리 제본스(William Stanley Jevons)가 내놓은 개념이다. 기술적 진보가 효율성을 증가시켜 비용 하락을 이끌고, 이 하락으로 오히려 소비량이 늘어나는 현상을 일컫는다. 제본스는 당시 석탄을 예시로 이 개념을 설명했다. 석탄 사용의 효율성을 높이는 기술 발전으로 여러 산업에서 석탄 소비가 증가했다는 것이다.

콘웨이는 제본스의 역설을 현재에도 적용할 수 있다고 설명했다. 그는 "인간 본성에는 기술적 혁신이 일어나면 더 기술을 많이 쓰는 성격이 내재돼 있다"며 "LED 역시 일반 전등에 비해 에너지 효율이 매우 높지만, 이런 높은 에너지 효율로 가격이 저렴해졌고 전 세계적 사용이 폭발했다"고 말했다.

콘웨이는 제본스 역설이 계속 작용하므로 기술적 혁신만으로 탄소중립 달성은 어려울 것으로 전망했다. 근본적으로 물질에 대한 수요를 줄이고 순환 경제에 주목해야 한다고 말했다. 폐품이 재활용되는 비율이 강철은 70~90%, 알루미늄은 42~70%, 구리는 43~53%다. 반면 배터리 등으로 주목받는 리튬은 1%도 채 되지 않는다.

콘웨이는 탄소중립이 인류 역사상 가장 달성하기 어려운 과제가 될 것으로 봤다. 그는 "탄소중립 달성은 인간 역사상 가장 힘든 일이 될 것"이라며 "사람들이 생각하는 것보다 더 많은 시간이 필요하다"고 전망했다.

스카이뉴스 경제·데이터 기자이기도 한 콘웨이가 쓴 《물질의 세계》는 미래를 만들어갈 6가지 물질이 그려내는 인류 문명의 대서사시로 평가받는다. 〈파이낸셜 타임스〉가 올해의 책으로 선정하며 영미권 주요 언론의 찬사를 받았다. 현대 문명의 기초를 이루는 6가지 물질에 대해 다양한 이야기를 풀어냈다는 평가다.

콘웨이가 정의한 6가지 물질은 모래·소금·철·구리·석유·리튬이다. 콘웨이는 GDP의 거의 모든 활동을 현대 문명의 기초를 이루는 이 물질들에 의존하고 있다고 봤다. 그는 "반도체는 모래 없이 만들 수 없다"며 "반도체 기반인 웨이퍼 재료는 실리콘으로 소금 광산에서 석영을 채굴하고, 용광로에 녹여 실리콘을 만든다"고 설명했다. 모래에서는 유리가 나오고, 유리에서는 광섬유가 나오며, 모래가 없으면 인터넷을 쓸 수 없다.

콘웨이는 전 세계가 탄소중립을 추구함에 따라 이 6가지 물질이 더 중요해질 것으로 봤다. 그는 "전 세계는 탄소중립을 약속하고 있다"며 "하나의 방안으로 내연기관차를 대신해 전기차를 사용하는 안이 꼽히는데 이 방향성 때문에 배터리를 제작하는 데 쓰일 구리나 리튬이 더 많이 필요할 것"이라고 말했다.

콘웨이는 한국 역시 이런 트렌드에서 벗어날 수 없을 것으로 전망했다. 특히 6가지 물질이 부족한 한국은 공급망을 확보하려면 세밀한 전략을 짜야 한다고 조언했다.

콘웨이에 따르면, 세계화는 붕괴하고 있다. 붕괴에 따라 새로운 진영이 여러 개 형성되는 블록화가 일어나고 있다는 분석이다. 예를 들어 전기차 배터리는 주로 중국에서 생산하는 중이다. 이런 현상이 극심해지면 한 국가에서 특정 원자재를 공급하는 구조가 형성된다. 이 때문에 해당 국가에서는 인플레이션 현상이 일어난다.

콘웨이는 "한국은 이런 움직임을 매우 잘 인지한 국가"라 평가하며 "다만 공급망을 재구성할 때 통계나 수치를 보기보다 지정학적 환경을 더 고려해 전략을 짜야 한다"고 강조했다.

2

무한한 시장, 미래 먹거리

우주에서 찾는
새로운 가능성

에르베 드레이 | 탈레스 알레니아 스페이스 CEO
존 리 | 우주항공청 우주항공임무본부장
와카타 코이치 | 액시엄 스페이스 아시아태평양 지역 CTO
박시수 | 스페이스레이더 CEO

에르베 드레이

혁신적인 우주 솔루션을 설계하고 제조하는 선도적인 기업, 탈레스 알레니아 스페이스(Thales Alenia Space) 최고경영자(CEO)다.

존 리

우주항공청 우주항공임무본부장으로 NASA에서 29년간 재직하며 헬리오물리학 부문 프로그램 임원, 합동 위성 부문 부국장, 고다드 우주비행센터 선임 고문 등 활동을 통해 주요 우주 프로그램을 관리해왔다.

와카타 코이치

액시엄 스페이스(Axiom Space) 아시아태평양 지역 최고기술책임자(CTO)이자 전 JAXA 우주비행사. 수십 년간의 유인 우주 비행 경험을 바탕으로 아시아태평양 지역에서 액시엄 스페이스의 사업 확장을 주도하고 있다.

박시수

우주 산업 전문가로 전 세계 우주 산업 정보와 컨설팅을 제공하는 스페이스레이더
(SpaceRadar) 창업자 겸 CEO다.

우주 인프라스트럭처 분야가 폭발적인 속도로 상업화 시대를 맞을
것이라는 전망이 나왔다. 유럽 최대 위성 제작사인 프랑스 '탈레스 알
레이나 스페이스(TAS)'의 에르베 드레이 CEO는 세계지식포럼 '우주
에서 찾는 미래' 세션에서 "우주 인프라의 급격한 상업화가 일어나고
있다"며 이와 같이 전했다.

우주 인프라에는 위성항법장치(GPS) 같은 위성항법 시스템과 국제
우주정거장(ISS) 같은 우주정거장을 포함한다. 그간 무료로 혹은 일부
국가가 분담금을 내서 운영해온 인프라들이다. 민간이 우주 개발을
이끄는 '뉴 스페이스 시대'가 개막하며 이 인프라들에도 본격적인 상
업화가 일어날 것이라는 설명이다.

이 중에서도 발사제 부문에서 가장 급격한 변화의 바람이 일고 있
다. 연간 발사 횟수가 현저히 빠르게 늘고 있는 것이다. 우주 개발 자
문업체 '스페이스워크'에 따르면, 2023년 전 세계 우주 발사체 발사 횟
수는 223회를 기록했다. 2022년 186회보다 약 20% 증가한 것으로
2021년 146회, 2020년 114회에 비하면 폭발적 증가세다.

드레이 CEO는 "이 전례 없는 모멘텀은 미래 우주 산업에 대한 새로
운 가능성을 열어주고 있다"며 "우주 접근의 보편성이 커지고 있다"고
말했다.

위성도 새로운 활용법을 찾으며 상업화가 더 확대되는 모양새다. 위

● 와카타 코이치 액시엄 스페이스 아시아태평양 지역 최고기술책임자(사진 오른쪽)가 제 25회 세계지식포럼 '우주에서 찾는 새로운 가능성' 세션에서 발언하고 있다.

성들을 군집으로 활용해 고도 2,000킬로미터 아래의 지구 저궤도에서 우주 인터넷이나 우주 감시, 지구 관측 등의 분야에 민간 기업들이 사업을 벌이고 있다. 고도 3만 6,000킬로미터의 정지궤도(GEO)에서는 점점 더 정밀해지는 임무 수행을 하려고 고성능 광학과 레이더 솔루션 혁신이 일어나고 있다.

인류의 지식 확장을 위해 역할을 해온 우주정거장 역시 상업화가 예상된다. 현재 사용 중인 ISS는 2030년에 퇴역할 예정이다. ISS를 이어 우주정거장이 최소 8개 건설되고 있다. 미국 항공우주 기업 '그래비틱스(Gravitics)', '배스트', '블루오리진(Blue Origin)', '액시엄 스페이스' 등이 참여하고 있다.

세션을 함께한 와카타 코이치 액시엄 스페이스 아시아태평양 지역 CTO는 "우주정거장은 우주에서 인류의 생존을 보장하려면 확보해야 하는 중요 인프라"라며 "지구 너머의 무한한 가능성을 제시해준다"고 말했다.

한국도 이런 트렌드에 발맞춰 우주 산업을 육성하는 기회를 엿본다는 계획이다. 국내 우주항공 R&D를 총괄하는 존 리 우주항공청 우주항공임무본부장은 "초저궤도나 중궤도 등 아직 탐험하지 않은 곳을 유심히 살피고 있다"며 "한국이 강점을 보이는 소형화나 경량화 지점에서의 가능성도 타진할 것"이라고 말했다.

드레이 CEO는 한국이 우주 산업의 부가가치를 창출하고 있는 나라라고 평가했다. 그는 "최종 조립 등은 현지에서 하지만, 핵심 장비나 부품 개발 역량이 없는 국가들이 많다"며 "한국은 첨단 산업의 기술력을 바탕으로 우주 산업에서도 강력한 부가가치를 창출하고 있다"고 했다. 그는 이런 점이 TAS의 기업 운영 철학과 맞닿아 있다고 설명했다.

그러면서 그는 우주 탐사 사업에서도 한국이 또 다른 부가가치를 창출힐 수 있도록 돕겠다고 밝혔다. 한국은 최근 우주 탐사 분야의 영역 확장을 노리고 있다. 지구에서 약 1억 5,000만 킬로미터 떨어진 '라그랑주점 2(L2)' 탐사, 2032년 달 착륙선 개발에 이어 화성 탐사까지 추진하려는 의지를 표명했다.

드레이 CEO는 "한국과 협업하지 않는 유일한 영역이 탐사"라며 "TAS는 한국과 협력할 준비가 돼 있다"고 했다. 우주 탐사 기술력은 이미 갖췄다는 설명이다.

TAS는 ISS에 화물을 실어 나르는 우주선을 개발하고 있다. 미국 우주 기업 '액시엄 스페이스'의 민간 우주정거장 모듈 개발에도 참여 중이다. 미국의 유인 달탐사 계획인 '아르테미스 프로젝트(Artemis Project)'에도 참여하고 있다. 드레이 CEO는 "우주 탐사 영역에서 한국이 혁신의 선두에 서도록 돕겠다"며 "TAS와 한국이 우주에서 할 수 있는 일에는 제한이 없다"고 강조했다.

유전과 바다:
한국 산유국의 꿈

에스펜 에를링센 | 리스타드에너지 수석 파트너 겸 석유·가스연구팀 리더

헨리 해거드 | 베이커에너지연구소 비상임연구원

마이클 C. 린치 | 전략적에너지·경제연구소 소장

마이클 스털링 | 스털링인프라스트럭처파트너스 CEO

오성익 | 국토교통부 중앙토지수용위원회 사무국장(OECD 지역개발정책위원회 분과 부의장)

에스펜 에를링센

리스타드에너지(Rystad Energy) 수석 파트너이자 석유·가스연구팀 리더다. 전문 분야는 기업·면적 평가, 손익분기점 가격 분석, 국제 석유 재정 제도 등이다.

헨리 해거드

미국 국무부에서 25년간 근무하며 고위 외교 참사관 직급에 올랐다. 2021년부터 2023년까지는 주한미국대사관 정무참사관으로 근무했다. 그전에는 도널드 트럼프 행정부와 조 바이든 행정부에서 국가안보회의 이사로 재직하며 터키·그리스·영국에 대한 미국의 정책과 관여를 조정했다.

마이클 C. 린치

미국 매사추세츠주에 기반을 둔 컨설팅회사인 '전략적에너지·경제연구소' 소장이자 워싱턴에 기반을 둔 에너지정책연구재단 석좌연구원이다.

오성익

국토교통부 중앙토지수용위원회 사무국장, OECD 지역개발정책위원회 분과 부의
장으로 활동하고 있다.

세계적 에너지 전문 컨설팅 기업 '리스타드'가 동해 석유가스전과
관련해 일본과의 분쟁 가능성을 제기했다. 동해 석유가스전이 한국과
일본 사이에 위치해 땅 아래 매장된 석유나 가스가 얼마만큼 한국 혹
은 일본 쪽에 치우쳐져 있을지 분석이 필요하다는 주장이다.

에스펜 에를링센 리스타드 수석 파트너 겸 석유·가스연구팀 리더는
'유전과 바다: 한국 산유국의 꿈' 세션에서 "동해 석유가스전 후보지
가 한국과 일본 사이에 있다"며 "시추했을 때 매장된 석유나 가스 중
얼마만큼이 한국 혹은 일본에 있는지 아직 알 수 없다"고 밝혔다.

동해 석유가스전 후보지는 최대 140억 배럴에 달하는 천연가스와
석유가 매장돼 있을 가능성이 있는 곳이다. 정부는 동해 심해 가스전
의 첫 탐사 시추공을 뚫으려고 2025년 예산안에 약 500억 원을 편성
했다. 노르웨이 석유·가스의 수석 애널리스트로 근무했으며 현재 전
세계 석유 개발 전문가 150명이 소속된 리스타드 석유·가스연구팀을
이끄는 에를링센 수석 파트너는 유전 개발이 후보지 발굴부터 실제 생
산까지 통상 15년이 걸린다며 동해 석유가스전 역시 이 정도 시간이
걸릴 것이라 예견했다.

그는 "심해 유전 개발은 불확실성이 많이 존재한다"며 "시추를 통해
오일을 발견한다고 해도 경제성을 확보하려면 많은 것을 충족해야 한
다"고 말했다. 특히 동해 석유가스전은 시추를 통해 유전이 얼마나 넓

● 오성익 국토교통부 중앙토지수용위원회 사무국장(사진 오른쪽) 등 연사들이 제25회 세계지식포럼에서 대화를 나누고 있다.

게 분포하는지 확인해야 한다고 주장했다.

노르웨이는 해상 유전 개발 강국이다. 1963년부터 해상 유전을 개발하는 데 나서 1971년 첫 원유를 생산했다. 현재 노르웨이는 석유 생산국 세계 12위, 천연가스 생산국 세계 8위에 올랐다. 여전히 유전을 개발하는 데 공격적이다. 2023년에만 해상 유전 개발 프로젝트 19개를 승인했다.

에를링센 수석 파트너는 노르웨이처럼 한국의 해상 유전 개발이 성공하려면 개발하는 데 기업을 참여시켜야 한다고 조언했다. 유전 개발에 노하우를 보유한 기업을 참여시켜 개발의 잠재성과 위험성을 기업과 나눠 가져야 한다는 것이다.

그는 2015년 발견된 이집트의 조흐르 가스전 사례를 소개했다. 조흐르 가스전은 지중해 가스전 역사상 최대 규모로 평가받는다. 에를링센 수석 파트너는 "조흐르 가스전 개발에는 이탈리아 ENI, 러시아 로즈네프트(Rosneft) 등 여러 기업 관계자가 참여하고 있다"며 "이를 통해 위험성을 분담하고 개발 성공 가능성을 높이는 것"이라고 했다. 노르웨이 역시 유전 개발 기업들을 적극 참여시키고 있다고도 설명했다.

그는 동시에 꾸준한 정부의 재정 지원도 중요하다고 강조했다. 에를링센 수석 파트너는 "기업이나 투자자 입장에서는 정부의 꾸준한 투자가 중요하다"며 "회사들은 정부와 수익과 위험성을 동등하게 공유하기를 바란다"고 말했다. 이어 유전 개발이 복권에 당첨되는 것과 같다는 점을 유념해야 한다고 말했다. 그는 "전 세계적으로 볼 때 해상 유전 개발의 3분의 2는 실패한다"며 "불확실성이 많다는 점을 인지하고 개발을 추진해야 한다"고 조언했다.

이날 세션에 참여한 전문가들은 동해 석유가스전 개발은 경제성 외에 지정학적인 요소를 고려해야 한다고 입을 모았다. 미국 국무부에서 25년간 근무하며 고위 외교 참사관 직급을 역임했던 헨리 해거드 베이커에너지연구소 비상임연구원은 "유전 개발은 한국만 하는 프로젝트일지, 아니면 한국과 일본이 하는 것일지, 미국도 참여하는 것인지에 대한 정상 간 논의를 진행해야 한다"며 "중국과의 근접성도 유전 개발에 고려해야 한다"고 말했다. 유전 개발이 성공하면 한국과 일본 양국 간 관계 개선에 큰 계기가 될 것이라고도 덧붙였다.

한편 한국 정부는 2024년 6월 동해 석유가스전이 일본과 분쟁 여지가 없다고 밝힌 바 있다. 임수석 외교부 대변인은 "정부가 최근에 발표한 해당 수역은 우리 측 배타적 경제수역과 대륙붕에 포함되므로 일본 측이 이에 대해 문제를 제기할 여지는 없다고 본다"고 밝혔다.

글로벌 비즈니스 인 아프리카

파파 사냐 음바예 | 전 세네갈 수산해양경제부 장관

올리비에 은두훈기레헤 | 르완다 외교부 장관

메쿠리아 하일레 테클레마리암 | 에티오피아연방민주공화국 공무원위원회 위원장

티모시 디킨스 | 법무법인 대륙아주 아프리카그룹장(외국변호사)

파파 사냐 음바예

해양오염 문제와 국제 무역 분야에서 폭넓은 경험을 쌓은 정치인이자 경영인이다. 30년 넘게 세네갈 정치와 경제성장을 주도했으며 글로벌 해운회사인 머스크 라인(Maersk Line) 부사장을 역임했다.

올리비에 은두훈기레헤

현재 르완다 외교부 장관으로 재직 중이며, 2024년 6월에 이 역할을 맡았다. 2020년 11월부터 2024년 6월까지 네덜란드 왕국 주재 르완다 대사로 일하며 화학무기금지기구(OPCW)에서 르완다를 대표했다.

메쿠리아 하일레 테클레마리암

에티오피아연방민주공화국 공무원위원회 위원장으로, 에티오피아 연구와 정책연구소 최고경영자, 에티오피아 도시 개발, 주택·건설부 장관 등의 직위를 거쳤다.

_____

티모시 디킨스

현재 법무법인(유한) 대륙아주의 외국변호사다. 주요 업무 분야는 유럽, 아프리카/중동, 국제, 기업, 엔터테인먼트(게임·스포츠 등) 등이다.

"아프리카는 청년 대륙이다. 인프라 개선을 통해 효율성을 끌어올리면 '아프리카'라는 거대한 시장이 새로 열릴 수 있다."

메쿠리아 하일레 테클레마리암 에티오피아연방민주공화국 공무원위원회 위원장은 세계지식포럼 '글로벌 비즈니스 인 아프리카' 세션에서 "아프리카 인구 가운데 청년이 차지하는 비중은 65%에 달한다"며 거대한 경제성장 잠재력을 강조했다. 세계지식포럼에서 아프리카 세션이 열리는 것은 2024년이 처음이다.

테클레마리암 위원장은 KAIST에서 정보 및 통신 기술 관리 박사 학위를 받은 '한국통'이다. 그는 세계지식포럼에서 유창한 한국어로 "안녕하세요"라고 인사하며 포문을 열었다.

테클레마리암 위원장은 "디지털화는 산업이 효율성에 큰 영향을 미치는데, 한국의 혁신 역량이 아프리카에 큰 보탬이 될 것"이라며 "한국은 새로운 시장을 얻고 아프리카는 기술적 대전환에 성공하면 윈윈(Win-win)이 될 것"이라고 말했다.

에티오피아 인구는 1억 2,340만 명이며 주요 산업은 커피 생산이다. 천연자원은 아프리카 내 풍부하지 않은 편이지만 금·은·동 등 광물은 비교적 많이 산출된다. 한국과는 한국전쟁 당시 에티오피아가 한국에 보병 1개 대대를 파병한 인연이 있다. 한국은 에티오피아에 주로 백신과 화학 제품을 수출하고, 커피와 참깨를 수입하고 있다.

테클레마리암 위원장이 언급한 대로 아프리카는 지구상에서 가장 젊은 대륙이다. 2050년 전 세계 청년 가운데 아프리카 청년이 절반가량을 차지할 것으로 전망된다. 그러나 제한된 일자리로 인해 아프리카의 폭발적인 성장을 두고 우려 섞인 목소리가 나오고 있다.

파파 사냐 음바예 전 세네갈 수산해양경제부 장관은 "아프리카 미래는 아프리카 청년에게 달렸지만, 이는 기회가 될 수도 있고 위협이 될 수도 있다"고 목소리를 높였다. 젊은 세대가 고급 인력으로 자라나 미래의 일꾼이 될 수 있도록 교육해야 한다는 주장이다.

그는 "조선업이나 해양 산업에서 업적을 많이 세운 한국은 매우 좋은 파트너"라며 "한국이 학술 분야에서 도움을 줄 수 있다면 세네갈 수산업 발전에 큰 도움이 될 것"이라고 말했다. 그러면서 한국이 선박을 제공하거나 항만을 지어주는 등 세네갈 인프라 발전에 큰 기여를 하고 있는 점에 감사를 표했다. 세네갈 인구는 1,732만 명이며 땅콩이 많이 자란다. 한국과는 1960년부터 수교했으며 한국과 가까운 관계를 유지하고 있다.

아프리카는 주요 원자재의 세계 매장량 가운데 백금 89%, 크롬 80%, 망간 61%, 코발트 52%를 보유하고 있는 자원 대국이기도 하다. 그러나 정치 환경이 불안정하고 인프라가 부족해 원자재를 원활하게 공급하는 데 어려움을 겪고 있다.

테클레마리암 위원장은 "아프리카는 한국 기업에도 원자재를 수출하고 있다"며 "항만이나 철도 등 물류 공급망을 효율적으로 개선한다면 한국 기업들도 더 많은 이익을 얻게 될 것"이라고 설명했다.

한국은 아프리카의 잠재력에 주목하고 대폭적으로 교류를 늘리고 있다. 윤석열 대통령이 2024년 처음으로 아프리카 48개국을 초청해 정상회의를 주재한 사례가 대표적이다. 이 세션의 연사들은 이번 정상회의로 한국의 투자가 크게 증가하면서 가시적인 성과가 나타났다고 진단했다.

올리비에 은두훈기레헤 르완다 외교부 장관은 "아프리카 국가 대다수는 한국의 50~60년 전 모습과 비슷하다"며 "천연자원은 없지만 교육에 투자해서 인적 자원이 풍부한 한국은 아프리카의 모범 국가"라고 말했다. 이어 "정상회의 이후 인프라·보건·교육 분야에서 한국의 투자가 활발해지고 있다"고 덧붙였다.

은두훈기레헤 장관은 2007년부터 유엔을 비롯한 다양한 국제 무대에서 외교 업무를 수행했으며, 그전에는 르완다에서 학계와 공공 서비스 분야에서 경력을 쌓았다. 르완다는 한국과 싱가포르를 벤치마킹해 경제적·사회적으로 가파르게 성장하고 있다.

세계지식포럼 히스토리 WORLD KNOWLEDGE FORUM History

제1회 **지식으로 새 천년 새 틀을 짠다**

2000년 | 주요 연사 | 레스터 서로MIT 교수, 폴 로머스탠퍼드대학 교수, 도널드 존스턴OECD 사무총장, 하인리히 로러노벨물리학상 수상자

제2회 **지식기반 경제시대 인류공영을 위한 비전의 모색**

2001년 | 주요 연사 | 빌 게이츠마이크로소프트 창업자, 수파차이 파닛차팍WTO사무총장, 폴 크루그먼프린스턴대학 교수. 노벨경제학상 수상자

제3회 **위기를 넘어, 새로운 번영을 위해**

2002년 | 주요 연사 | 래리 앨리슨오라클 창업자, 마이클 델델 컴퓨터 회장 겸 CEO, 조지프 스티글리츠노벨경제학상 수상자

제4회 **인류번영을 위한 새로운 세계질서와 경제의 창조**

2003년 | 주요 연사 | 마틴 펠드스타인전 미국 경제자문위원회 의장, 짐 콜린스〈위대한 기업〉의 저자, 프랜시스 후쿠야마존스홉킨스대학 교수

제5회 **파트너십을 통한 세계 경제의 재도약**

2004년 | 주요 연사 | 김대중전 대한민국 대통령, 모리 요시로전 일본 총리, 폴 케네디예일대학 교수, 로버트 먼델노벨경제학상 수상자

제6회 **창조와 협력 : 새로운 시대를 위한 토대**

2005년 | 주요 연사 | 잭 웰치전 GE 회장, 에드워드 프레스콧노벨경제학상 수상자, 로버트 케이건카네기 국제평화재단 교수, 폴 제이콥스퀄컴 사장

제7회 **창조경제**

2006년 | 주요 연사 | 조지 소로스소로스 펀드매니지먼트 창립자, 토머스 셸링노벨경제학상 수상자, 셸리 라자러스오길비&마더 월드와이드 CEO

제8회 **부의 창조 그리고 아시아 시대**

2007년 | 주요 연사 | 콜린 파월전 미국 국무부 장관, 앨런 그린스펀전 미국 연방준비제도이사회 의장, 에드먼드 펠프스노벨경제학상 수상자

제9회 **협력의 마법 & 아시아 시대**

2008년 | 주요 연사 | 마이클 포터하버드대학 교수, 리처드 브랜슨버진그룹 회장, 에릭 매스킨노벨경제학상 수상자, 존 하워드전 호주 총리

제10회 **하나의 아시아, 신경제질서, 그리고 경기회복**

2009년 | 주요 연사 | 조지 W. 부시전 미국 대통령, 게리 해멀런던 국제경영대학 교수, 피터 브라벡네슬레 회장, 폴 크루그먼프린스턴대학 교수

제11회 **원 아시아 모멘텀, G20 리더십 & 창조적 혁신**

2010년 | 주요 연사 | 토니 블레어전 영국 총리, 하토야마 유키오전 일본 총리, 리처드 브랜슨버진그룹 회장, 누리엘 루비니뉴욕대학 스턴경영스쿨 교수

제12회 **신 경제 위기(글로벌 리더십의 변혁과 아시아의 도전)**

2011년 | 주요 연사 | 고든 브라운전 영국 총리, 래리 서머스하버드대학 교수, 마이클 샌델하버드대학 교수. 〈정의란 무엇인가〉 저자

제13회 **위대한 도약(글로벌 위기에 대한 새로운 해법: 리더십, 윤리성, 창의력 그리고 행복)**

2012년 | 주요 연사 | 김용세계은행 총재, 폴 크루그먼프린스턴대학 교수. 노벨경제학상 수상자, 맬컴 글래드웰〈더뉴요커〉 저널리스트

제14회 원아시아 대변혁
2013년 | 주요 연사 | 래리 서머스하버드대학 교수, 그레고리 맨큐하버드대학 교수, 피터 보저로열더치셸 CEO, 메이어 다간전 모사드 국장

제15회 세계 경제 새로운 태동
2014년 | 주요 연사 | 니콜라 사르코지전 프랑스 대통령, 토마 피케티파리경제대학 교수, 《21세기 자본》 저자, 장클로드 트리셰전 유럽 중앙은행 총재

제16회 새로운 시대정신을 찾아서
2015년 | 주요 연사 | 토니 블레어전 영국 총리, 티머시 가이트너전 미국 재무부 장관, 리언 패네타전 미국 국방부 장관

제17회 대혁신의 길
2016년 | 주요 연사 | 게르하르트 슈뢰더전 독일 총리, 딕 체니전 미국 부통령, 에드윈 풀너헤리티지재단 아시아연구센터 회장

제18회 변곡점을 넘어, 새로운 번영을 향해
2017년 | 주요 연사 | 힐러리 클린턴전 미국 국무장관, 프랑수아 올랑드전 프랑스 대통령, 올리버 하트2016 노벨경제학상 수상자, 장 야친바이두 총재

제19회 집단지성: 글로벌 대혼란 극복의 열쇠
2018년 | 주요 연사 | 재닛 옐런제15대 미국 연방준비제도 이사회 의장, 케르스티 칼률라이드에스토니아 대통령, 라지브 수리노키아 회장

제20회 지식혁명 5.0 : 인류 번영을 위한 통찰력
2019년 | 주요 연사 | 프랑수아 올랑드제24대 프랑스 대통령, 제리 양야후 공동 창업자, 밥 우드워드(워싱턴포스트) 부편집인, 스티브 첸유튜브 공동창업자

제21회 팬데노믹스 : 세계 공존의 새 패러다임
2020년 | 주요 연사 | 테리사 메이제76대 영국 총리, 존 헤네시알파벳 회장, 스티븐 슈워츠먼블랙스톤 회장, 마윈알리바바 창업자

제22회 테라 인코그니타: 공존을 위한 새로운 시대정신을 찾아
2021년 | 주요 연사 | 마이크 폼페이오제70대 미국 국무장관, 마이클 샌델하버드대 교수, 토마스 바흐IOC 위원장, 마르쿠스 발렌베리SEB 회장

제23회 초과회복: 글로벌 번영과 자유의 재건
2022년 | 주요 연사 | 데이비드 캐머런제 75대 영국 총리, 레이 달리오브리지워터어소시에이츠 설립자, 밥 스턴펠스 맥킨지&컴퍼니 글로벌 회장

제24회 테크노빅뱅: 거인의 어깨 위에 올라선 인류
2023년 | 주요 연사 | 스티브 워즈니악애플 공동 창업자, 샘 올트먼 OpenAI 최고경영자, 론 클레인 제30대 백악관 비서실장, 제니 존슨 프랭클린템플턴 회장

제25회 공존을 향한 여정
2024년 | 주요 연사 | 존 그레이블랙스톤 COO, 훈 센 캄보디아 상원의장, 크리스 밀러 《칩 워》 저자, 존 켈리 제28대 백악관 비서실장